La planche à voile

GUIDE COMPLET

Jeremy Evans

La planche à voile

GUIDE COMPLET

Traduction de
Marie-Paule Antoine

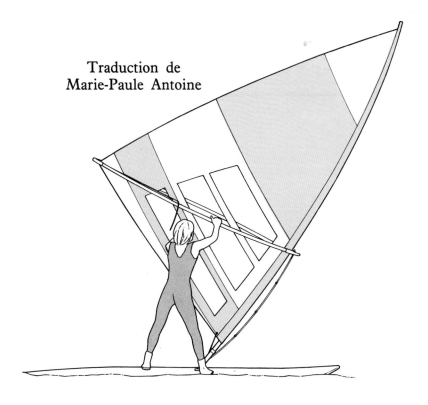

Arthaud

Sommaire

La Planche à voile : Guide complet
a été conçu, édité et réalisé par Holland et
Clark Edition.

Photographe
Alastair Black

Quelques autres photographies sont dues à :
Chelsea Wharf, Windsurfing, Jeremy Evans,
Hayling Windsurfing, Mistral, Sodim, Tabur,
Cliff, Webb.

Conception graphique
Julian Holland

Éditeur
Philip Clark

Dessinateur
Nicholas Hall
Quelques dessins ont été réalisés
par Allan Nutbrown

Maquette
Stephanie Todd

Publié par les éditions Evans Brothers, Montague
House, Russel square, Londres WC 1B 5BX.
© Holland et Clark Édition, 1983

Photogravure par Dot Gradation Édition, Southend.
Imprimé en Espagne par
Printer industria grafica sa
San Vicenç dels Horts, Barcelona, 1984.
D.L.B. 7536 - 1984

© Les Éditions Arthaud, Paris, 1984.
Tous droits réservés pour le texte.
ISBN 2-7003-0452-7.
N° d'édition : 1674. Dépôt légal : avril 1984.

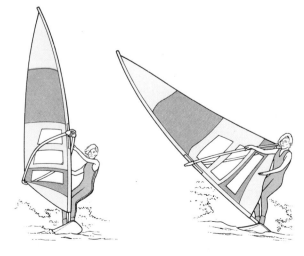

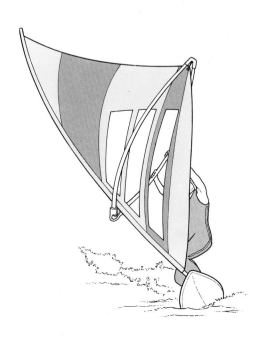

Pour débuter
la planche à voile

Comment la planche à voile est-elle née, et comment s'est-elle développée durant ces vingt premières années d'existence ?

Quelles sont les différentes planches du marché ? Laquelle choisir et acheter ?

Quelle est la théorie fondamentale de la planche à voile, et comment tirer profit des premières leçons ?

Comment s'y prendre quand le vent force ; et, lorsque cela ne va plus, comment veiller à sa sécurité ?

Vous trouverez la réponse à ces questions, ainsi qu'à beaucoup d'autres, dans ce guide...

Petit glossaire de la planche à voile

LA PLANCHE
Avant
Étrave de la planche.
Arrière
Partie arrière du flotteur.
Aileron
De petite taille, et placé à l'arrière de la planche, il lui permet de garder sa direction.
Dérive
Un grand aileron planté au milieu du flotteur, que l'on peut enlever de son puits de dérive. Sa présence empêche que la planche marche en crabe. Une dérive tempête, plus courte, facilite le contrôle de la planche dans la brise.
Cales
Petits bourrelets assurant le bon maintien de la dérive dans son puits.
Emplanture de pied de mât
De forme circulaire, ou en T, au nombre de deux ou plus, elles se trouvent devant le puits de dérive.
Anneau de remorquage
A l'avant, une barrette permet d'attacher un bout de remorquage.

LE GRÉEMENT
Pied de mât
Enfoncé dans son emplanture, le pied de mât porte une articulation permettant au gréement d'effectuer une rotation de 360º sur lui-même et de s'incliner à 180º au moins sur l'avant ou sur l'arrière. Cette articulation du pied de mât est l'intermédiaire entre le flotteur et le gréement.
Hale-bas
Ce bout permet de relier le point d'amure — en bas à droite de la voile — au pied du mât.
Wishbone
Une sorte de bôme, soutenant la voile, formée de deux tubes en alliage métallique, portant à chaque extrémité des embouts de plastique.
Bout de fixation du wishbone
Corde reliant le wishbone au mât.
Bout d'étarquage du point d'écoute
Il permet de tirer le point d'écoute — dans le coin à gauche de la voile — jusqu'en bout du wishbone, pour tendre la voile.
Tire-veille
Une corde à nœud reliant le wishbone

au pied du mât, qui permet de sortir le gréement de l'eau.
Lattes
Ces baguettes en fibre de verre tendent la chute (la partie tendue entre la tête du mât et le point d'écoute de la voile).
Voile
Elle est creuse ou plate selon sa coupe, qui la destine à naviguer dans la brise, ou bien le vent faible. On peut légèrement modifier son creux en tirant plus ou moins sur le bout d'étarquage du point d'écoute.

TYPES DE PLANCHES
Planche polyvalente
Planche au profil immergé plat, et, par conséquent, stable. Planche à tout faire, idéale pour tous usages.
Planche de compétition
Planche au profil immergé rond, assez instable, et destinée à la régate.
Funboard
Appelée aussi planche de largue, de fun, de brise..., elle est conçue pour le vent fort et les vagues.

TERMES USUELS DE NAVIGATION
Tribord
A droite (en regardant devant soi).
Bâbord
A gauche (en regardant devant soi).
Au vent
Côté d'où souffle le vent.
Sous le vent
Côté vers lequel souffle le vent.

LES ALLURES
Au près
Serrer le vent le plus près possible.
Vent de travers
Naviguer avec le vent venant par le travers de la planche, environ à 90º de sa route.
Vent arrière
Naviguer avec le vent venant pratiquement de l'arrière.

CHANGER DE ROUTE
Abattre
S'écarter du vent, en inclinant le gréement vers l'avant du flotteur.
Remonter au vent
Aller vers le lit du vent en inclinant le gréement vers l'avant.
Lofer
Remonter au vent. On peut le faire jusqu'à ce que le vent prenne à contre, sous le vent de la voile. Lâcher alors la voile, pour qu'elle fasseye et flotte dans le vent comme un drapeau.

Virer de bord
Changer de route en passant l'avant de la planche dans le lit du vent.
Empanner
Changer de route en faisant passer l'arrière de la planche dans le vent.

LE TEMPS ET L'ÉTAT DE LA MER
Échelle de Beaufort
Mesure de la vitesse du vent, en nœuds. Un nœud = un mille nautique par heure. Un mille = 1,850 km.
Vent apparent
Vent perçu par le navigateur. Sa direction et sa vitesse sont différentes de celles du vent réel, celui perçu par un observateur immobile.
Vent de terre
Vent soufflant vers le large.
Marée
Mouvement de la mer observé sur la côte. Il est provoqué par l'attraction du soleil et de la lune.

LES RÉGATES
Monotypes
Classe formée de planches identiques.
Open
En régate open, des planches de marques différentes, construites selon les mêmes normes définies par l'I.Y.R.U., courent ensemble. La division I pour les planches polyvalentes plates, la division II pour les planches rondes de compétition.
Triangle olympique
Parcours habituel de régate, utilisé aussi pour les dériveurs.
Longue distance
Longue course, précédée d'un départ style Le Mans en général, composée de manches de navigation au largue.
Slalom
Petit parcours entre des bouées, pour courir des éliminatoires par deux.
Freestyle
Enchaînements de figures.
Ins-and-outs
Courses de largue sur parcours en zigzag, par vent fort.
Pentathlon
Mélange de toutes les épreuves : triangles olympiques, slalom, freestyle, ins-and-outs, longue distance.
Catégories de poids
On divise les concurrents des régates en groupes, selon leur poids.
I.Y.R.U.
International Yacht Racing Union.
I.B.S.A.
International Boardsailing Association.

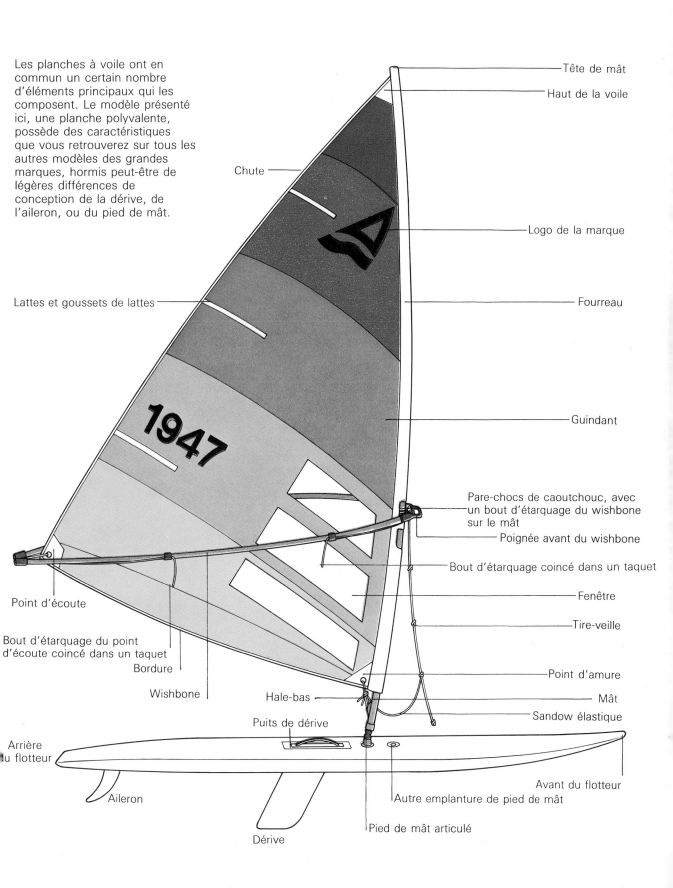

Les planches à voile ont en commun un certain nombre d'éléments principaux qui les composent. Le modèle présenté ici, une planche polyvalente, possède des caractéristiques que vous retrouverez sur tous les autres modèles des grandes marques, hormis peut-être de légères différences de conception de la dérive, de l'aileron, ou du pied de mât.

Tête de mât

Haut de la voile

Chute

Logo de la marque

Lattes et goussets de lattes

Fourreau

1947

Guindant

Pare-chocs de caoutchouc, avec un bout d'étarquage du wishbone sur le mât

Poignée avant du wishbone

Bout d'étarquage coincé dans un taquet

Point d'écoute

Fenêtre

Tire-veille

Bout d'étarquage du point d'écoute coincé dans un taquet

Bordure

Point d'amure

Wishbone

Hale-bas

Mât

Sandow élastique

Puits de dérive

Arrière du flotteur

Avant du flotteur

Aileron

Autre emplanture de pied de mât

Pied de mât articulé

Dérive

Les origines

Il aura fallu à peine dix ans pour que la planche à voile devienne l'un des nouveaux sports les plus prisés de ce siècle. Selon quelques spécialistes californiens, la planche est actuellement génératrice d'industries rapportant des millions de dollars aux Américains, aux Européens, aux Asiatiques et aux Australiens. Et son succès est couronné par son admission aux Jeux olympiques de 1984, à Los Angeles.

La planche se pratique partout où il y a de l'eau : sur la mer ou sur un petit lac. Bien sûr, il sera plus agréable de naviguer dans un endroit chaud par un bon vent, mais tant que vous pouvez encore casser la glace de votre étrave vous prendrez du plaisir à plancher, même par un hiver scandinave... Le bon vent, c'est celui qui vous convient le mieux, qui peut aller de la petite brise au force 6 établi.

Bien équipé, vous pourrez pratiquement sortir tous les jours, et, avec un peu d'expérience, c'est plutôt le manque de vent qu'un vent trop fort qui vous fera rester à terre.

La pratique de la planche à voile convient mieux aux jeunes, qui sont physiquement plus aptes à ce sport. D'ailleurs, l'âge des coureurs de compétition se situe en moyenne à dix-huit ans, et ne dépasse pas vingt-cinq ans. Passé cet âge, les coureurs descendent rapidement des premières places. Mais cela est vrai aussi pour le tennis, le ski... Et un grand-père de quatre-vingts ans, bien équipé et en bonne santé, peut très bien se faire plaisir en planche.

Vous pourrez acheter une planche neuve pour quelques centaines de dollars, de livres, ou pour quelques milliers de francs ; ou bien préférer acquérir une planche d'occasion, si vos possibilités financières sont limitées.

Bien sûr, certains fans peuvent posséder trois ou quatre planches, et de multiples accessoires, pour un budget bien plus important. Vous devrez ajouter aussi, sauf si vous avez la chance de naviguer sous les tropiques, l'achat d'une combinaison isothermique de néoprène, de bottillons, d'un harnais, et peut-être d'une combinaison « sèche » — totalement étanche —, sur votre liste.

Et pour transporter votre planche et son matériel il vous faut une voiture dotée d'une galerie, à moins d'habiter au bord de l'eau. Autre possibilité : partager celle d'un ami mordu par la même passion que vous.

Apprendre

Tous les débutants se sentent stupides lorsqu'ils montent sur une planche pour la première fois. En tombant toutes les cinq secondes, ils jurent que c'est plus difficile que n'importe quoi d'autre, et qu'on ne les y prendra plus. Ils persistent dans ce jugement lorsqu'ils abandonnent la planche sans aller plus loin, mais c'est faux ! Avec un enseignement approprié (*cf.* pp. 32-35), on peut compter autant de gens capables de faire de la planche que de gens capables de faire du vélo. Au bout de deux semaines passées au soleil, vous aurez progressé efficacement, et ceux qui possèdent un bon sens de l'équilibre et une bonne forme physique sauront déjà se débrouiller dans la brise.

Les progrès techniques

Savoir naviguer sur une planche sans tomber, ce n'est pas tout ! Et des types de planches très différents ouvrent à ce sport des possibilités très variées. En plus des planches polyvalentes habituelles, vous trouverez des planches de compétition, de vitesse, de vagues, dotées d'équipements souvent très coûteux. L'évolution est constante, et les flotteurs ou gréements conçus grâce à des techniques sans cesse améliorées se perfectionnent.

Si la plupart des gens se contentent d'une pratique de la planche à voile estivale et en famille, il en existe qui rêvent de courir les régates internationales ou de sauter les vagues, pour lesquels ce sport peut devenir une raison de vivre.

A gauche : voilà comment nous débutons tous ! Pas très dignes, mais plus facilement si l'eau est chaude (ici en Guadeloupe), et avec beaucoup de plaisir à venir...

A droite : plancher au soleil couchant, par une jolie brise, à la fin d'une chaude journée... Il n'existe pas de meilleure thérapie après un travail de bureau, si vous habitez près de la mer.

Hoyle Schweitzer

C'est en août 1965 qu'apparut la première publication mentionnant la planche à voile. Le magazine américain *Popular Science* décrivait une « planche à voile » conçue par un certain Newman Darby... « Un sport si nouveau qu'il compte à peine dix pratiquants. » Vous auriez du mal à reconnaître cette planche de construction primitive, que sa voile carrée éloigne beaucoup de ce que l'on entend actuellement par « planche à voile ».

Ce prototype fut exploité par deux Californiens, Hoyle Schweitzer et Jim Drake, un ingénieur en aéronautique qui eut l'idée du gréement articulé, lequel devait conduire au système universel du pied de mât articulé utilisé sur les planches Wind-surfer et ses dérivés. « Windsurfer », avec une capitale initiale, c'est le nom de la marque des planches élaborées par les deux Californiens ; mais, sans majuscule, c'est le nom du véliplanchiste en anglais, que nous avons aussi parfois adopté.

Le 26 avril 1969, Jim Drake présente, lors d'une réunion technique sur la conception des bateaux à voile, un article intitulé « La planche à voile, une nouvelle forme de navigation ». Il révèle que Hoyle et lui ont déjà testé un certain nombre

A gauche : Jim Drake jovial, assistant à la Pan Am Cup à Hawaï. Même s'il ne possède pas d'intérêts commerciaux dans la planche à voile, il aime faire des apparitions lors des régates. A l'origine, il expérimenta un mât fixé sur la dérive, bougeant d'avant en arrière uniquement. Son pied de mât articulé représente une invention révolutionnaire d'une importance capitale.

Ci-dessus : Hoyle Schweitzer assis sur des piles d'emballages contenant ses planches Windsurfer. Il mit au point le procédé de construction des planches en polyéthylène moulé à chaud, un procédé utilisé sous licence en Hollande, au Japon et en Australie. Toute la famille de Hoyle pratique la planche, et son fils aîné, Matt, compte parmi les meilleurs véliplanchistes mondiaux.

de projets. Un an plus tard, Schweitzer les produit en série limitée.

La planche Windsurfer

La planche Windsurfer fut la première planche produite en série, avec le propre financement de Schweitzer. Mais les Européens ouvrirent la voie à la popularité actuelle de ce sport. La grande fabrique de textile hollandaise Ten Cate entend parler de Windsurfer en 1970, et envoie des agents commerciaux pour négocier avec Schweitzer du tissu à voile. Cette affaire ne sera jamais conclue, mais les agents reviennent avec cent planches, mille l'année suivante, puis dix mille. La production américaine ne pouvant suffire à la demande, Ten Cate installe sa propre usine en Hollande, sous licence. Windsurfer et Ten Cate possèdent la majorité du marché de la planche à voile.

A droite : la planche conçue par Newman Darby. Le prototype paraît vraiment primitif ! Récemment, on l'a ressuscité pour prouver l'antériorité du projet, dans un procès à propos du brevet de Schweitzer, en Allemagne, et au Royaume-Uni, lui opposant le projet de Peter Chilver. Mais la planche de Darby ne connut jamais un réel succès commercial, et Newman vit tranquillement aux États-Unis.

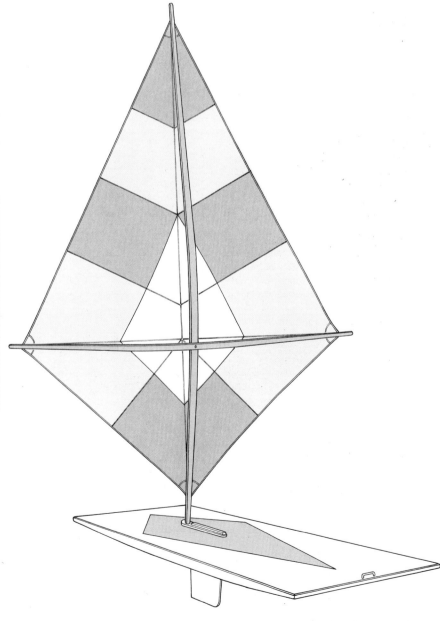

Le brevet

En 1968, Hoyle Schweitzer et Jim Drake déposèrent une demande de brevet pour protéger leur invention aux États-Unis. Peu de temps après, Hoyle racheta la totalité du projet pour s'en occuper seul, et déposa également son brevet dans les pays où il pensait que ses planches auraient le plus de succès : le Royaume-Uni, l'Allemagne de l'Ouest, l'Australie, le Japon et le Canada. Il se montra sélectif, faute de pouvoir déposer son brevet dans le monde entier. Mais le succès remporté par la planche à voile fut tel que son idée se trouva reprise dans bien d'autres pays, ce qui obligea Hoyle Schweitzer à se lancer dans des batailles juridiques considérables. Certes, il n'a jamais pu exercer de contrôle sur ce qui se passait dans les territoires sans brevet, notamment en France, mais, dans les pays où son brevet était reconnu, il a accordé des licences à certains fabricants pour que ceux-ci conçoivent, construisent et produisent des planches.

En échange de leur licence, ces sociétés doivent payer à Schweitzer une redevance d'environ 7,5 % sur chaque planche. Il n'est pas étonnant que plusieurs fabricants aient refusé de payer cette redevance, ou n'aient pu dans certains cas obtenir un contrat de licence. Les planches de ces fabricants concurrents envahirent pourtant le marché allemand en particulier, désavantageant les planches produites sous licence, et les tribunaux allemands reconnurent le brevet après de longs procès, en 1980.

Le document original du brevet d'invention qui est à l'origine de tout. Le procès en contrefaçon de brevet s'est surtout limité au wishbone et au pied de mât articulé. Dans l'ensemble, l'affaire du brevet a été surmontée avec succès, par des compromis des deux côtés.

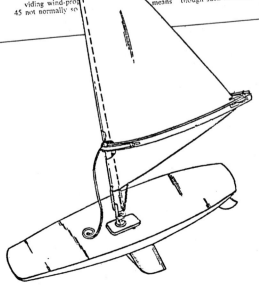

PATENT SPECIFICATION

(11) 1 258 317

DRAWINGS ATTACHED

(21) Application No. 10919/69   (22) Filed 28 Feb. 1969

(31) Convention Application No.

716 547   (32) Filed 27 March 1968 in

(33) United States of America (US)

(45) Complete Specification published 30 Dec. 1971

(51) International Classification B 63 h 9/08

(52) Index at acceptance

B7V 72 73

B7B 244 423

(54) WIND-PROPELLED VEHICLE

(71) We, HENRY HOYLE SCHWEITZER AND JAMES ROBERT DRAKE of 317 Beirut, Pacific Palisades, California, United States of America and 385 Mesa Road, Santa Monica, California, United States of America respectively; both citizens of the United States of America do hereby declare the invention, for which we pray that a patent may be granted to us, and the method by which it is to be performed, to be particularly described in and by the following statement : —

The field of art to which the invention pertains includes the field of ships, particularly sailboats and iceboats, and the field of land vehicles with sail propulsion.

Sail propulsion has been suggested as a motive means not only for boats and iceboats, but also for such watercraft as surfboards and landcraft such as sleds, i.e. generally any lightweight small craft. Typically, a sail is provided on a mast that is rigidly secured to the craft in a vertical position and additionally the sail and mast can be entwined in a network of riggings and control mechanisms.

The general effect of providing a sail on a normally sailfree vehicle is to convert the vehicle into a water or land-boat. Thus, by rigidly securing a sail to a surfboard, the feel of the surfboard and enjoyment as to control it is no longer needed. Instead one obtains the speed and feels of a light sailboat and needs substantially only those skills appropriate to control a sailboat. The same "denatur[...]" occurs with other vehicles modifi[...] [...]ear a sail.

A problem a[...] [...]o a sail is fitted to a vehicle that [...] have high roll stability in that [...]xcessive winds can overturn [...]

A need [...]here [...]afely providing wind-pro[...] [...] vehicle means not normally so[...]

preserves the original ride and control characteristics of the vehicle.

In accordance with the present invention there is provided a wind-propelled vehicle comprising body means, an unstayed spar 50 connected to said body means through a joint which will provide universal-type movement of the spar in the absence of support thereof by a user of the vehicle, a 55 sail attached along one edge thereof to the spar, and a pair of arcuate booms, first ends of the booms being connected together and laterally connected on said spar, second ends of the booms being connected together 60 and having means thereon connected to the sail such that said sail is held taut between the booms.

In particular embodiments, the spar is connected to the vehicle body by means of 65 a universal joint, i.e. a joint having three axes of rotation.

The pair of arcuate booms are provided laterally disposed on the spar to hold the sail taut and provide a hand hold for the 70 user.

The invention can be used on watercraft, iceboats and landcraft. It can be used on small yachts, runabouts, canoes, rowboats, and other such craft, but is most 75 advantageously used on small and lightweight vehicles such as surfboards, iceboats, and sleds. Leeboards can be provided for a watercraft of low roll stability such as a surfboard. The term "leeboard" 80 used in the specification and claims is meant to include center boards and dagger-boards, as these terms are known to the sailing art, as well as other projections extending from the body of the craft, planar or otherwise extending 85 into or onto the water for stabilization.

The present invention allows essentially all of the steering and control to be accomplished through the sail; i.e. no rudder or other steering mechanism is needed, although such need not be excluded. One may 90

Les mêmes problèmes firent l'objet de délibérations devant les tribunaux britanniques en 1982, et eurent pour résultat un certain nombre de compromis de chaque côté. De nombreux fabricants acceptèrent d'honorer ses demandes de redevances, et Schweitzer prit une voie plus facile en concédant des licences à ceux qui en demandaient.

A l'exception d'une minorité de « super-stars » de la planche à voile, les États-Unis demeurèrent très peu intéressés par ce sport, jusqu'au début des années 80. Mais, après avoir inondé leur pays, les fabricants européens commencèrent à assaillir l'autre côté de l'Atlantique, aboutissant une nouvelle fois à un procès, doublement agressif du fait que les Jeux olympiques allaient avoir lieu à Los Angeles.

Les fabricants européens

Dès que la planche à voile commença à bien marcher en Europe, de nombreux fabricants se joignirent à la nouvelle folie. Windglider fut lancé en 1975 par l'Allemand Fred Ostermann, suivi en 1976 par la compagnie suisse Mistral. Hi Fly, Sailboard (tous les deux allemands) et Dufour, devenu Bic (français) suivirent, et sont actuellement les principaux fabricants. A eux tous, ils inondèrent les deux plus gros marchés : l'Allemagne et la France, avec un total de plus de deux cent cinquante mille planches en 1982, avant de transférer leurs intérêts aux États-Unis, qui s'ouvrirent comme une terre vierge à la planche à voile. Le Royaume-Uni reste un petit partenaire — un marché faible avec environ trente mille planches vendues.

Outre ces grands fabricants, il existe des centaines et probablement des milliers d'autres compagnies produisant des planches, certaines ayant une capacité de plusieurs milliers de planches par an, d'autres produisant des planches sur mesure à la cadence de deux ou trois par mois. Rien qu'en France, on compte deux cents fabricants au moins, et les pays de l'Extrême-Orient sont occupés à produire des répliques des planches européennes.

Fabricant de planches à voile comptant parmi les plus importants du monde, la marque suisse Mistral demeura sous licence jusqu'en 1981, quand, à la suite du procès en contrefaçon de brevet devant les cours allemandes, elle eut à payer d'importants arriérés de redevance. Depuis Schweitzer a révisé sa politique de concession de licence.

La planche à voile aujourd'hui

Depuis les premières planches de Schweitzer, les modèles ont évolué rapidement dans des directions différentes, jusqu'à, dans certains cas, devenir un simple surf doté d'une voile !

Mais, pour la plupart des pratiquants, la planche à voile n'est destinée qu'à un usage occasionnel. Et ceux qui n'ont pas le temps ou le goût de s'adonner aux aspects moins répandus de ce sport représentent la majeure partie du marché et font leur affaire des planches polyvalentes que chaque fabricant possède dans sa gamme. La planche Windsurfer, la Mistral compétition, la Dufour Wing, la Sea Panther et quelques centaines d'autres modèles sont des planches plates stables, et de longueur semblable. C'est souvent la décoration du pont, ou la politique commerciale plus ou moins agressive de la marque, qui les différencient.

L'étape suivante
Une fois mordus, certains veulent dépasser le plaisir de la navigation en week-end, et s'orienter vers la compétition, ou le funboard dans la brise.

La course
Les compétitions en planche à voile sont devenues, comme les courses de voiliers, très populaires et occupent une grande partie de la scène véliplanchiste.

On peut régater le soir après son travail, ou traverser son pays pour courir une épreuve nationale le week-end, ou même se rendre à l'autre bout du monde pour un championnat international d'une semaine.

Les marques les plus connues organisent leurs propres courses de séries, sur des planches polyvalentes plates, adaptées aux coureurs débutants. Les plus expérimentés se tourneront vers les planches rondes, les planches « Grand Prix », appelées I.Y.R.U. division 2 (car elles correspondent aux critères de jauge de la division 2, déterminés par l'International Yacht Racing Union).

Ces planches de compétition courent des régates comme les planches polyvalentes monotypes, mais font

Ci-dessus : décoller avec une Mistral Take Off, près de Diamond Head, à Hawaï… Mais peu de véliplanchistes sont capables d'effectuer de telles prouesses.

partie de la classe open, ouverte à toutes les planches satisfaisant aux critères de jauge. Spécialement conçues pour la régate sur parcours triangulaires, la Sailboard Race, la Mistral M1 et la Crit D2 en sont des exemples connus. Leur vitesse est étonnante, mais leur maniement assez difficile, en raison de leur instabilité.

La navigation dans la brise
A mesure que leur technique s'améliore, les véliplanchistes se sentent capables d'affronter des vents plus forts. Et dans le même temps l'équipement nécessaire s'améliore. Les meilleures planches de brise possèdent, pour la plupart, des carènes plates. Elles se contrôlent facilement, et, si on leur ajoute quelques détails spécifiques : footstraps, dérive courte, ailerons et gréement adapté, on en fait des planches naviguant par vent de force 4 et plus.

Tout le développement de cette part du marché a été conduit par de beaux Hawaïens d'origine américaine blonds et bronzés, immortalisés dans des milliers de photos, bondissant hors des vagues vers le ciel.

Les recordmen
Ces planches de funboard se sont rapidement répandues, pendant que naissaient parallèlement différentes disciplines de ce sport. Il existe maintenant des courses de brise, où les départs ne sont pas donnés par un vent inférieur à force 4 ; des compétitions de saut de vague, où les véliplanchistes sont jugés sur leur style et leurs exploits ; des courses de vitesse, où les planches effectuent des passages chronométrés sur un parcours de 500 m, dans l'espoir de battre un record mondial…

Depuis trois ans, des planches ont passé le cap Horn (Frédéric Beauchêne), traversé le Pacifique et le détroit de Béring entre l'Amérique et la Russie (baron Arnaud de Rosnay), fait le tour de la Grande-Bretagne (l'équipe Sea Panthers), traversé l'Atlantique (Christian Marty et Frédéric Giraldi), commencé le tour de l'Amérique entre le Mexique et la Caroline du Sud (Michel Maury), traversé le détroit de Gibraltar (encore de Rosnay)… C'est grâce à une bonne organisation, et à beaucoup de bon sens, que le nombre d'accidents survenus est resté si faible.

L'escalade des prix
Les coûts augmentent en même temps que se multiplient les différentes disciplines de la planche à voile. Si vous vous contentez de la planche de vos débuts, ce ne sera pas un problème, mais peut-être voudrez-vous une planche pour régater, une planche de compétition open, une planche avec des footstraps pour la brise. Vous aurez aussi besoin de différentes voiles et accessoires. Vous vous apercevrez que, dans les compétitions, vous rencontrez des professionnels. Comme dans le monde de la course croisière… Toutes les marques de planche importantes emploient des coureurs de haut niveau pour le marketing de leurs produits, et organisent des courses dotées en espèces.

A droite : une jolie brise, du soleil et une planche pas trop difficile à manier, c'est là le souhait de la plupart d'entre nous.

Les types de planches

Les cinq planches représentées sur ces pages couvrent les principaux aspects de ce sport. Un professionnel pourra posséder une planche de chaque type, au moins, qu'il devra changer ou moderniser une fois par saison. En général, il est aidé par une marque, sans quoi il y laisserait beaucoup d'argent.

La plupart des planches sont construites à la chaîne par les fabricants des principales marques. En revanche, les planches de conception très spéciale, « *custom made* », sont souvent faites à la main : ainsi les planches de saut de vagues généralement réalisées à Hawaï ne seraient pas rentables pour une production en série avant six mois, et deviendraient alors très vite démodées par un autre modèle. Quoi qu'il en soit, peu de véliplanchistes s'occupent de savoir si une planche correspond à la toute dernière tendance en matière de conception. Cette question n'intéresse que quelques initiés « mordus » particulièrement au courant. La plupart des marques offrent de bons produits, variant très peu des modèles concurrents. Parfois, un fabricant conquiert le marché avec un produit vedette, par des techniques de marketing sophistiquées, mais il n'existe que d'infimes différences entre les marques.

Les cinq catégories de planches se recoupent : il est peu probable qu'un planchiste habitué à naviguer sur une planche de vitesse extrême possède aussi une funboard polyvalente facile à manier. L'inverse est cependant concevable pour un véliplanchiste qui ne se sent pas assez sûr de lui pour manier une planche extrême dans toutes les conditions.

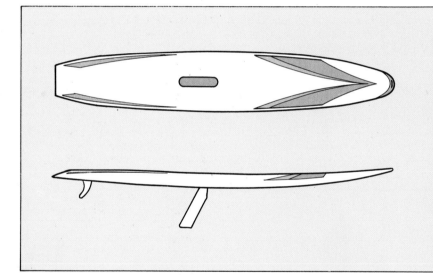

Les planches polyvalentes
Ce sont les planches du débutant, les meilleures pour commencer et les plus répandues. Plates, stables, et pas trop exigeantes, elles sont inclues dans presque toutes les grandes marques. Caractéristiques : 380 cm de long, 19 kg, pour une surface de voile de 5 à 6,50 m². Elles sont réalisées en polyéthylène, en A.B.S. ou en fibre de verre. Parmi les exemples-types, citons la Windsurfer Standard, la Mistral Compétition, la Dufour Wing...

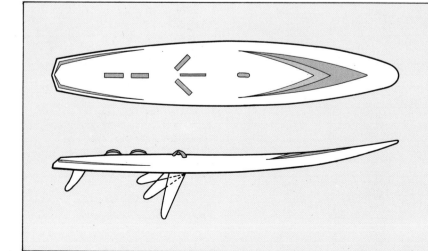

Les planches Pan Am Cup pour le vent fort
Avec la Pan Am Cup de Hawaï sont nées les planches qui régatent par un vent égal ou supérieur à force 4. Leur flotteur montre une courbure plus marquée, un aileron arrière plus long, un puits de dérive plus reculé ; elles possèdent en outre une courte dérive et des footstraps. A titre d'exemple, citons la Windsurfer Rocket, la Mistral Naish, la Ten Cate Hunter, la Laser Funbird...

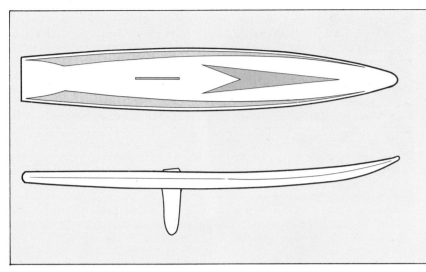

Les planches rondes de compétition I.Y.R.U. division 2

Les planches rondes de classe open sont les équivalents des bolides de « Grand Prix », de conception technique d'avant-garde. Elles sont uniquement destinées aux régates sur triangles olympiques, et requièrent beaucoup d'adresse, à la fois pour les construire — car leur poids est limité à 18 kg — et aussi pour les conduire, à cause de leur forme ronde qui les rend si instables.
Les planches de championnats sont souvent trop fragiles pour le grand public.

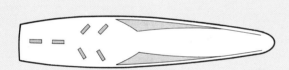

Les planches de brise et les funboards

Pour sauter les vagues et naviguer dans la brise, on adopte une petite planche (de 290 cm à 330 cm, par opposition aux 380 cm des planches de la Pan Am Cup), dotée de trois ou quatre ailerons, ou bien d'une dérive courte et rétractable.
La planche sera stable, d'un volume suffisant pour flotter, et facile à manier, mais avec un vent de force 4 minimum.
Les gréements de ces planches sont interchangeables.
Citons par exemple la Sailboard Fun, la Tiga Fun...

Les planches « waterstart »

La planche de funboard extrême, dont l'usage reste réservé à ceux qui sont réellement expérimentés, s'est développée à Hawaï, en 1981. Très courte
— 260 cm environ —, légère
— 10 kg maximum —, et d'une flottabilité minimale, elle rend nécessaire la pratique du départ dans l'eau « waterstart » et des empannages rapides en force.
Ce type de planche est construit à l'unité, le plus souvent par de très petites entreprises artisanales ou par des « shapeurs » individuels.

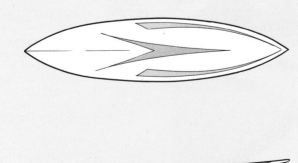

La monotypie

Les courses de séries, ou monotypes, réunissant le plus grand nombre de planches dans le monde sont celles des marques Windsurfer, Windglider ou Mistral, que l'I.Y.R.U. a nommées « classes internationales ». Mais on compte d'autres classes monotypes, régatant dans différents pays. Pour créer une classe monotype, il suffit de trouver assez de planches identiques, qui pourront régater entre elles. En Grande-Bretagne, les régates de la série Sea Panther réunissent un grand nombre d'adeptes ; et, sur le continent, Sailboard organise des régates de planches de compétition. De la même façon, on trouve des régates monotypes de Dufour Wing, de Hi Fly, dont les associations sont représentées de façons diverses selon les pays. En France, par exemple, il existe assez peu d'associations de régates monotypes, ce qui n'empêche pas l'organisation de régates promotionnelles en nombre important, particulièrement l'été, sur le littoral. Dans la plupart des pays où l'on fait de la planche, on peut néanmoins toujours compter sur la présence des trois principales séries internationales.

Ci-dessus : les planches Windsurfer forment la classe monotype la plus importante. Construites en polyéthylène super-résistant, elles sont très réputées, et particulièrement performantes dans le vent fort et les vagues. Leurs championnats du monde se sont tenus en Sardaigne, à Mexico, aux Bahamas...

A gauche : la Mistral Compétition Light est la troisième planche de régate monotype dans le monde. C'est probablement la plus raffinée et la plus chère. Construite en époxy, pesant 18 kg, elle existe aussi en version Club, en polyéthylène de 23 kg, et en Super Light pesant 15 kg.

séparés. Les inscrits sont pesés avant la régate, et séparés en plume, légers, mi-lourds, lourds, plus une catégorie féminine. Les autres séries monotypes comportent trois groupes : légers, lourds et féminines.

Il est rare de rencontrer un seul et même vainqueur de toutes les manches d'une régate. D'autant que ces courses peuvent se composer d'épreuves de disciplines différentes, et désigner un gagnant de la régate « pentathlon ». Parmi ces différentes disciplines de régate, le freestyle permet au participant d'exécuter un enchaînement de trois minutes au cours duquel il doit montrer son adresse sur la planche en navigation. Une adresse devenue si compétitive que certains planchistes se sont véritablement spécialisés dans cette discipline. Autre épreuve, le slalom, qui est une course à éliminatoire, entre deux planches, sur un parcours de slalom. La réussite de ce parcours est liée à l'adresse que l'on peut déployer dans les virements et empannages rapides.

La course de longue distance, c'est, comme son nom l'indique, une course sur un long parcours (environ 25 milles), souvent précédée d'un départ style Le Mans sur la plage, et comportant de longs bords aux allures de travers.

Les Jeux olympiques

C'est en 1980 que l'I.Y.R.U. choisit un modèle de la marque Windglider comme première planche devant courir les Jeux olympiques de Los Angeles de 1984. Malheureusement, ce choix avait des implications politiques. Car, si la marque Windsurfer était plus diffusée et universellement connue, la planche Windglider était vraisemblablement la seule construite derrière le rideau de fer.

Hoyle Schweitzer fut particulièrement mécontent de ce choix, bien sûr, et encore plus lorsqu'il sut que les Jeux se dérouleraient à sa porte, à Los Angeles, sur d'autres planches que les siennes !

Une série monotype aura sa propre association. Si elle est assez importante, elle pourra offrir bien des services à ses membres.

Pour une modique cotisation d'adhésion, les membres de l'association peuvent attendre : 1° une lettre mensuelle régulière, comportant des informations, et des calendriers et résultats de régates ; 2° une possibilité de vendre du matériel d'occasion par petites annonces ; 3° des offres de contrat d'assurances avantageuses ; 4° des régates régulièrement organisées, locales ou nationales ; 5° des réunions d'associations, et peut-être des séances de projection de films pendant l'hiver ; 6° la possibilité d'être qualifié pour les régates internationales, en étant pris en charge par le sponsor.

Enfin, les séries monotypes les plus connues organisent souvent des régates locales les soirs d'été et le week-end, des régates nationales pendant un week-end, et des championnats d'Europe ou du monde se déroulant pendant une semaine.

Les régates monotypes se courent généralement sur un parcours triangulaire « olympique », quand c'est possible, dont la longueur des bords reste raisonnable, calculée de façon que la manche dure environ une heure par un bon vent. Une régate-type d'un week-end ou d'une semaine sera composée de cinq ou six manches, dont les résultats seront comptabilisés par un procédé de comptage des points olympique, décidant du gagnant définitif.

Ainsi la classe monotype Windsurfer se divise-t-elle en cinq groupes et donne-t-elle lieu à cinq classements

La classe open

Les règles I.Y.R.U de la classe open division 2 sont exposées en détail à la fin de ce livre, dans le glossaire. En bref, elles requièrent une planche d'une longueur maximale de 3,90 m, d'un poids minimum de 18 kg, et d'une épaisseur maximale de 22 cm, mais ces règlements ne furent introduits qu'après le Championnat d'Europe 1980. Elles exigent aussi une voile d'une taille standard d'environ 6,30 m² maximum, et interdisent l'utilisation de matériau non conforme (kevlar et fibre de carbone).

Les planches

Les règles sont étonnamment rigides et ont abouti à ce que toutes les planches se ressemblent depuis que la première Tornado est apparue pour gagner les Championnats du monde en 1979.

Les dessinateurs ont découvert que la clé de la vitesse, c'était une planche très volumineuse, avec le moins de surface mouillée possible, qui planerait longtemps avant une planche polyvalente, à toutes les allures de navigation. Ce principe compris, ils réalisèrent des flotteurs toujours plus épais, si bien que certaines planches du Championnat du monde 1980 étaient plus épaisses

que larges, mais le résultat fut qu'elles se maniaient difficilement et se montraient désespérantes dans le vent fort.

On s'en tint donc à une épaisseur maximale de 22 cm, et maintenant il devient difficile de différencier les formes de coques les unes des autres. Elles peuvent être un peu plus volumineuses ou spatulées ici ou là, mais que la première soit une Sailboard Race, une Turbo, une Lechner, ou une Ten Cate Win (toutes dessinées ou copiées du même auteur : Georges Lechner), elles se ressemblent toutes.

Les courses

Les planches montrent des performances similaires, mais la différence s'établit lors d'importantes régates, lorsque les fabricants dévoilent leurs modèles « spéciaux ». Depuis leurs débuts, la plupart des principaux fabricants se sont servi de la classe open comme d'une vitrine. Gagner est le point le plus important pour le marketing d'un sport rattaché à l'industrie et où l'image de marque tient une belle place. Ainsi les fabricants patronnent-ils les principales courses et entretiennent-ils de nombreuses équipes.

Bien sûr, aucun véliplanchiste ne veut actuellement admettre qu'il est professionnel (ce qui est interdit par les règles de l'I.Y.R.U.), mais il est bien connu que, dans les équipes

de haut niveau, les coureurs régatent pour une somme en espèces très stimulante et une importante provision du fabricant, alors que ceux qui ne sont pas tout à fait au « top niveau » attendent un équipement gratuit et le remboursement de leurs dépenses. Les fabricants ne veulent pas reconnaître que leurs planches de courses sont différentes de celles vendues dans les magasins. C'est vrai dans la plupart des cas, mais, compte tenu des exigences de la production en série, on rencontre des problèmes pour la fabrication des planches rondes, problèmes que l'on ne peut surmonter qu'avec une technique spécialisée. Par exemple, plus le volume de la planche est important, plus elle ira vite.

Dans la limite des 22 cm, le volume maximum est d'à peu près 325 l ; garder un poids inférieur à 18 kg exige un travail très soigné, et d'une très fine couche de fibre de verre, ce qui ne peut être exactement reproduit par les techniques de la production en série.

Division 1

En 1980, l'I.Y.R.U. a lancé l'idée d'une nouvelle division 1 pour les planches polyvalentes. Puisque c'était les planches les plus répandues, elles devaient posséder leur catégorie propre. Les règles sont essentiellement les mêmes que pour la division 2 ; hormis une profondeur maximum de 16,5 cm. Elles incluent les trois classes internationales.

A gauche : une régate open avec Karl Messmer (Mistral M1) au vent de deux Windglider Mach 1, et d'une Crit. Messmer a gagné le titre de champion du monde open en 1981 avant de se lancer dans le saut de vagues à Hawaï.

A droite : la première planche gagnante en open fut l'Alpha Professional, avec sa carène aplatie à l'arrière. Sa dernière victoire importante eut lieu au Championnat d'Europe open de 1979, quand elle termina ex aequo avec la première des planches rondes qui devait la supplanter, la Tornado.

Les professionnels

Tout en ne tenant pas compte du fait qu'un bon nombre d'« amateurs » sont très manifestement des professionnels, l'I.Y.R.U. et diverses autorités nationales (le R.Y.A. au Royaume-Uni et la F.F.V. en France) se montrent de plus en plus sévères sur la question de la publicité.

Faire de la publicité enfreint l'article n° 26, car les coureurs n'ont pas le droit de porter le logo d'un sponsor, ni sur leurs vêtements ni sur leur voile. Les planches ne peuvent porter le nom de la marque qu'en très petits caractères.

Toutefois, ce sport permet à beaucoup de ces professionnels non reconnus de bien gagner leur vie. Ceux-ci aimeraient, comme leurs sponsors, créer un circuit purement professionnel, comparable à celui du monde du tennis ou du golf. L'idée s'est matérialisée très lentement, peut-être un peu parce que ce sport n'est pas facile à téléviser, ni aisément compréhensible par un profane. Toutefois, au Royaume-Uni comme en France les véliplanchistes qui se déclaraient eux-mêmes « subventionnés » ont touché des prix en espèces, pour avoir gagné des compétitions d'un niveau national depuis 1981. Et 1982 a marqué le début d'un circuit annuel des grandes régates professionnelles.

Les épreuves organisées par Will Sutherland, un ancien membre influent de l'I.B.S.A., exigent que les concurrents affichent leur sponsor, ainsi que le nom de la firme organisant l'épreuve, sur leurs voiles, planche et vêtements. La course est un pentathlon comportant : une course en triangle, une épreuve de longue distance, de free-style, ins-and-outs, et slalom. Ouverte à tous types de planches et de gréements, sans limites de spécification, elle offre à tous les concurrents des prix en espèces. Peu de navigateurs de haut niveau montrent quelque hésitation à figurer dans ces épreuves, quand la seule menace serait l'interdiction possible de participer aux compétitions olympiques. Étant donné que, pour chaque pays, on ne comptera qu'un seul inscrit pour les J.O. Et les épreuves professionnelles s'établissent maintenant en Europe, aux États-Unis et au Japon.

Les courses de vitesse

Le R.Y.A. organisa les premiers *Speed Trials* en Angleterre au début des années 1970. C'est la baie fermée de Portland Harbour, près de Weymouth, sur la côte sud, qui fut choisie pour organiser les épreuves, chaque année pendant une semaine, au mois d'octobre.

Le but de ces épreuves est de déterminer l'embarcation la plus rapide, sur un parcours chronométré de 500 m. Un cercle de balises flottantes de 500 m de diamètre est

La première épreuve professionnelle anglaise fut la *Bacardi Cup* de l'île de Man, en 1981. Jean-Philippe Boghossian, Cort Larned, Matt Schweitzer et Hervé Borde (de gauche à droite).

installé, dans lequel le bateau peut pénétrer par n'importe quel angle, à condition de passer du bon côté d'une bouée centrale, et qu'il parcoure la distance complète. A l'origine, cette épreuve n'était pas prévue pour les planches, mais, en 1980, celles-ci figuraient en nombre dominant. En 1977, Derk Thijs établit le record de 17,1 nœuds sur une Windglider standard, mais très légère ; en 1979, Clive Colenso l'éleva à 19,2 nœuds, en 1982, Pascal Maka pulvérisa tous les records en atteignant 27,82 nœuds, et, en 1983, Fred Haywood, Hawaïen, atteignit 30,82 nœuds sur une Sailboard Maüi.

Depuis, d'autres pays ont organisé leurs propres épreuves de vitesse, en partie en raison des aléas dus aux vents, à Weymouth. En 1980, Hoyle Schweitzer organisa ses *Maalaea Speed Trials* sur l'île de Maüi, qui révéla le Hollandais Jaap Van der Rest, poussant le record à 24,25 nœuds. Depuis 1981, la Semaine de vitesse de Brest, qui se tient juste avant celle de Weymouth, permet de grouper tous les fous de vitesse en planche.

Les planches

En même temps que se sont popularisées les épreuves de vitesse en planche, les flotteurs se sont simplifiés. En 1979 et en 1980, Van der Rest courait sur une planche très courte munie d'un seul aileron, pesant 7 kg. Mais toutes les idées sur la conception et la construction furent bouleversées à Weymouth en 1981, lorsque l'Allemand Jürgen Honscheid fila à 24,75 nœuds sur une planche de surf munie d'un gréement de planche à voile, mesurant 228 cm, pesant 5 kg, pour un volume de 26 l, très insuffisant pour supporter son poids. Van der Rest se mit aussitôt au travail et produisit sa planche de 3 m, semblable à une planche de surf, et fit passer le record à 25,13 nœuds, un mois plus tard, en 1981, lors de la *Pall Mall Cup*, à Veere, aux Pays-Bas.

La planche de style surf que tient l'Anglais Mike Todd est très difficile à manœuvrer.

Le saut de vagues

Le saut de vagues est né de l'idée que, en se dirigeant rapidement vers une vague qui arrive tout aussi vite vers soi, on décolle. Les Hawaïens, qui ont tant fait pour populariser le saut de vagues, et lui attacher un certain romantisme, ont été les premiers à insister sur le fait que si la planche est légère et la technique bonne, le décollage coule de source. Larry Stanley et Mike Horgan, à l'origine de ce sport, eurent l'idée d'utiliser un harnais pour diminuer la tension exercée sur les bras, et des « footstraps » (cale-pieds) afin de se maintenir sur le flotteur.

En 1978, ils avaient convaincu Hoyle Schweitzer de fabriquer une version de la Windsurfer adaptée à la brise. Le résultat fut appelé *Rocket* (fusée). Ils déplacèrent dérive et pied de mât vers l'arrière, mirent deux ailerons au lieu d'un, augmentèrent la spatule de l'avant pour les vagues, et fixèrent solidement les footstraps au flotteur. La Rocket fut la première planche de saut de vagues de série. Les Hawaïens restèrent les premiers en matière de mise au point, adaptant leurs prototypes fait main à leur type de navigation. Les Européens s'arrachèrent ces planches, avides de profiter de l'expérience hawaïenne. Les meilleurs purent vendre leur savoir-faire aux fabricants français importants, désireux d'introduire des planches de saut dans leur gamme. Ainsi Larry Stanley se charge de la conception chez Alpha, Rick Naish chez Mistral, Brian Hinde et Jürgen Honscheid — un Allemand aussi bon qu'un Hawaïen — chez F2.

Pourquoi Hawaï ?

Aucun règlement n'existe en matière de saut de vagues. Le climat hawaïen se caractérise généralement — mais pas toujours — par des alizés de force 4 et plus, et par une température clémente permettant aux planchistes d'essayer et de mettre au point techniques et équipements, quotidiennement. Les vagues du Pacifique arrivent, après un parcours de 1 000 milles pour se briser sur les premiers coraux, créant les conditions idéales de saut — conditions qu'il est impossible de réunir en Europe, où aux hivers froids s'ajoutent des variations de vent imprévisibles.

C'est pourquoi les Hawaïens vont rester sur le devant de la scène en matière de planche de funboard. Les Européens, se sentant un peu frustrés par cet état de choses, y remédient en les rejoignant.

Les évolutions

Les exigences de conception et de construction des planches de funboard sont similaires, qu'il s'agisse de saut de vagues, de largue dans les vagues, de vitesse ou de course style *Pan Am Cup*. Comme les conditions sont rudes, planches et gréements doivent se manœuvrer facilement, tout en restant suffisamment robustes pour résister à la vitesse et aux vagues.

Depuis la Windsurfer Rocket, les planches de fun utilisées par vent fort sont plus courtes, plus simples et plus légères. Les travaux de mise au point effectués par Jürgen Honscheid ont abouti à cette planche à la mode en 1980, de 3 m de long environ, d'un poids de 12 kg, sans équipement autre que trois ou quatre ailerons servant à maintenir la direction.

L'année suivante, cette conception était remplacée par une planche à aileron unique, du type de celle utilisée par Honscheid pendant la semaine de vitesse de Weymouth. Au lieu de virer de bord, on doit empanner, et s'efforcer de maintenir le flotteur constamment au « planing » sous peine de la voir s'enfoncer sous le poids du planchiste, dès qu'il s'arrête. Cela lui donne des possibilités de vitesse et de manœuvre bien supérieures à celles des autres planches.

Looping ! Le saut de vagues est devenu une discipline suffisamment compliquée pour que des spécialistes participent à des compétitions telles que le Maüi Grand Prix à Hawaï.

La Pan Am Cup

La *Pan Am Cup* est l'événement le plus prestigieux du calendrier de la planche à voile : tous les billets sont vendus plusieurs mois avant l'épreuve. Elle se déroule au large de la plage de Kaïlua, sur la côte nord d'Oahu, l'île principale de Hawaï, en trois épreuves comptant pour le classement final : une course sur parcours triangulaire mettant l'accent sur les bords de largue ; une course de longue distance sur plus de 20 milles, des ins-and-outs.

La Pan Am Cup est unique en son genre : la condition *sine qua non* pour le déroulement des épreuves est un vent de force 4 minimum. Sur une mer tumultueuse, les planchistes sont envoyés au large, vers les rouleaux du Pacifique, après être passés au-dessus de la barre de corail.

Les planches
Les planches de la Pan Am Cup se regroupent en deux catégories : « open » et « construction ». Dans la première, les planches correspondent aux règlements de l'I.Y.R.U. division 2, auxquels on a ajouté la possibilité de footstraps. Dans la seconde, tout est accepté.

De toute façon, ces deux catégories sont très semblables, et seul le poids des planches varie : 12 kg minimum pour la catégorie « construction », 18 kg pour la catégorie open. Les planches mesurent environ 3,60 m. D'une forme assez plate pour être plus manœuvrables, elles possèdent de grands ailerons et une dérive entièrement rétractable. Elles sont aussi résistantes et solides que possible, pour tenir le choc à l'amerrissage consécutif aux nombreux et trop souvent involontaires décollages. Les planches sont construites spécialement pour cette course. Environ deux mois auparavant, fin mars, les Hawaïens et les Européens expatriés ne ménagent pas les heures supplémentaires pour donner forme à des blocs de mousse, recouverts de fibre de verre, de kevlar ou autres, pour leur usage personnel ou pour celui de visiteurs qui les achèteront à des prix « gonflés »

L'année suivante, certains modèles réapparaissent, fabriqués en série dans les usines européennes, La Mistral Naish, l'Alpha Rocket, la F2, ont toutes été mises au point à la suite de la Pan Am Cup.

Les vainqueurs
Les vainqueurs de la Pan Am Cup sont les stars de la planche à voile.

La superstar hawaïenne Robby Naish (vainqueur du Championnat du monde à treize ans) domine régulièrement les courses sur les planches construites par son père Rick. Ses principaux concurrents, l'Américain Ken Winner et l'Allemand Jürgen Honscheid, dessinent et construisent leurs planches pour participer chaque année à la Pan Am Cup, depuis sa création, en 1978. Gagner la Pan Am Cup reste la plus grande performance du monde véliplanchiste.

Les bonnes et mauvaises années
Tout le monde tient la Pan Am Cup pour la régate numéro 1, mais il y a les années avec, et les années sans. 1980 est désormais l'année de référence. Le vent fut rarement inférieur à force 6, et atteignit souvent force 8 avec une mer complètement démontée, et d'énormes rouleaux. L'année suivante, 170 concurrents se présentèrent à la course et furent salués par... un calme plat, si bien que l'on dut concentrer toute la manifestation autour des quelques jours pendant lesquels il y eut du vent.

Tout le monde avait prédit que 1982 marquerait le retour à la normale, mais ce fut encore pire. La finale fut jouée en trois régates seulement, le vent étant insuffisant pour les épreuves de longue distance et d'ins-and-outs. En 1983, toutes les épreuves furent annulées faute de vent. Mais tous les véliplanchistes sont optimistes et attendent le retour d'une année semblable à 1980.

Bird Island, marque d'empannage du parcours de longue distance de la Pan Am Cup.

Les planches tandems

Tout véliplanchiste devrait, au moins une fois, essayer la planche tandem. On en tire grand plaisir. Être deux sur la planche à s'amuser change complètement l'impression que l'on peut avoir. On a affirmé que les tandems allaient plus vite que les planches, mais ce n'est plus vrai actuellement, en raison du poids élevé des tandems, qui se rattrapent en procurant de belles impressions de vitesse.

Les tandems de série

Un petit nombre de fabricants produisent des tandems : les marques les plus connues sont Windglider (la plus renommée), Shark et Sailboard en Allemagne, et Flysurf en France. Le tandem-type est une planche polyvalente, allongée et renforcée. Il mesure environ 6,50 m de long, et pèse 60 kg pour un volume de 600 l, et a souvent pour matériau la fibre de verre, vu le petit nombre d'unités produit. La plupart des tandems possèdent une dérive unique très longue, et un aileron à l'arrière, deux emplantures de pied de mât, une à l'avant, une à l'arrière, plus une troisième prévue juste devant la dérive, réservée à l'usage du tandem en solitaire... ou à trois. Mais lorsque le vent est faible.

Inconvénients

Les inconvénients des tandems sont leur poids, leur prix, et leur stockage.

Comme ils sont rares, ils coûtent souvent deux fois plus cher qu'une planche simple. Vous ne pourrez pas les transporter sur le toit d'une berline normale, ni les entreposer dans un petit garage. Il faut aussi s'assurer de la présence d'un équipier qui naviguera avec vous.

La société allemande Shark a résolu quelques-uns de ces problèmes avec le Sharksurfer, démontable en deux parties avant et arrière mesurant environ 1 m de long, et une partie centrale un peu plus longue.

Les deux premiers morceaux entrent dans une valise et, une fois assemblés, forment une planche ; avec la pièce centrale, on forme le tandem.

La pratique

Avant tout, il faut décider qui sera le skipper, et naviguer en équipe. Le véliplanchiste placé à l'avant, déventant en partie celui de l'arrière, ne doit pas trop border sa voile pour éviter que l'autre ne tombe. Pour remonter au vent, le planchiste de l'arrière devra border sa voile presque dans l'axe, le mât légèrement sur l'avant, pendant que le planchiste de l'avant ouvrira un peu plus sa voile, le mât légèrement incliné sur l'arrière. Le centre de voilure se trouve quelque part entre les deux gréements.

Au largue, le véliplanchiste de l'arrière borde toujours plus que celui de l'avant. Vous verrez vous-même si le flotteur file plus vite avec le planchiste le plus léger placé à l'avant ou à l'arrière.

Au vent arrière, avec ses voiles en ciseaux, le tandem se révèle particulièrement efficace.

Pour virer de bord, c'est l'équipier arrière qui vire le premier, et celui de l'avant qui vire en second. Pour empanner, c'est l'inverse.

A droite : le tandem Carlsberg, mis au point à partir du Sweeny de Mike Todd pour la semaine de Weymouth de 1981. Il n'était pas très rapide, mais quelle publicité pour le sponsor !

Ci-dessus : le tandem Windglider, premier apparu sur le marché, est le plus populaire. Celui-ci, un modèle « spécial », utilise un gréement Windglider. C'est tout un art de naviguer sur ces planches, mais aussi une source de plaisir sans fin.

Débuter en planche à voile

On peut adhérer à un grand nombre de clubs ou d'associations diverses locales ou nationales.

Pour démarrer

Avant même de monter sur une planche, une inscription à l'un de ces organismes vous sera utile. Il vous indiquera où et comment apprendre, et quel matériel acheter. Si vous n'avez pas déjà acquis les bases d'un apprentissage en louant une planche sur la plage, ou en vous entraînant avec un ami, cet organisme vous conseillera dans le choix d'un professeur compétent.

Les cours

A moins d'être exceptionnellement doué pour ce genre de sport, vous économiserez beaucoup de temps et acquerrez de bonnes bases pour vos futures sorties en mer en recevant un enseignement approprié.

Il est plus prudent de s'adresser à une école reconnue par la Fédération nationale de Voile de son pays (voir le lexique). Au Royaume-Uni, par exemple, la Royal Yachting Association (R.Y.A.), fédération nationale de voile, avec son comité pour la planche à voile, organise un programme d'enseignement de la planche à voile fondé sur les principes de l'I.W.S. (International Windsurfer School). En France, il existe des écoles homologuées par la Fédération française de voile.

Les écoles en France

Vous en rencontrerez des quantités, dès que l'été arrive, aux abords des plages. Mais l'enseignement dispensé et les prix pratiqués peuvent accuser de grandes variations.

Presque tous les loueurs de planche proposent en sus des cours d'apprentissage : ils ont pour eux la souplesse des horaires — vous pouvez venir quand vous en avez envie —, mais ne vous assurent pas la qualité, ni un prix forcément raisonnable.

Premiers pas sur Windsurfer. Une petite voile, pas trop de vent, un climat chaud, font toute la différence lorsque l'on débute la planche à voile.

Une série d'écoles homologuées par la Fédération (dont vous pourrez vous procurer la liste en écrivant à la F.F.V.) vous offriront un enseignement dispensé sous forme de stage, d'une durée d'une à deux semaines, assurant une formation à la fois pratique et théorique, sous le contrôle de moniteurs diplômés par la F.F.V. Le tout dans une ambiance souvent drôle, avec un bon équipement de sécurité, et le matériel fourni sur place.

L'U.C.P.A. (Union nationale des centres de plein air) organise des stages dans ses centres, dont la plupart sont disposés dans de jolis endroits (beaucoup en Bretagne et sur la côte méditerranéenne...). L'association vous offre des formules comprenant hébergement, nourriture, prêt de matériel, et voyage, pour des tarifs très étudiés.

Les écoles privées sont normalement gérées par un moniteur titulaire du brevet d'État (B.E.E.S), et élaborées en collaboration avec la municipalité qui l'abrite. Leur qualité est très variable.

La Fédération française de voile (F.F.V.)

C'est l'instance dirigeante du monde de la voile en France, réunissant près de mille clubs affiliés, au sein de ligues régionales représentées lors des assemblées générales. Le secteur planche de la F.F.V. assure la coordination des régates organisées par les ligues et des régates nationales ; la formation et l'entraînement de l'équipe de France de planche à voile ; la gestion de la masse des licenciés. Les licenciés acquittent une cotisation relativement modeste, qui leur permet de participer aux régates du calendrier de la F.F.V. et leur offre une assurance intéressante, et obligatoire, pour courir.

La F.F.V. publie tous les ans le classement des coureurs ayant participé à ses régates régionales et nationales. Les meilleurs coureurs sont sélectionnés pour intégrer l'équipe de France.

C'est aussi la Fédération qui assure la formation des moniteurs, au sein d'écoles homologuées. On peut enseigner la planche en devenant titulaire du monitorat fédéral (C.A.E.V.), après avoir effectué trois stages : pratique, pédagogique, et en situation d'enseignement.

Pour diriger l'entraînement au sein de clubs ou d'associations fédérales, il faut posséder un brevet d'entraîneur 1er, 2e ou 3e degré. Et pour diriger une école, ou simplement enseigner la voile et la planche à voile à titre rémunéré, il faut être titulaire du Brevet d'état d'éducateur sportif 1er degré (B.E.E.S.), qui s'obtient à la suite d'une préparation d'environ six mois.

International Windsurfer Schools

Les écoles internationales de planche à voile furent fondées par Dagobert Benz, ancien membre de l'équipe olympique des Star, qui développa un système d'enseignement à l'origine du succès de ce sport en Europe.

Benz possédait un hôtel en Allemagne, sur le lac de Constance. Ayant appris très tôt la planche à voile tout seul, il réalisa que ses clients pourraient profiter de leur séjour pour apprendre eux aussi.

Aussi développa-t-il un système d'enseignement progressif qu'il implanta au sein d'écoles I.W.S., dans toute l'Europe.

Il forma des moniteurs pour s'assurer que l'enseignement serait exactement identique, avec les mêmes programmes et délivrant les mêmes diplômes. Ceux-ci retournèrent ensuite dans leurs pays respectifs pour former d'autres moniteurs, etc. selon une croissance exponentielle.

L'équipement nécessaire

L'école fournit la planche, et aussi les combinaisons isothermiques — mais vous n'en aurez pas besoin si vous apprenez sous les tropiques. Renseignez-vous pour savoir si nourriture, boissons et logements sont compris. Vous devrez normalement emporter avec vous serviette, maillot de bain, une paire de chaussures à semelles de caoutchouc mou. Les pieds nus adhèrent assez bien à la planche, mais, au départ, vous apprécierez sans doute la protection que vous offrent les chaussures.

Un stage-type

La forme et la durée d'un stage dépendra du bon vouloir du moniteur, ainsi que du temps et de la marée. L'ordre peut varier, mais vous étudierez toujours ce qui suit.

1. Introduction et simulateur.

Vous serez parfois obligés de verser d'abord des arrhes, ou le coût total.

On vous fait ensuite visiter les lieux et l'on vous présente aux autres élèves du groupe — jamais plus de huit pour un moniteur : moins on est, mieux c'est — avant de se lancer dans la description des éléments de base composant une planche à voile, et de vous initier sur le sol, avec un simulateur.

Le simulateur est une planche montée sur un support pivotant (ou plus souvent, la section centrale d'une vieille planche qui a fini de flotter). Il vous permet d'acquérir la technique de base sans bouger d'un point fixe, sans tomber ni se mouiller. Cette technique réduit considérablement le temps d'apprentissage, car non seulement vous ne vous éloignez pas du moniteur, mais vous ne vous préoccupez pas d'avoir froid ou d'être mouillé.

On vous montre alors comment monter sur la planche — beaucoup plus stable que lorsqu'elle est sur l'eau —, comment relever la voile et la mettre en position de départ, tourner la planche, la faire avancer, la manœuvrer, virer de bord, et empanner...

Le moniteur vous fera une démonstration de chaque manœuvre, et chaque élève devra les exécuter, tout en apprenant et en tirant des leçons des erreurs des autres.

Enfin, lorsque vous en aurez fini avec le simulateur, on vous montrera comment monter le gréement, le fixer, et quelques techniques très importantes d'auto-assistance.

2. La planche au mouillage.

Monter sur une planche au mouillage vous permet d'acquérir l'équilibre, de relever la voile, d'essayer de partir sans que le vent ou le courant vous entraîne trop loin, car votre planche est attachée au fond de l'eau par une ancre, comme un chien tenu en laisse.

Les mouvements que vous vous entraînez à effectuer sont les mêmes que ceux faits sur le simulateur, à cette différence près que vous tomberez à l'eau à tout instant. Ainsi, à moins d'être un vrai dur, vous ferez mieux de débuter par temps chaud ! C'est là une préoccupation bien plus importante que de vous demander si vous avez l'air stupide en tombant à l'eau. Et l'avantage d'apprendre en groupe, c'est que tout le monde a les mêmes problèmes !

3. Naviguer en groupe.

Après s'être exercé sur une planche au mouillage, on peut essayer de partir sur une planche libérée. Vous verrez que la première fois que vous tiendrez sur la planche plus de trente secondes sera un instant extraordinaire. Tout véliplanchiste s'en souvient avec émotion.

Vous devrez naviguer en ligne droite, et aussi revenir à votre point de départ, diriger la planche, la faire tourner et remonter au vent, jusqu'à ce que vous soyez capable, à la fin du stage, d'effectuer un petit triangle.

Si le temps l'autorise, si vous n'avez pas trop froid et si vous n'êtes pas trop épuisés, l'intervalle entre deux chutes sera de plus en plus long.

4. Théorie et détail du gréement.

C'est une partie essentielle du stage, même si elle prend beaucoup moins de temps que l'apprentissage sur le simulateur ou sur l'eau.

La plupart des nouveaux venus à la planche à voile, n'ayant aucune expérience de la mer et de son comportement, doivent avant tout apprendre les règles élémentaires

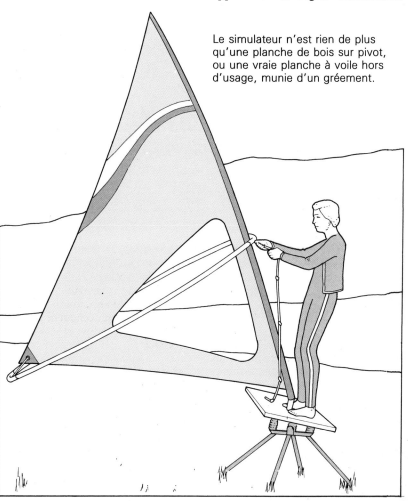

Le simulateur n'est rien de plus qu'une planche de bois sur pivot, ou une vraie planche à voile hors d'usage, munie d'un gréement.

de sécurité, de navigation et de courtoisie en mer. Cela est valable même pour les marins plus expérimentés. Ce que l'on fait en toute sécurité sur un bateau peut représenter un danger pour un véliplanchiste.

Il faut, enfin, maîtriser la théorie expliquant comment et pourquoi avance une planche, pour pouvoir la contrôler parfaitement.

5. L'examen final.
Le moniteur décidera si vous possédez le niveau suffisant pour recevoir un certificat de compétence élémentaire, qui vous sera réclamé dans certains pays lorsqu'il vous faudra louer une planche ou prendre le large en plan d'eau surveillé.

En général, on réussit du premier coup : on pourra aussi, dans certaines écoles, vous poser les questions de théorie et vous faire passer un test de navigation, mais rien de bien difficile. Ceux qui échouent peuvent revenir pour approfondir leurs connaissances.

Les résultats
A la fin d'un stage I.W.S., ou de tout autre stage effectué au sein d'une bonne école, vous devez être capables de naviguer sur votre planche par vent faible, avec une petite voile. Vous devez savoir gréer votre planche, et posséder les connaissances suffisantes pour pratiquer ce sport en toute sécurité.

Un exemple de stage pour apprendre la planche selon le système I.W.S. : c'est de cette façon que des milliers de véliplanchistes apprennent ce sport, chaque année.

Débuter seul
Si vous préférez débuter tel un loup solitaire, vous pouvez apprendre les règles de base de ce sport, en vous référant aux pages 52 à 75 de ce livre.

Et, après, vous découvrirez comment naviguer dans la brise, et des techniques plus élaborées, dans les pages suivantes.

Acheter une planche

La planche à voile s'est développée si rapidement qu'elle est devenue pour les fabricants une industrie semblable à celle de la mode. Chaque année, de nouveaux modèles complètent la gamme des marques, et, bien que tout ceci soit en partie justifié par l'évolution des conceptions et des techniques de fabrication, ce sont des hommes de marketing qui en décident, pour maintenir leurs produits sur le devant de la scène.

Cela présente des avantages et des inconvénients lorsque l'on veut acheter une planche. D'une part, ce fait garantit un grand nombre d'excellentes planches d'occasion, mais vous devez veiller, lorsque vous désirez la dernière née et la plus au point des créations, à ce qu'elle ne perde pas une bonne partie de sa valeur au moment où sortira un modèle légèrement plus perfectionné.

Les grandes marques

Les gammes de la plupart des fabricants importants couvrent les cinq catégories de planches exposées en pages 18 et 19 :
1. La planche polyvalente plate.
2. La planche de type Pan Am Cup.
3. La planche de compétition open.
4. La planche de saut de vague.
5. La planche de funboard extrême.

Pour un premier achat, on devrait toujours se diriger vers la première catégorie, dans laquelle on ne peut pas faire une mauvaise opération, si l'on choisit une planche d'une marque réputée.

La Windsurfer Regatta et la Mistral Compétition sont les premières planches par excellence. Elles existent depuis des années et continuent d'être très agréables à naviguer. De plus, les pièces détachées sont les mêmes depuis le début, ce qui les rend très populaires à juste titre. Et vous pourrez toujours équiper une planche polyvalente pour naviguer par gros temps, en général avec des footstraps et une dérive tempête. Elle sera alors sans doute très lente par petit temps, mais l'achat est sûr tant qu'il vient d'un bon fabricant.

N'oubliez pas que les principaux fabricants se font une concurrence directe sur le prix et la qualité, et ne peuvent pas se tromper dans la conception ou la fabrication d'une planche produite à au moins un millier d'exemplaires. Même en changeant de modèles tous les ans, ils en garantissent la qualité par une mise au point effectuée à partir de prototypes successifs.

Les différences de prix

Le marché mondial est dominé par une poignée de fabricants allemands, français et hollandais. 90 % du marché va aux premiers achats de planches polyvalentes, et comme les produits sont similaires il y a peu de place pour des écarts de prix importants.

Quelques planches sont très bon marché, et d'autres se veulent les meilleures. Ainsi, la Mistral Compétition peut coûter deux fois plus cher que la Dufour Sun. Elle possède à peu près les mêmes caractéristiques et s'utilise dans des conditions semblables, mais la marque se paie. La plus-value se retrouve sur le marché de l'occasion.

Flotteurs et gréements

La plupart des planches sont vendues complètes, avec leur gréement. Toutefois, les voiles sont interchangeables. Si bien que si vos progrès vous font acheter deux ou trois flotteurs, il se peut que le gréement soit adaptable sur chacun d'eux.

Lors d'un premier achat, mieux vaut acquérir la voile recommandée par le fabricant. Ce sera rarement le modèle le plus parfait, mais, quand on n'a pas l'expérience permettant de faire la différence, cela n'a pas d'importance.

Vous aurez sûrement le choix entre différentes tailles de voiles. Cette fois encore, que vous choisissiez l'une ou l'autre importe peu. En progressant dans ce sport, vous vous rendrez compte qu'un minimum de trois voiles est nécessaire pour faire face à toutes les conditions de vent.

Les illustrations des pages 80 et 81 montrent une gamme du type de celles offertes par les voiliers. Un débutant moyen a besoin d'une voile facile à manœuvrer, de 4,80 m² pour une personne de petite taille, 5,60 m² pour quelqu'un d'assez fort, et 6,50 m² pour un planchiste très en forme, jeune, et mesurant plus de 1,80 m.

Au moment de l'achat, choisissez la voile correspondant à vos capacités physiques. Vous pourrez toujours compléter votre équipement lorsque vous aurez progressé.

Les accessoires

S'équiper pour la planche à voile peut impliquer de grosses dépenses. En effet, il vous faut :
Une voiture :
à moins de pouvoir en emprunter une (une jeep Suzuki vous donnera tout à fait le bon look) ;
Une galerie pour le toit :
sauf si l'on possède déjà un système de verrouillage, mieux vaut en acheter un spécialement conçu pour éviter de se faire voler sa planche ;
Une assurance :
contre le vol, ce qui devient malheureusement de plus en plus fréquent. Elle pourra également vous servir en cas de casse du mât ou de la planche ;
Une combinaison isothermique
Des bottillons
Une combinaison sèche :
de rigueur pour l'eau froide ;
Un harnais

Vous aurez, bien sûr, aussi besoin d'un flotteur (voire de plusieurs) et de son gréement (ou de ses gréements). Heureusement, vous n'achèterez pas tout d'un coup, et vous pourrez toujours faire quelques économies en empruntant une partie de l'équipement, ou en l'achetant d'occasion.

Vous devrez aussi renouveler des pièces détachées : le pied de mât peut casser à tout instant ; vous aurez besoin d'outils — au moins un couteau et un tournevis —, d'un kit de réparation, de quelques

Ce hall d'exposition de Chelsea Warf Windsurfing, à Londres, présente de nombreuses planches différentes. Ajoutez les milliers de planches d'occasion, et le choix devient encore plus impressionnant.

morceaux de bout, et éventuellement de papiers d'identité officiels.

La nécessité de posséder sur soi des papiers varie selon les pays et les régions. On peut vous en réclamer pour louer une planche, ou tout simplement pour vous servir de la vôtre sur un plan d'eau d'accès non libre... Informez-vous avant de partir : votre fédération nationale peut être une bonne source d'information, et cela pour une somme modeste. Au Royaume-Uni, la R.Y.A. (Royal Yachting Association) vous délivrera un certificat de compétence. Dans d'autres circonstances, vous pourrez avoir à prouver votre valeur, et vérifier l'utilité d'un certificat I.W.S. (International Windsurf School) délivré à ceux qui réussissent leur brevet d'apprentissage.

Les éléments

La planche
Fabriquée en plastique, elle ne devrait présenter ni bosse, ni trou, ni fissure. Le plan de joint des bords doit être parfait ; l'antidérapant du pont, bien fini et efficace. Les ponts de formes inhabituelles sont souvent plus esthétiques que fonctionnels.

La coque sera entièrement remplie de mousse. Vérifiez que son volume est suffisant pour porter votre poids sur l'eau : au moins 230 litres pour 65 kg.

L'aileron
En plastique.

La dérive
En plastique, et rétractable à l'intérieur du flotteur pour plus de facilité d'utilisation. Pour la régate, on se sert souvent de dérives en contreplaqué, plus raides et plus légères, mais dont l'entretien nécessite grand soin.

Boîtiers d'aileron, puits de dérive, et emplantures de pied de mât
Soit parties intégrantes venues de moulage du flotteur, soit éléments de plastique séparés puis fixés en place, ils seront souvent, dans le second cas, interchangeables et fournis par les fabricants.

Pied de mât articulé
Souvent réalisé en plastique et caoutchouc, il est attaché à la base du mât. C'est l'adaptateur qui vous permet de changer le gréement d'une planche à l'autre, reliant le flotteur au gréement.

Le mât
Généralement fabriqué en fibre de verre, selon le même principe que les cannes à pêche. Des mâts métalliques en alliage sont réservés à la compétition, mais ils sont aussi un peu plus fragiles.

Le wishbone
Un arceau elliptique en alliage recouvert de caoutchouc et dont les extrémités sont en plastique. Moins il est flexible, mieux c'est !

La voile
En Térylène. C'est un tissu synthétique : sa qualité et la coupe de la voile peuvent varier énormément.

Où l'acheter ?
Un magasin spécialisé possédant, de plus, une école de planche à voile devrait être en mesure de vous apporter conseils et service aprèsvente comprenant : garantie, réparations, remplacements et reprise — la plupart des magasins reprennent maintenant votre vieille planche quand vous leur en achetez une neuve.

Vous préférez peut-être le marché de l'occasion. Quoi qu'il en soit, souvenez-vous de ceci :

— Les planches de régate récentes ou de saut peuvent coûter très cher quand elles viennent de sortir. Dès qu'elles sont périmées, leur valeur chute.

— Mieux vaut rester fidèle à une marque de planche encore fabriquée — si elle l'est depuis longtemps, tant mieux — et qui se vend bien. Elle conservera une bonne cote.

— Une planche réalisée dans un matériau résistant perd peu de valeur.

— La planche vieillit. Si la mousse à l'intérieur du flotteur commence à s'éparpiller, à se diviser, la restaurer reviendra cher... Il aurait mieux valu la payer un peu plus cher, au départ.

— Vérifiez l'équipement vendu avec la planche. Les gréements coûtent cher, et il y a une grande différence entre une bonne voile de régate et une voile polyvalente trop petite, mal coupée ou mal adaptée.

Les magasins sont souvent dirigés par des spécialistes amateurs de planche, et possèdent une belle gamme de planches et d'accessoires. Vous pouvez normalement vous fier à leurs conseils, quand vous ne savez quelle planche acheter. A moins d'être très sûr de votre source d'information, dirigez-vous toujours vers une marque connue, et si possible prenez l'avis de ceux qui possèdent la planche de votre choix.

A droite : les principales courses open sont, pour les fabricants, de véritables vitrines de leur marque, même s'ils y font courir des prototypes, équipées pour ressembler à des planches de séries, si bien que vous ne pouvez faire la différence.

Entretien
et réparation

Une planche dont on se sert beaucoup se détériorera rapidement, particulièrement si sa construction est
fragile. Si vous appartenez à cette
catégorie de gens qui sont heureux
de bricoler quelque menue réparation, c'est bien, mais si vous n'avez
jamais levé le petit doigt regardez-y
à deux fois avant de choisir une
planche au gel coat ultra-fin.

Entretien général
Nettoyer la planche
Essayez le nettoyant d'usage domes-
tique. S'il y a des taches de goudron,
enlevez-les d'abord avec du White
Spirit.
Stocker le flotteur
La planche peut se déformer. Cou-
chez-la toujours sur un support de
toute sa longueur.
La voile
Pliez la voile en plis parallèles à la
chute, sur le guindant, ou bien
roulez-la autour du guindant. Bai-
gnez la voile, laissez-la tremper toute
la nuit dans de l'eau contenant un
détergent. S'il reste quelques taches
le matin, frottez-les à la brosse, et
rincez la voile à l'eau fraîche.

On peut atténuer le goudron avec
du trichloréthylène ou de l'essence,
mais vérifiez toujours que les couleurs sont bien fixées avant d'enlever
les taches.

Les réparations
Un amateur peut effectuer les petites réparations sur sa planche, pour
supprimer les rayures et fissures.
Mieux vaut laisser les réparations
d'importance aux soins d'un professionnel, qui possède le bon équipement et l'expérience nécessaire. Ce
n'est pas forcément très difficile,
mais vous aurez de gros risques de
faire des erreurs dans vos premiers
essais, et si c'est une planche neuve
laissez-la tranquille ! Pour réparer,
apprenez à connaître les différentes
propriétés des matériaux.
Le polyéthylène
On peut réparer avec un fer à

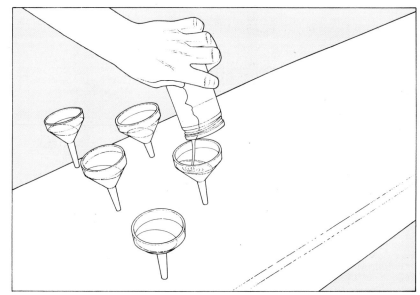

Ci-dessus : la réparation ou la
modification d'une vieille planche
de polyéthylène. L'une des façons
de remplacer une mousse
alourdie, c'est de l'enlever, en
trouant le dessus et en emplissant
l'intérieur de mousse liquide.

Ci-dessous : la mousse s'étend et
se solidifie, et l'excès peut être
éliminé avec un couteau bien
affûté. Ce ne sera
malheureusement pas une très jolie
réparation, mais elle rajeunira
efficacement votre planche.

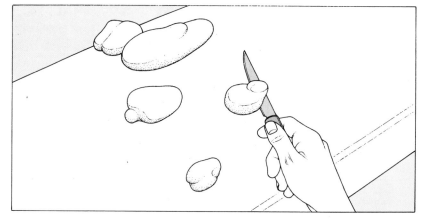

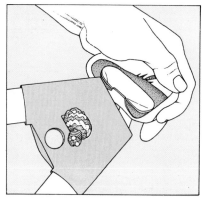

A gauche : recoller l'embout de
caoutchouc coiffant le bout du
wishbone, voilà une réparation
qu'on peut entreprendre soi-
même. Cependant, malgré tout le
plaisir que vous éprouverez à
bricoler vous-même, mieux vaut
laisser la plupart des réparations
à un professionnel. Les magasins
de planche ont souvent quelque
spécialiste des réparations sur le
polyéthylène, la fibre de verre ou
l'A.B.S., pour un prix raisonnable.

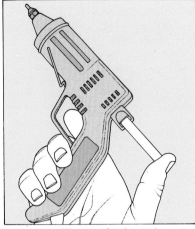

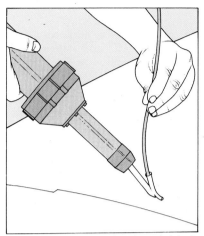

Ci-dessus : pour souder du polyéthylène, on peut utiliser un fer à souder, et des baguettes de plastique, qui seront égalisées à l'aide d'un couteau affûté. Les baguettes de plastique peuvent aussi être envoyées par un pistolet de soudure à chaud, dont l'extrémité est de différentes tailles, ce qui permet une réparation plus précise.

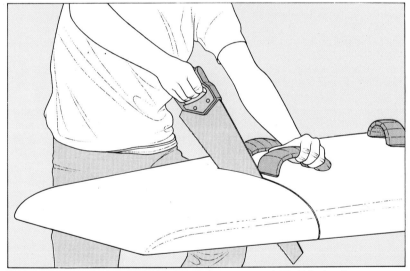

Ci-dessus : prendre une scie pour transformer une vieille Windsurfer en une planche de fun faite à la maison, voilà un passe-temps bien connu.

souder, un couteau Stanley et des baguettes de polyéthylène. Le polyéthylène *Crosslink* est plus difficile à réparer tout seul ; si vous n'êtes pas trop sûr de vous, faites appel à un spécialiste possédant un pistolet de soudure à chaud.

A.B.S.
On peut supprimer les fissures avec un solvant qui dissout le plastique autour. On peut aussi appliquer des pastilles d'A.B.S., que l'on trouve dans un kit de réparation bien pratique de la marque Bic.

A.S.A.
Il a tendance à se décolorer ; mieux vaut le laisser à un professionnel.

Fibre de verre
C'est théoriquement le matériau le plus facile à réparer. On peut recoller par petites touches le gel coat manquant, et ajouter du tissu de verre sur les plus grandes réparations. Mais les amateurs ne devront pas entreprendre seuls les réparations sur résine époxy.

La mousse
Le centre de la plupart des planches se compose d'un bloc de mousse. Pour le changer, on devra couper une section du flotteur pour remousser la planche, sauf sur les planches en mousse polystyrène.

Les accidents les plus fréquents
Mât et dérive sont les pièces les plus fréquemment cassées. Les mâts en fibre sont réparables, et l'on peut changer la dérive à peu de frais.

L'altération d'une planche peut résulter d'une détérioration du matériau, lorsque la planche n'a pas été correctement moussée, et la mousse mauvaise devra être remplacée.

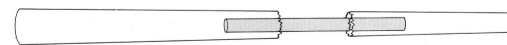

Les mâts de fibre de verre sont très enclins à se casser. Ils se cassent en général de façon nette à la hauteur du wishbone, et on peut les réparer en utilisant un manchon formé de la section d'un vieux mât (ci-dessus). Collez l'extérieur et l'intérieur avec de la résine époxy, et entourez ensuite de fibre de verre. Il est plus prudent de renforcer la base du mât, l'attache du wishbone et l'extrémité supérieure en les entourant de fibre de verre enduite de résine époxy. Cela n'affectera en rien la souplesse du mât. Il arrive que la base du mât éclate ; on peut alors la lier avec du fil de nylon.

Les accessoires de la planche à voile

La planche à voile est une bonne affaire pour les fabricants et les détaillants. Quand vous commencez à acheter une planche, vous n'en avez pas fini avec eux !

Ils veulent que vous reveniez pour acheter une planche de funboard, une planche de compétition, que vous continuiez à faire affaire avec eux, chaque saison, pour choisir un modèle plus récent et plus performant. Ils vous veulent aussi bien habillés, de la combinaison isothermique la plus flamboyante et du minimum de tee-shirts hawaïens nécessaires.

En plus des planches et des vêtements, ils aimeraient aussi que vous dépensiez votre argent pour acheter toute sorte de matériel.

Cela en vaut-il la peine ?
N'oubliez jamais que les fabricants et détaillants sont là pour faire de l'argent, et que vous devrez par conséquent regarder leurs produits avec un certain recul. Seul un petit nombre d'articles est indispensable, tout comme pour beaucoup d'autres sports.

Ce dont vous avez réellement besoin
Dans les pages suivantes, nous allons découvrir les articles dont vous et votre planche avez réellement besoin.

Un vêtement adapté devra être choisi avec soin. Malheureusement, le prix reflète souvent la qualité, mais il y a des filières parallèles. Si votre budget est limité, vous pouvez constituer un vêtement isothermique tout à fait acceptable de pièces et de morceaux, en utilisant des chutes de néoprène pour faire des chaussettes que vous porterez dans des tennis trop grands, par exemple. Vous ne serez pas le véliplanchiste le mieux habillé, mais vous pourrez toujours dépasser ce dernier dans une gerbe d'écume. Vous pourrez aussi le doubler en portant un équipement d'occasion. Chaque saison, les équipements adoptent un style nouveau, et les véliplanchistes les plus « branchés » liquident leur équipement pour rester toujours à la mode. La plupart des vêtements étant de bonne qualité, ils seront en bon état après une saison d'utilisation personnelle.

Pour vous, les accessoires nécessaires sont : une combinaison isothermique, des bottillons, des gants et éventuellement un harnais. Vous pourrez y ajouter un gilet de sauvetage, et, s'il fait froid, une combinaison étanche.

Toutefois, si vous désirez en savoir plus, il existe énormément d'accessoires d'utilité variable.

Les housses
Il en existe pour votre planche, gréement, ou dérive. Si le flotteur est fragile, ou que vous craignez qu'il ne se détériore au soleil, une housse est utile.

Pour les gréements, les housses sont tout à fait utiles. Elles sont de deux types, tous les deux en forme de boudin long pour y glisser le mât portant la voile enroulée étroitement autour. Le second type — le meilleur — porte une fermeture éclair dans sa longueur, permettant de laisser le wishbone attaché au mât, pendant toute l'opération. Vous pourrez ensuite le fixer sur le côté.

Les deux types de housses devront être imperméables à l'eau et porter une poche à lattes.

Une housse de dérive n'est utile que si celle-ci est très fragile, en contre-plaqué très onéreux par exemple, pour la compétition. Alors, la housse devra être bien capitonnée.

Vous pourrez aussi posséder un sac personnel pour transporter tout le reste. Ce sera un sac marin mou de préférence, les meilleurs portant des compartiments séparés pour les vêtements humides, des poches pour les outils, les bandes adhésives...

Les accessoires de fun
Les accessoires de funboard sont en nombre illimité. En plus d'une demi-douzaine de voiles et de trois wishbones, il y a :
Une dérive tempête
C'est une courte dérive évitant l'aquaplaning, et facilitant la navigation par grand vent. Cela vaut la peine de l'acheter si elle est proposée en option avec la planche que vous aurez choisie.

Les footstraps
De plus en plus de planches possèdent en option des footstraps que l'on peut mettre ou enlever. A prendre en considération, car ils rendent la conduite de la planche plus facile.

Si la planche n'a pas d'emplacements prévus pour les footstraps, vous pourrez les acheter en kit. A moins d'être bon bricoleur, vous devrez laisser un professionnel vous les poser. Vous pourrez aussi coller des lanières de ceintures de sécurité enduites de résine et de fibre de verre en guise de footstraps, mais cela ne fait pas très soigné.

Les ailerons
Au fur et à mesure que le vent force, la planche a tendance à lofer et à ne plus aller en ligne droite. Vous pouvez résoudre le premier problème en utilisant une dérive tempête et le second avec des ailerons plus grands. Il en existe un grand nombre, de formes et de tailles différentes portant d'invraisemblables noms évoquant leur aspect. Donkey's Ear, Noserider, et Kanger's Cock (ce dernier probablement originaire d'Australie).

Ils ont tous deux points en commun : coûter très cher et casser très facilement. De plus, leur efficacité semble varier selon les planches et les véliplanchistes.

Un spécialiste du funboard qui sait exactement ce qu'il veut utilisera des ailerons rares, mais, à moins d'appartenir à cette catégorie, vous ferez certainement mieux de conserver les ailerons fournis par le fabricant.

Le tire-veille hawaïen
C'est un tire-veille élastique, qui n'a pas besoin d'un sandow de sécurité pour l'attacher au pied du mât, car il est constamment sous tension. Il ne possède pas non plus de nœuds pour la prise, car il est épais et ne glisse pas dans les mains.

Les dérives de compétition sont réalisées en contre-plaqué lamellé collé. Elles sont à la fois très rigides et très fragiles.

Les vêtements

Vous ne devez jamais sous-estimer la façon dont l'eau froide peut vous affaiblir et, à moins de vivre sous les tropiques, vous devrez toujours être habillé raisonnablement quand vous partez en planche.

La combinaison isothermique

Une combinaison isothermique est une combinaison moulante de néoprène de 3 ou 4 mm d'épaisseur. La fine couche d'eau entre le néoprène et le corps forme l'isolant qui maintient le corps au chaud.

Pour être efficace, la combinaison doit être bien ajustée, mais le véliplanchiste est un sportif toujours en mouvement, et sa combinaison doit aussi rester très souple, pour ne pas le gêner. Le plus important, c'est de ne pas porter des manches trop serrées qui comprimeraient vos muscles des avant-bras et provoqueraient des crampes.

La combinaison isothermique idéale pour la planche est un *long john* — pantalon-débardeur, avec des fermetures éclair aux chevilles.

Ci-dessus : trois types de combinaisons : le long john plus facile à enfiler s'il porte des fermetures aux chevilles et deux combinaisons courtes.

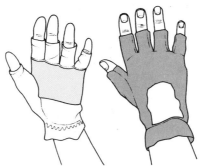

Ci-dessus : vous pouvez adopter les mitaines ou les gants dont la paume sera renforcée pour la tenue du wishbone.

Ci-dessus : une combinaison isothermique aux manches larges ne comprime pas les bras du planchiste, qui souffrirait de crampes avec une combinaison trop ajustée. Il est important toutefois que l'eau s'évacue des manches en cas de chute, sinon il deviendrait difficile de nager. Ici, Dee Caldwell porte des chaussures, et un harnais qui soutient bien son dos.

A droite : un chausson simple, et un bottillon cher. C'est le composant de caoutchouc qui adhère au pont, pas la semelle.

Les combinaisons sèches sont onéreuses, mais vous pouvez être sûrs d'effectuer un achat de qualité, qui durera des années.

En haut, vous pouvez adopter un coupe-vent de nylon, ou un boléro de néoprène avec des manches souples qui laissent l'eau s'évacuer en cas de chute.

Le néoprène est plus chaud et sèche plus vite s'il n'est pas doublé, mais il est aussi plus fragile. Mieux vaut donc posséder une combinaison doublée de nylon ou de Lycra, dotée de genouillères utiles lorsque vous remontez sur le flotteur. De bonnes combinaisons coûtent très cher, mais vous pouvez vous mettre au travail avec une combinaison néoprène bricolée de pièces et de morceaux pour un prix bien moindre. Le look sera moins beau, mais l'utilisation identique.

Les bottillons
Certaines planches offrent une bonne surface antidérapante aux pieds nus. Dans tous les cas, il sera préférable que les débutants adoptent des chaussures pour éviter de meurtrir leurs pieds inexpérimentés sur l'antidérapant du flotteur.

Vous devrez trouver le bon caoutchouc qui fera que la semelle adhère bien à la surface du pont. Les chaussures de tennis sont efficaces pour certaines, et inutiles pour d'autres. Vous pouvez aussi porter des chaussons ou des bottillons spécialement conçus pour la planche, qui ont un point commun : ils sont extrêmement chers.

Les gants
Ils ne sont pas vraiment nécessaires en été, alors que vous devriez vous résigner à vous endurcir les mains. En hiver, les mitaines sont la meilleure défense contre le froid. Elles devront avoir la forme d'un poing fermé sur le wishbone, et posséder un solide renfort sur la paume.

Les combinaisons isothermiques peuvent varier du modèle fonctionnel à l'ultra-chic, mais ce sont ici uniquement les bandes de néoprène noir sur le côté qui tiennent chaud !

La cagoule
L'entrejambe et la tête sont les deux points primordiaux en matière de déperdition de chaleur du corps humain. Par temps froid, protégez votre tête par une cagoule de néoprène.

La combinaison étanche
La combinaison "sèche" est réalisée en matériau étanche empêchant complètement l'entrée de l'eau. Vous pouvez l'enfiler par-dessus vos vêtements, ou plus judicieusement sur des sous-vêtements thermiques : en tombant dans l'eau, vous resterez complètement sec.

Elle possède une fermeture étanche — lourde charge — et un joint d'étanchéité en caoutchouc ajusté autour du cou et aux poignets, dont la coupe doit rester confortable, tout en empêchant l'eau de rentrer.

Le port de la combinaison étanche n'est utile que par très grand froid. Elle ne respire pas, et vous aurez rapidement trop chaud avec elle. De plus, elle se montre plutôt volumineuse et encombrante, et il est presque impossible de nager avec elle, même si l'on a évacué tout l'air qu'elle renferme (en l'enfilant la première fois, vous pliez les genoux et laissez l'air sortir par le cou).

La flottabilité

Peu de véliplanchistes aiment porter des gilets de sauvetage. Ils pensent que cela ne fait pas bien. C'est stupide ! Un gilet comportant des réserves de flottabilité ne gênera pas vos mouvements, et lorsque vous tomberez à l'eau pour la énième fois et découvrirez soudain que vous êtes très fatigués, vous serez bien contents de le porter.

Ne comptez pas sur la prétendue flottabilité des combinaisons isothermiques : elle ne suffira pas à vous maintenir à flot sans ennui. (Porter une combinaison étanche, c'est comme nager dans la mer Morte, mais attention à ne pas vous retourner, la tête en bas avec tout l'air autour de vos pieds !)

La réponse la plus appropriée, c'est peut-être le harnais à réserve de flottabilité (*cf.* pp. 92-93), en vous souvenant toutefois que la flottabilité n'est qu'une aide, et pas un gilet de sauvetage. Si vous êtes assommé, elle peut vous laisser surnager le visage dans l'eau.

Porter la planche

Une planche se transporte sur le toit d'une voiture, en utilisant une galerie spécialement conçue pour cela. La meilleure façon de fixer les planches est d'utiliser des sangles fermées par une pince dentée. La sangle passe par-dessus le flotteur,

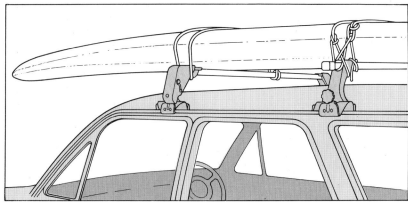

Ci-dessus : les sangles spéciales pour les planches devraient être utilisées sur les galeries. Un bout, n'est pas assez efficace, et risque d'abîmer le flotteur. Pensez à bien fixer les extrémités des sangles, et à bien ajuster la galerie.

Il y a plusieurs façons de transporter une planche, la meilleure d'entre elles étant de la prendre sous le bras. Des systèmes brevetés de chariots sont conçus pour transporter flotteur, gréement, et équipement (ci-dessus et ci-dessous), mais vous devrez vérifier que les roues sont suffisamment grandes pour fonctionner sur du sable sec. Le mieux, c'est de pouvoir attacher l'équipement au chariot, sinon il aura tendance à se déplacer, particulièrement sur les types de chariots les plus simples.

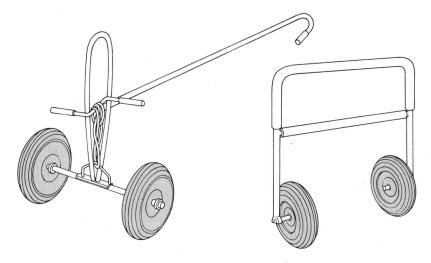

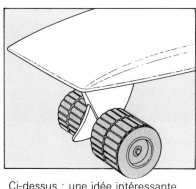

Ci-dessus : une idée intéressante de la marque Hi Fly : de petites roues fixées dans le boîtier d'aileron.

Une sangle sur l'épaule (ci-dessus) peut faciliter un peu le portage, imitant ainsi les surfers. Par grand vent, vous devrez faire attention à ne pas tourner comme une girouette. Transporter une planche sur votre tête peut résoudre des problèmes, mais devient rapidement très fatigant.

Sans chariot, vous devez transporter votre flotteur avec une main dans le puits de dérive (ci-dessous). Vous pouvez alors fixer le wishbone le long de la planche. Heureusement, dans les années à venir, les planches seront de plus en plus légères. On peut espérer qu'elles pèseront bientôt moins de 10 kg.

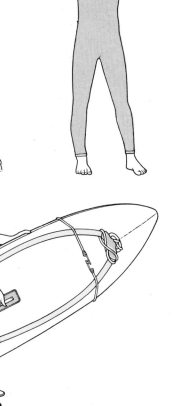

sous la galerie, revient sur le flotteur, retourne sous la galerie, et se ferme sur elle-même. Vous devrez faire un tour supplémentaire autour du mât, placé le long de la ligne médiane de la planche, avec le wishbone. Vous pouvez porter jusqu'à quatre ou cinq planches, mais, dans ce cas, mieux vaut les fixer avec un sandow élastique, pour leur donner une certaine liberté. Avec un tel fardeau, accélérez, freinez et tournez avec précaution !

Sur une voiture, il peut être prudent d'amarrer chacune des extrémités des planches aux pare-chocs. Vous pouvez vous servir de l'anneau de remorquage et de l'aileron.

Vous pourrez acheter des galeries portant des systèmes de sécurité bien utiles si vous pensez que votre planche peut être volée. Moins coûteux, un système ingénieux se compose de fils métalliques cadenassés, passant dans le puits de dérive et se rejoignant à l'intérieur de la voiture. Le fil devra être suffisamment fin pour qu'on puisse fermer les portes de la voiture sur lui.

A l'eau !

Les planches sont étonnamment lourdes — 18 kg ne paraissent pas lourds sauf quand il faut les transporter sur 500 m, et ensuite vous devrez encore retourner prendre la dérive, le gréement, etc.

Le meilleur moyen de transporter une planche est de la mettre sous son bras, une main dans le puits de dérive, l'autre dans l'emplanture du pied de mât (c'est plus facile si sa section est en T). Vous pouvez aussi la transporter sur votre tête.

Nombreux sont les systèmes brevetés de chariots : une paire de roues sur laquelle vous poussez votre planche et son gréement. Malheureusement, la plupart s'enlisent dans le sable. Si vous allez sur la plage, plus les roues sont larges, mieux c'est. Elles auront, de préférence, la forme de ballons de football.

Si vous êtes deux, avec deux planches, la meilleure façon consiste à transporter les planches dos à dos, l'un de vous tenant les extrémités avant de ses deux mains, tandis que l'autre fait la même chose à l'arrière.

Théorie de base

La théorie sous-tendue par la pratique de la planche peut sembler un peu difficile, mais cela vaut la peine de faire un effort de compréhension, si vous voulez réussir dans la pratique.

Le vent dans la voile engendre une force motrice, orientée vers l'avant et aussi sur le côté, convertible en avant par le biais de la dérive. La force s'appelle « poussée vélique ». Elle s'applique en un point mobile sur la voile (le centre de voilure), et c'est la résultante de la poussée exercée par la force du vent en tous les points de la voile.

La dérive, qui s'oppose à la poussée latérale, crée la force anti-dérive. Si le centre de voilure se situe au-dessus et dans l'axe du centre de dérive, la planche est en équilibre. Elle est étudiée pour aller en ligne droite dans cette situation, mais les constructeurs ne peuvent tenir compte de tous les paramètres.

Le dynamisme de la voile

Lorsqu'il souffle sur une voile bien gréée, le flux d'air se sépare pour passer de chaque côté de la voile. Du côté sous le vent — le moins soumis au vent —, le flux d'air est accéléré et aspire la voile. L'air au vent de la voile converge vers le creux, générant aussi une force. La poussée vélique, qui est la somme de ces deux forces, s'applique environ à angle droit avec une ligne imaginaire tracée entre le point d'écoute et le mât selon l'axe du wishbone. Sa puissance de propulsion dépend de votre route par rapport au vent.

Au près serré

Naviguant au près serré, vous vous attendriez à être propulsé latéralement et en arrière. La forme hydrodynamique de la dérive s'y oppose, en transformant le mouvement en une poussée vers l'avant.

Cette règle générale compte des exceptions. Sur des planches de funboard, des planchistes expérimentés peuvent naviguer au près avec un seul aileron pour empêcher la dérive (la poussée latérale). Mais de toute façon la vitesse est essentielle et la planche doit planer à 4 nœuds au minimum et, même alors, la technique sera périlleuse.

Au travers

Lorsque le vent souffle par le travers, la poussée latérale et la pression sur la dérive sont moins fortes. C'est donc l'allure la plus rapide.

Vent arrière

On pourrait penser que le vent arrière engendre une force de propulsion maximale. En fait, le vent n'atteint qu'un côté de la voile, et, en conséquence, il n'y a pas de dépression. La voile est plus poussée qu'aspirée, car le flux d'air passant autour des bordures provoque des turbulences.

Le vent apparent

C'est le vent éprouvé par celui qui navigue, différent du vent perçu par quelqu'un d'immobile, qui est le vent réel.

Si un planchiste navigue au près par un vent de 15 nœuds à une vitesse de 5 nœuds, il percevra un vent apparent d'à peu près 20 nœuds. Mais s'il naviguait au largue vent arrière avec un vent réel de 15 nœuds, il devrait déduire la vitesse de sa planche (5 nœuds par exemple) pour se retrouver avec un vent apparent d'environ 10 nœuds, inférieur au vent réel ; et cela, associé à une moindre aspiration de la voile, fait du vent arrière une allure lente.

Plus la planche va vite, plus le vent apparent change de direction pour venir de l'avant. Ainsi une planche très rapide devra border sa voile plus qu'une autre, même si le vent réel reste d'une direction et d'une force constantes.

Le réglage de la voile

La direction de la poussée vélique est déterminée par le creux de la voile, dû au remplissage et au réglage de la voile. Pour trouver l'angle d'attaque correct de la voile, il faudra la border de telle façon qu'elle ne se rapproche pas de plus de 15 à 20° du vent apparent. Plus près, le flux d'air s'éparpillera en turbulences sous le vent, freinera la poussée plus qu'il n'aspirera la voile. D'autre part, si la voile n'est pas assez bordée, tout le flux d'air se déplacera sous le vent, la voile tout entière fasseyera et perdra de son efficacité.

Finalement, vous pourrez border instinctivement la voile. Vous découvrirez aussi que vous devez régler son creux, grâce au bout d'étarquage et au hale-bas. Avec un mât souple et une voile préformée, la traction exercée sur la chute et le guindant la rendra creuse ou plate selon les conditions. Généralement, on opte pour une voile creuse par petite brise, une voile médium par vent modéré, et une voile plate pour la bonne brise.

La forme de la planche

Les performances de la planche dépendent non seulement de la voile, mais aussi de l'équilibre déterminé par la taille, la forme, et la position du ou des ailerons et de la dérive, de la distance qui les sépare, de la longueur entre l'arrière du flotteur et le pied de mât, du type de gréement et de la forme du flotteur.

Le type de la planche est déterminé par la combinaison de ces éléments : un arrière carré, pointu, ou rond ; une carène plate, triangulaire, trapézoïdale ou ronde.

Manœuvrer la planche

Nous avons constaté que la bonne marche d'un planchiste dépend de l'équilibre entre le flotteur et le gréement. Il le maîtrise en faisant varier la relation entre poussée vélique et force anti-dérive.

En inclinant le gréement sur l'avant, le centre de voilure est déplacé devant le centre de dérive. Cela éloigne le nez de la planche du vent (elle abat). Inversement, en penchant le gréement sur l'arrière, l'arrière du flotteur s'écarte du vent (elle lofe).

Cette théorie fondamentale de la direction de la planche est altérée par divers facteurs : votre planche ne possédera pas un équilibre parfait, la mer aussi a son rôle à jouer, et une risée pourra déplacer la poussée vélique plus en arrière.

Plusieurs facteurs contribuent à diriger la planche. En plus du maniement du gréement, la position de l'aileron, de la dérive et du pied de mât sont essentiels.

Vous apprendrez que si vous laissez partir le gréement au lof (c'est-à-dire que vous lâchez la voile) le flotteur remontera au vent, et, si vous bordez la voile, il s'écartera du vent. Le centre de voilure où s'applique la poussée vélique se déplaçant respectivement en arrière et en avant.

Lorsque vous naviguez vent arrière, la manœuvre du gréement est quelque peu différente. Le centre de voilure s'avance pendant que le centre de dérive recule. Ainsi, vous pouvez incliner le gréement d'un côté ou de l'autre plutôt que d'avant en arrière. Si vous l'inclinez plus au vent, la planche abattra, et si vous l'inclinez sous le vent elle va remonter au vent.

Équilibrer la force du vent
Un bateau qui gîte au fur et à mesure que la force du vent augmente doit réduire sa surface de voile, et en même temps la force du vent qui s'y applique. En gîtant, il perd de l'efficacité, diminue la surface de quille (force anti-dérive) et dérive davantage en se déplaçant plus latéralement qu'en avant.

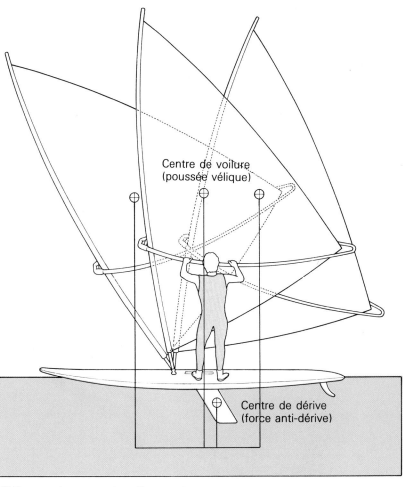

Centre de voilure
(poussée vélique)

Centre de dérive
(force anti-dérive)

Ci-dessus : le centre de voilure est le point d'appui de la poussée vélique sur la voile. S'il est situé juste au-dessus du centre de dérive, la planche avancera tout droit. Si vous portez le centre de voilure sur l'avant du centre de dérive, il écartera le nez de la planche du vent. Reculez-le, et l'arrière du flotteur va s'écarter du vent, en vous faisant lofer.

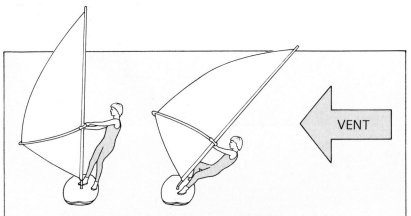

VENT

Lorsque le vent force, le planchiste devient incapable de tenir sa voile dans sa position initiale. Là où un voilier normal commencerait à gîter, le planchiste incline son gréement vers le vent, se pend au wishbone, son poids supporté par la force du vent dans la voile, pendant que le flotteur reste à plat.

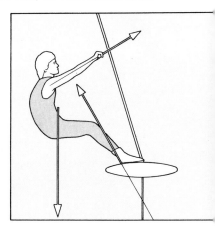

Le véliplanchiste se pend au gréement, portant son centre de gravité à l'extérieur de la planche. La poussée sur le pied de mât éloigne la planche, mais ses pieds contre-balancent ce mouvement.

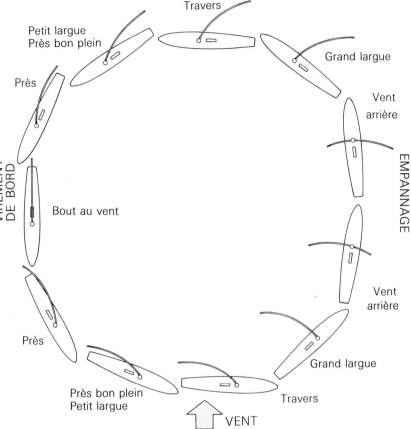

Ci-dessus : les allures de navigation sur un tour complet. Il est tout à fait nécessaire qu'un débutant sache aller dans toutes les directions, et pas seulement dans le sens du vent — le vent arrière — qui est l'allure la plus facile lorsque l'on commence, mais la plus difficile quand on devient meilleur et qu'on se lance dans la brise.

Pour le planchiste, c'est de toute façon plutôt le gréement que le flotteur qui va s'incliner, mais dans la direction d'où vient le vent. La même force de vent s'exerce, mais dans une surface de voile moindre. L'efficacité de la force anti-dérive est la même, et le gréement engendre alors une poussée ascendante qui allège la planche et la rend plus rapide.

Plus ça souffle, plus vous tiendrez le gréement au vent, en y suspendant tout votre poids. Il faut pas mal de confiance pour se pencher en arrière et se laisser porter par la voile, mais cela devient indispensable au-dessus de force 3.

Conclusion

Une fois assimilé le principe de la poussée vélique et de la force anti-dérive, vous réaliserez que le reste de la maîtrise de la planche est un compromis entre la forme de la planche, le gréement, les conditions de temps, et votre technique. Seule l'expérience pourra vous apporter toutes les réponses.

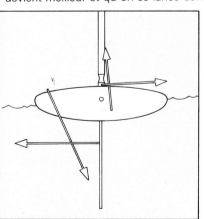

Comme la force appliquée sur le pied du mât, la force appliquée sur une longue dérive enfoncée dans l'eau fera gîter la planche, en particulier par fort vent. Une plus petite dérive peut vous aider.

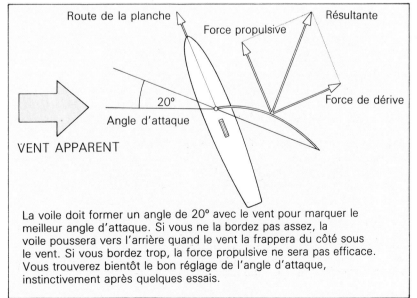

La voile doit former un angle de 20° avec le vent pour marquer le meilleur angle d'attaque. Si vous ne la bordez pas assez, la voile poussera vers l'arrière quand le vent la frappera du côté sous le vent. Si vous bordez trop, la force propulsive ne sera pas efficace. Vous trouverez bientôt le bon réglage de l'angle d'attaque, instinctivement après quelques essais.

Premiers essais

Vous avez la planche, vous comprenez les bases, maintenant vous êtes prêt à partir.

D'abord, choisissez votre jour ! En fonction avant tout du temps et de l'endroit d'où vous envisagez de partir. S'ils ne conviennent pas, vous perdriez votre temps. Ne sortez pas par un froid glacial, ni si le vent souffle trop violemment, ni par un calme plat sans vent, ni si les vagues se fracassent sur la plage. Cela suffirait à vous décourager !

Le vent de terre

Pour un débutant, le plus grand danger, c'est d'être écarté du rivage par le vent. Un vent de terre, soufflant de la plage, deviendra progressivement plus fort au fur et à mesure que vous vous éloignerez du bord. Si le maintien de la planche devient au-dessus de vos forces, vous tomberez de plus en plus souvent à l'eau, et le vent vous poussera vers le large, à une vitesse toujours plus grande. Finalement, vous aurez besoin de secours.

Par conséquent, si vous naviguez en mer, méfiez-vous toujours du vent de terre. Près du rivage, il sera affaibli par des obstacles, arbres ou maisons, qui le canaliseront en rafales, rendant la navigation difficile. Plus au large, il peut être beaucoup plus fort que vous ne l'auriez estimé. Toutefois, un vent du large peut se révéler tout aussi insatisfaisant. Le vent lève la mer suivant l'inclinaison du rivage, qui peut facilement former une barre avec un courant de fond violent. Seuls les navigateurs expérimentés sauront dominer ces conditions difficiles, sinon gare aux mâts, wishbones et dérives cassés...

Même les petites vagues poseront un problème aux débutants, qui trouvent leur planche déjà bien instable sur une eau calme et plate. Le compromis idéal est réalisé lorsque le vent souffle parallèlement au rivage, sans obstacle en amont. Le vent ne soufflera pas en rafales, la mer sera plate, et la direction du vent vous ramènera finalement légèrement vers le bord. Dans un cas différent, vérifiez qu'une terre se trouve sous le vent du rivage dont vous vous écartez.

Les courants de marée

Les courants de marée sont tout aussi dangereux que le vent de terre. A moins d'étudier soigneusement une région avant de naviguer, il n'y a pas moyen de savoir s'il existe un courant, et de quelle force. Les courants peuvent facilement atteindre des vitesses de 4 nœuds, créant des conditions de navigation auxquelles seul un marin expérimenté peut faire face.

La solution consiste à déterminer à l'avance si la marée monte ou descend (normalement, la marée haute est suivie environ six heures plus tard par la marée basse, et six heures plus tard à nouveau par la marée haute). Vous devrez aussi savoir si certaines heures de marée sont plus dangereuses que d'autres (vous ferez bien de vérifier jusqu'où descend la mer — marcher pendant plus d'un kilomètre en transportant sa planche peut sembler long, et vous regretteriez de ne pas avoir songé au problème plus tôt).

Le froid

Le froid est le grand ennemi des débutants, surtout dans les pays nordiques. Les effets conjugués de l'eau froide et d'un vent glacial peuvent avoir des conséquences alarmantes sur la température de votre corps, en l'abaissant dangereusement avant que vous ne vous en rendiez compte. Cet état d'hypothermie est particulièrement dangereux pour les débutants passant beaucoup de temps dans l'eau, puis assis sur la planche, de plus en plus frigorifiés. Plus l'hypothermie augmente, moins la victime devient capable de faire face : la force manque, les réflexes se ralentissent et la volonté diminue. Pour cette raison, il est essentiel d'être habillé correctement. Portez une combinaison isothermique, des bottillons et un coupe-vent, chaque fois que se présente le moindre risque de froid. Mieux vaut avoir trop chaud et rester raisonnable.

Les plans d'eau intérieurs

Les plans d'eau fermés peuvent paraître plus adaptés aux débutants, qui trouveront toujours un rivage sous le vent pas trop éloigné, dans la mesure où le plan d'eau n'est pas trop grand : le vent de terre n'est plus dangereux.

Toutefois, quelques plans d'eau intérieurs sont très étendus et de petites erreurs peuvent vous mettre en situation délicate.

A moins que le pays ne soit très plat, le vent est susceptible de souffler par rafales, à cause des obstacles situés sur le rivage. L'eau peut être beaucoup plus froide, et vous porter moins que l'eau de mer. Le vent irrégulier et l'eau froide sont des causes essentielles d'hypothermie. En fait, le seul accident en planche à voile survenu jusqu'à présent au Royaume-Uni s'est produit sur le Lake District, dans ces conditions-là, et la victime ne portait pas de combinaison isothermique.

Les prévisions météorologiques

Comment savoir si le temps vous convient ? D'abord, en vous procurant les bulletins météo destinés aux plaisanciers, qui sont diffusés régulièrement et quotidiennement sur les ondes, et souvent affichés dans les clubs. Vous pouvez aussi les trouver dans les journaux ou les obtenir en téléphonant au centre météo le plus proche. Mais vous devrez au préalable être en mesure de comprendre et de savoir interpréter ces informations. De bons ouvrages traitant de ce sujet existent, que vous vous procurerez dans les librairies spécialisées (cf. Bibliographie p. 185). Ou, si vous préférez, vous vous en tiendrez aux connaissances de base exposées dans les pages suivantes.

Un beau temps et une légère brise favoriseront largement vos premiers pas. Au début, gréer vous semblera difficile, mais passé les premières fois, vous le ferez en cinq minutes.

Un bon marin

Avant de vous mettre à l'eau, vous devez comprendre les règles de navigation de base. Vous montrer courtois avec les autres navigateurs est un facteur de sécurité essentiel.

Les règles de navigation

Les règles de navigation ont pour but d'empêcher les bateaux de se heurter. Elles s'adressent aux tankers, aux plaisanciers, aux dériveurs, aux planches ; en fait, à tout ce qui navigue sur l'eau.

Les règles de navigation pour les planchistes sont internationalement reconnues. Ce sont les mêmes que celles de la plaisance. Elles sont faciles à comprendre et n'ont rien à voir avec celles, plus complexes, de la compétition.

1. Une planche tribord amure a priorité sur une planche bâbord amure
Vous naviguez tribord amure quand le vent vient de la droite. Si cela vous semble difficile à mémoriser, regardez certains wishbones au revêtement vert d'un côté (tribord) et rouge de l'autre (bâbord).

2. Le bateau dépassant doit passer au large du bateau dépassé
C'est une question de courtoisie. Toutefois, la courtoisie peut disparaître au cours des compétitions !

3. Quand deux bateaux sur le même bord se rejoignent, le bateau navigant sous le vent est prioritaire
En fait, cela veut dire que le bateau qui navigue à l'allure la plus près du vent est prioritaire. Si vous arrivez au largue sur un planchiste tirant des bords, et que vous êtes tous les deux sur la même amure, vous cédez la priorité.

Rencontrer un autre bateau

Les trois règles de base ci-dessus vont vous servir quand vous rencontrez un autre planchiste. En principe, elles devraient s'appliquer à n'importe quel type de bateau à voile. Mais on fait une exception lorsque l'autre plaisancier est en train de négocier un passage difficile et risquerait de s'échouer sur la côte ou les rochers si vous faites valoir votre priorité. D'autres exceptions implicites dépendent de votre bon sens et de votre courtoisie.

1. Les bateaux en course ont priorité sur les autres
Et ce, parce que chaque mètre compte lorsque l'on est en course. Un concurrent qui doit se dérouter risque de perdre du terrain et des places sur ses rivaux, alors que cela n'a aucune importance pour celui qui se balade. En conséquence, s'il vous est facile de céder le passage — même si l'autre navigue bâbord amure et que vous êtes tribord —, il sera très apprécié que vous le fassiez par gentillesse, mais rien ne vous y oblige. (Souvenez-vous que les gens en course deviennent quelquefois très agressifs et surexcités, considérant qu'ils sont prioritaires sur tout ce qui navigue. Ce n'est pas le cas, et vous n'êtes pas obligés de céder la priorité simplement parce qu'on vous crie : « Je suis en course ! »).

Les règles de priorité des bateaux en compétition en grand nombre, et très complexes, font l'objet de très nombreux livres spécialisés sur le sujet.

2. Les embarcations les plus grandes ont priorité sur les plus petites
Il est de règle que le bateau de plaisance cède la priorité au bateau de commerce — n'essayez jamais de le vérifier avec un pétrolier !

Toutefois, votre planche aura priorité sur une goélette de 30 m de long si vous naviguez tribord amure et elle bâbord amure. Il serait tout à fait ridicule d'insister : vous pouvez en une seconde virer de bord, alors que cela représente une lourde manœuvre pour le plaisancier. Par conséquent, c'est en principe une idée sensée que de laisser le passage à tous les bateaux à cabine, navires... (sauf s'ils sont assez stupides pour naviguer au milieu d'une compétition de planches à voile). Souvenez-vous que vous dirigez vraisemblablement l'embarcation la plus agile et maniable sur l'eau, et cédez la priorité en conséquence.

3. Les autres peuvent ne pas comprendre les règles de navigation
Il est toujours utile de prévoir que les autres ne sont pas forcément aussi bien informés que vous, ou qu'ils n'ont pas repéré votre route — un débutant navigue presque toujours suivant une direction imprévisible et variable. Et si un hors-bord vous fonce droit dessus, il devrait en principe vous céder le passage, mais il serait fou d'en être absolument certain.

De même, si vous naviguez d'une façon imprévisible, vous ne pouvez guère espérer qu'un autre bateau vire à temps pour vous éviter.

4. Ne gênez ni les gens sur le sable ni les nageurs
Souvenez-vous que transporter un gréement par-dessus la tête des gens n'est guère apprécié et qu'une planche peut se révéler très dangereuse. On peut trébucher sur une planche traînant sur la plage, et, sur l'eau, l'aileron ou la spatule peuvent blesser mortellement un nageur, si vous naviguez vite et sans bien maîtriser votre planche.

C'est pour cette raison que vous trouverez des réglementations locales interdisant la planche à voile dans certains lieux, dans les terres ou sur la côte. Les plages très fréquentées possèdent des chenaux réservés, pour séparer les planches des nageurs, au départ de plage.

Le bon sens

La mer et les lacs peuvent se révéler très méchants avec une pauvre petite créature isolée sur une planche. C'est pourquoi, quand vous montez sur une planche pour la première fois :

1. Assurez-vous du temps

2. Assurez-vous du lieu

3. Assurez-vous des possibilités de sauvetage rapide

4. Vérifiez que quelqu'un est au courant de ce que vous faites

5. Portez des vêtements appropriés

6. Connaissez les règles de navigation

7. N'ayez pas les yeux plus grands que le ventre, car un sauvetage par imprudence n'est guère glorieux

L'échelle de Beaufort

Le vent est mesuré selon l'échelle de Beaufort, inventée par l'amiral Beaufort en 1805. Son unité est le nœud : un mille nautique (1,850 km environ) par heure. Ces descriptions sont adaptées à la haute mer. Il n'en est pas tout à fait de même très près du bord, là où naviguent la plupart des véliplanchistes.

Force 6
22 à 27 nœuds. Vent fort. Vagues bien formées, avec des longues crêtes blanches et des embruns.

Force 0
1 nœud ou moins. La mer est comme un miroir.

Force 7
28 à 33 nœuds. Presque le coup de vent. La mer se lève, et l'écume des déferlantes s'oriente en traînées dans le sens du vent.

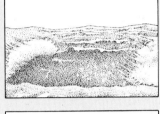

Force 1
1 à 3 nœuds. Brise très légère. Rides en écailles de poisson.

Force 8
34 à 40 nœuds. Coup de vent. Lames assez hautes. Le haut des crêtes s'envole en embruns. Nettes traînées d'écume soufflée.

Force 2
4 à 6 nœuds. Légère brise. Petites vaguelettes, dont la crête peut avoir un aspect vitreux. Mais elles ne déferlent pas.

Force 9
41 à 47 nœuds. Fort coup de vent. Hautes vagues. Lames dont les crêtes déferlent de façon anarchique. Les embruns gênent la visibilité.

Force 3
7 à 10 nœuds. Petite brise. Vaguelettes formées, dont les crêtes commencent à déferler. Parfois quelques moutons.

Force 10
48 à 55 nœuds. Tempête. Lames très grosses, avec des crêtes longues en panache. La surface de la mer devient blanche.

Force 4
11 à 16 nœuds. Jolie brise modérée. Les vagues s'allongent et des moutons se forment.

Force 11
56 à 63 nœuds. Violente tempête. Les lames atteignent une hauteur exceptionnelle pouvant faire disparaître les bateaux de la vue. La mer est couverte d'écume.

Force 5
17 à 21 nœuds. Vent frais. Vagues modérées avec des moutons, et éventuellement des embruns.

Force 12
64 nœuds et plus. Ouragan. L'air est plein d'écume et d'embruns. La visibilité très réduite.

Comprendre le temps

Un véliplanchiste se préoccupe du vent — en devenant plus compétent, il finira par maudire le temps s'il n'y en a pas assez !

Toutefois, vous connaîtrez aussi des difficultés s'il y en a trop. C'est pour ces raisons qu'il est important de posséder les connaissances de base de météorologie, suffisantes au moins pour interpréter les prévisions météo.

Obtenir l'information

Beaucoup de bulletins météo — à la télévision, à la radio, dans les journaux — sont destinés aux gens sur terre et ne fournissent qu'une information limitée pour la navigation. Vous en apprendrez beaucoup plus de la météo marine, qui vous donnera la visibilité, la force du vent en nœuds, et l'évolution probable du temps.

Mieux encore, téléphonez au centre météo local. Les plus importants sont ouverts vingt-quatre heures sur vingt-quatre, et le météorologue sera heureux de bavarder avec vous de vos projets de sortie en planche à voile.

Le vent

Le vent est généré par des différences de pression atmosphériques et l'effet du réchauffement de la terre et de l'eau par le soleil.

Hautes et basses pressions

Quand la pression atmosphérique est élevée (appelée « haute pression » ou « anticyclone »), le temps est stable et le vent plutôt faible. Quand elle est faible (« basse pression » ou « dépression »), vous pouvez attendre des vents forts.

Les anticyclones sont souvent stationnaires, alors que les dépressions se déplacent habituellement rapidement avec un maximum de mauvais temps (pour les gens à terre) situé exactement en leur centre.

Toutefois, la vitesse du vent dépend de la différence de pression (mesurée en millibars, c'est pourquoi les navigateurs observent le baromètre) entre les hautes pressions et les basses pressions, étant donné que le vent circule toujours des hautes vers les basses pressions.

Le soleil et la mer

La direction et la force du vent dépendent de la différence entre hautes et basses pressions, puisque la dépression attire les masses d'air de l'anticyclone. Toutefois, ce phénomène est tempéré par les conditions locales, en particulier les effets du soleil réchauffant la terre et la mer chaque jour.

Chaque matin, le soleil réchauffe la température de l'air au sol plus rapidement que celle de l'air au-dessus de la mer. L'air chaud de la terre commence à s'élever, créant une basse pression, qui attire l'air plus froid de la mer. C'est ainsi que se crée une brise de mer matinale. Cette brise de mer se levant régulièrement est parfaite pour la planche à voile.

Quand le soleil commence à descendre, le vent diminue, et continue de tomber progressivement par temps stable.

Quand le soleil disparaît, la terre se refroidit alors très rapidement, créant le phénomène inverse de celui du matin. Une zone de basse pression au-dessus de l'eau — maintenant plus chaude que la terre — attire l'air du rivage, et il se lève une brise de terre.

Exceptions et dangers

La plupart des régions possèdent leurs particularités climatiques, quelquefois très marquées, et vous devrez toujours vous documenter un peu sur le sujet avant de partir sur un plan d'eau inconnu. Dans les régions de montagne, le vent s'engouffre par les vallées, et peut souffler violemment sans prévenir. C'est le cas du mistral soufflant dans la vallée du Rhône vers la Méditerranée, par exemple : une brise régulière souffle, et cinq minutes plus tard c'est un bon force 6 !

Méfiez-vous aussi des montagnes ou des coteaux escarpés situés au bord du rivage. La différence de température importante entre les versants ensoleillés et ceux situés à l'ombre peut créer des courants d'air brusques et violents.

Le mistral se lève brusquement et souvent sans prévenir, soufflant de la vallée du Rhône vers la Méditerranée. C'est un vent de terre qui surprend fréquemment les navigateurs de la côte sud de la France, et peut se révéler très dangereux. Les signes annonciateurs en sont un ciel très bleu, et des nuages sur l'horizon, longs et fins comme des cigares.

Les plans d'eau intérieurs

Brise de mer et de terre intéressent surtout les planchistes naviguant en mer.

A l'exception des lacs d'Europe centrale et d'Amérique, peu de plans d'eau intérieurs sont suffisamment grands pour en subir les effets. Le régime de vent des plans d'eau sera plutôt modifié par les maisons construites en bordure et le relief de la région où l'on se trouve.

Pris dans les intempéries

Une température élevée et une atmosphère humide provoquent une montée rapide de la masse d'air jusqu'à 8 000 m environ, où elle se refroidit rapidement. L'humidité se condense en pluie ou en grêle, accompagnée de violents coups de vents et d'éclairs d'électricité statique.

Qu'arrive-t-il ? Un orage, qui sera annoncé par un grand nombre de signes : quand des cumulus épais montent dans le ciel en formant une tour sombre, vous savez ce qui se prépare, et ce que vous devez faire : retourner tout de suite à terre, ou alors l'orage vous prendra en pleine mer. Sur les lacs de montagne, l'orage peut créer de très dangereuses situations, si la foudre tombe sur le mât. Une seule solution : lâcher tout le gréement et attendre que cela se passe.

Monter la planche

Vous recevez votre première planche : quel moment excitant ! Cependant, ne soyez pas ému au point d'oublier de passer tout le matériel en revue. Toutes les planches polyvalentes et pour débutants doivent posséder les mêmes éléments.

Le flotteur

Il sera probablement enveloppé dans un emballage de polyéthylène costaud, qui sera utile pour ranger la planche pour l'hiver.

L'aileron

Il coulisse dans un boîtier, auquel il peut être fixé par un élastique qui permet de l'abaisser, ou vissé dedans — auquel cas, n'oubliez pas de graisser les vis. Il peut casser, et, pour le remplacer, il sera difficile d'enlever les vis du boîtier, si elles sont rouillées.

La dérive

Sur certaines planches, vous devrez poncer les cales, ces petits tampons qui permettent de contrôler l'ajustement de la dérive dans son puits. Ne les rabotez pas trop, car la dérive descendra toute seule.

Le pied de mât articulé

L'articulation est fixée au pied du mât, qui se présente sous plusieurs tailles et formes. La moitié supérieure s'enfile dans la base du mât, et on doit enfoncer facilement la partie inférieure dans le flotteur.

Le mât

Réalisé en fibre de verre ou bien en alliage métallique, il peut se présenter en deux morceaux emboîtables. Certains mâts de fibre possèdent un bouchon que l'on ajuste en haut.

Le wishbone

En alliage recouvert de latex. Il porte des taquets coinceurs pour le bout d'étarquage du point d'écoute et du wishbone au mât, que parfois vous devrez mettre en place vousmême. Vous y ajouterez un tireveille.

La voile

Si sa surface est supérieure à 5,50 m², elle peut porter trois lattes en fibre de verre, que l'on perd facilement : mieux vaut y faire attention. Essayez de plier la voile selon

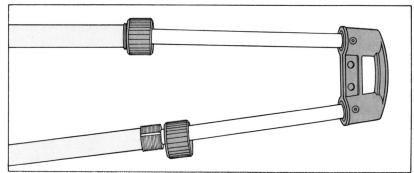

En haut : de même que l'équipement devient plus sophistiqué, le nombre de modèles augmente. Le wishbone téléscopique peut être rallongé ou raccourci pour s'adapter aux voiles de tailles différentes.

ses plis d'origine et dans un sac, ou bien roulez-la autour du mât et rangez le tout dans une housse de mât protectrice.

Les différences entre les marques

Certaines parties des planches sont interchangeables entre différentes marques, mais pas toutes. Pour changer le gréement, il suffit d'adapter le mât au pied de mât qui correspond au flotteur. La plupart des wishbones sont adaptables à tous les gréements, mais il est difficile d'échanger ailerons et dérives.

A droite : naviguer au soleil couchant avec une voile peinte à la main — celle-ci par Lisa Vincent. Si vous n'êtes pas capable de la réaliser, certains maîtres-voiliers produisent des voiles imprimées.

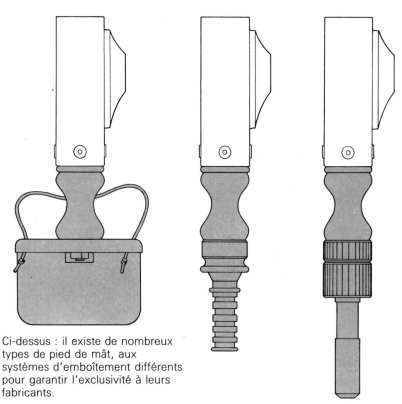

Ci-dessus : il existe de nombreux types de pied de mât, aux systèmes d'emboîtement différents pour garantir l'exclusivité à leurs fabricants.

Assembler le gréement

Pour le montage du gréement, la plupart des systèmes sont semblables. Beaucoup de nouvelles planches sont livrées avec une notice explicative ; sinon, il sera très simple de surmonter les quelques différences de montage.

Vous pouvez assembler le gréement selon le modèle suivant :

1. Le fourreau de la voile s'enfile sur le mât, en laissant dépasser la base du mât. La plupart des mâts sont d'une même longueur standard, mais quelques mâts en alliage sont en deux ou trois parties emboîtables.

2. Le pied de mât articulé est enfoncé dans la base du mât. Il doit bien glisser ; faites attention à le débarrasser du sable et des gravillons.

3. Le hale-bas relie le point d'amure à l'articulation du pied de mât. Une extrémité porte un nœud de chaise. L'autre, selon la marque, est amarrée, ou coincée dans un taquet.

4. Le bout de fixation du wishbone sur le mât est tourné autour du mât, à l'endroit où il y a une encoche dans le fourreau de la voile. Vous pouvez varier la hauteur de la fixation de 30 cm environ, en la nouant de façon que le wishbone soit placé à la hauteur des épaules.

Le nœud de fixation doit être très serré pour éviter qu'il ne glisse sur le mât. Certains wishbones présentent une légère différence avec le modèle exposé ci-dessus : les deux extrémités libres sont nouées ensemble dans un nœud simple, et glissées dans une encoche portée par la poignée du wishbone (attache rapide).

5. Si la voile porte des lattes, elles seront glissées dans leur gousset. Elles sont retenues dedans par des ourlets et parfois par des élastiques à l'autre extrémité.

6. Le wishbone est fixé sur le mât par son bout de fixation aussi serré que possible.

7. Un long bout, à l'extrémité du wishbone, permet d'étarquer le point d'écoute.

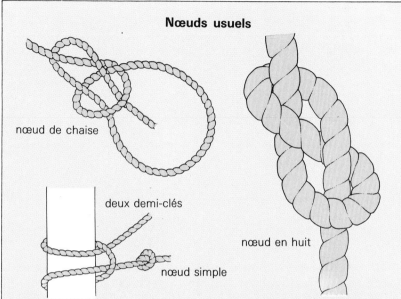

Nœuds usuels

nœud de chaise

deux demi-clés

nœud en huit

nœud simple

Le nœud de chaise (en haut à gauche) et le nœud en huit sont les plus utiles pour gréer. Les deux demi-clés pour fixer le wishbone sur le mât sont simples à réaliser. Mais souvent les deux extrémités libres sont nouées ensemble par un nœud simple, et coincées dans la poignée du wishbone.

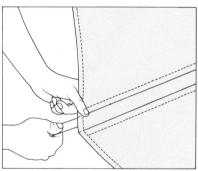

1 Les lattes sont glissées dans leurs goussets, et y sont maintenues par un pli dans le tissu.

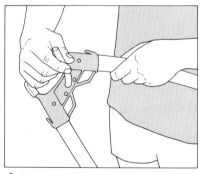

2 Le tire-veille est attaché au wishbone, en général il passe dans un trou et se noue derrière.

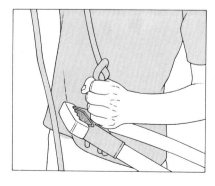

3 Les nœuds tout le long du tire-veille serviront de prises afin de sortir le gréement de l'eau.

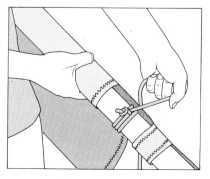

4 Le bout de fixation doit être bien serré autour du mât à la hauteur adéquate.

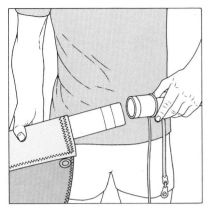

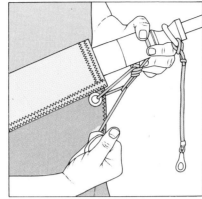

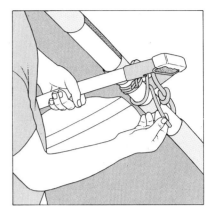

5 Avant de glisser le pied de mât articulé dans la base du mât, attention à ce qu'il n'y ait pas de sable, sinon il se coincera.

6 Le hale-bas relie le point d'amure au pied de mât. Il tend le guindant de la voile et il décide, avec le bout d'étarquage du point d'écoute, de la forme de la voile.

7 Le wishbone doit être serré contre le mât — mais pas serré au point de l'endommager quand on étarque le point d'écoute.

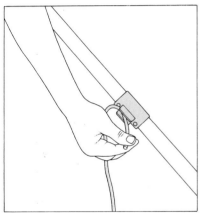

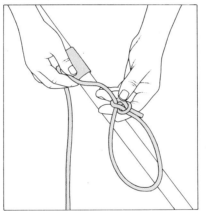

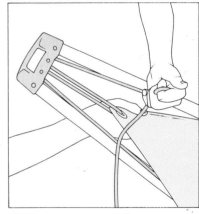

8 Le bout d'étarquage du point d'écoute passe dans un taquet au bout du wishbone, dans le point d'écoute, retourne au bout du wishbone, puis sur un autre taquet.

9 S'il reste un morceau de bout en trop, formez avec un nœud de chaise une grande boucle. En l'attrapant, il sera plus facile d'étarquer.

10 Mettez le wishbone perpendiculaire au mât, et étarquez. Cela garantit un bon serrage contre le mât.

8. le tire-veille est fixé au wishbone. Il porte sur toute sa longueur trois ou quatre nœuds simples, qui serviront de prise pour les mains. Un petit sandow est noué sur le dernier nœud, dont l'autre partie se fixe au hale-bas.

9. Le hale-bas peut maintenant être étarqué et amarré.

10. Enfin, on peut à nouveau étarquer le point d'écoute jusqu'à ce que la voile présente le bon profil aérodynamique. Attention à ne pas fatiguer une voile neuve en l'étarquant trop ! Vous n'avancerez pas mieux pour autant, et un bon réglage de la voile est le secret d'une meilleure navigation.

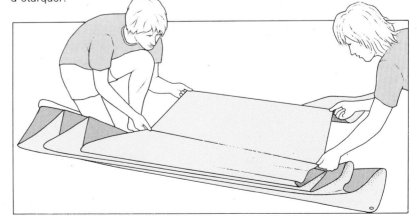

Ci-dessus : pliage de la voile. Formez des plis parallèles de la chute au guindant, en accordéon. Reformez toujours les plis aux mêmes marques, si possible, chaque fois que vous repliez la voile.

Entraînement à terre

Avant d'aller sur l'eau, vous pouvez préparer le flotteur et le gréement au sol, afin de vérifier que tout est correct et d'essayer ce que vous aurez ensuite à faire sur l'eau. Vous pouvez mettre le flotteur à plat sur le sol, l'aileron démonté, pour ensuite fixer le gréement, ou simplement planter le pied de mât dans le sable, sans plus vous embêter avec le flotteur.

Alors, vous relevez le gréement, vous vous déplacez autour, bordez et choquez la voile. Vous le « sentirez » avant de partir, vous assurant de la bonne hauteur du wishbone et de l'étarquage de la voile.

Gréer
Bien monter la voile est important. Par un vent d'environ force 2, il doit y avoir une tension moyenne sur le hale-bas et sur le bout d'étarquage du point d'écoute, fixé à 60 cm du bout de wishbone. Si l'on voit de vilains plis, c'est que quelque chose ne va pas dans la façon dont on a monté la voile (probablement trop tendue), ou à cause de la voile elle-même (moins probable).

Plus ça souffle, plus la voile doit être plate ; mais pas trop, sous peine de perdre de sa puissance. Une voile trop creuse risque d'être intenable par forte brise, ce qu'il faut éviter.

Le creux de la voile est dû à la fois à sa coupe et à la flexibilité du mât. C'est dommage que l'on vende tellement de voiles trop creuses et de mâts bon marché trop flexibles, et que seul le haut de gamme soit équipé de voiles plates et de mâts rigides. Un mât raide est cher (en fibre de verre ou en alliage métallique), et une voile plate gardant de la puissance est difficile à couper. Heureusement, tout cela s'améliore, grâce à des techniques de fabrication plus raffinées, et à la standardisation du matériel de course.

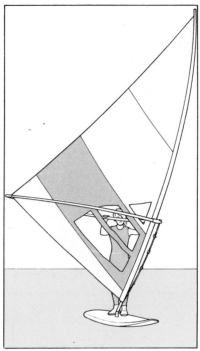

1 En enlevant l'aileron, vous pouvez gréer la planche et faire des essais sur la terre ferme, avant d'aller sur l'eau.

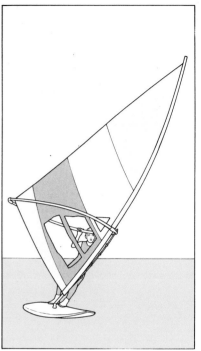

2 Mettez la planche travers au vent. Penchez-vous un peu en arrière puis bordez pour sentir le vent.

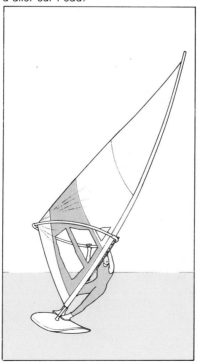

3 Bordez un peu plus, et penchez-vous plus en arrière à mesure que le vent augmente.

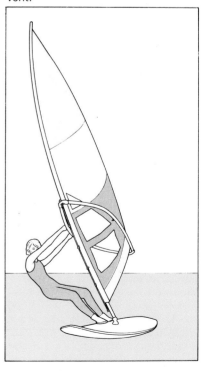

4 Tournez la planche et essayez l'autre amure (vous pouvez aussi planter le pied de mât dans le sol).

Pour porter la planche

Vous devez porter le gréement sur votre tête, le wishbone dans l'axe du vent, et le garder bien horizontal sans que le vent prenne par-dessus ni en dessous.

L'équilibre

Vous devez attraper le « truc » de l'équilibre, avec et sans dérive, avant de partir sur l'eau. Sauf si vous êtes surfer, cela vous paraîtra difficile au début, mais viendra vite. Essayez dans de petites vagues, jusqu'à vous sentir vraiment à l'aise.

L'équilibre

Mettez la planche à l'eau, en la portant avec une main dans le puits de dérive et l'autre dans l'emplanture de pied de mât. Essayez maintenant de monter dessus, et de tenir en équilibre, avec et sans dérive. Essayez aussi de pagayer avec les bras, assis ou allongé sur le flotteur, ce qui sera le seul moyen de revenir à terre pour un débutant.

Transport du gréement

Quand vous êtes prêts à partir, laissez le flotteur sur le bord et mettez d'abord le gréement dans l'eau. Le flotteur pourrait partir tout seul au large, alors que le gréement, en partie submergé, dérive beaucoup plus lentement.

La meilleure façon de porter le gréement, c'est au-dessus de la tête, le mât face au vent. Laissez la voile toujours à plat et dans cette direction, sinon le vent pourrait vous transformer en deltaplane.

La pose du pied de mât

Mettez la planche dans l'eau, contre le gréement, et poussez le pied de mât dans son emplanture. Il doit être très bien ajusté, et ne sortir que sous une très forte traction.

C'est très frustrant — voire dangereux — de voir son mât se déboîter à tous moments. La plupart des pieds de mâts actuels possèdent un embout réglable par compression, mais vous pouvez tout aussi bien l'envelopper de chatterton pour l'ajuster à la perfection ; c'est une pratique que l'on utilisait toujours sur les emplantures en bois des vieilles Windsurfer.

Fixation du pied de mât

Le pied de mât doit être fixé sur le pont, afin de rester attaché au flotteur si le gréement tombe. La plupart des planches actuelles possèdent un système de fixation par une estrope ou un aiguillot ; sinon, improvisez avec un petit bout un système d'une efficacité comparable.

Partir

Quand vous êtes prêts à partir, le flotteur doit être en eau assez profonde, pour que vous puissiez abaisser la dérive — debout près de la planche, vous aurez de l'eau jusqu'aux cuisses.

Avant de grimper sur la planche, poussez le flotteur perpendiculaire au vent, et installez le gréement sous le vent : tout est prêt pour un bon départ.

Tout d'abord, tenez le tire-veille d'une main et équilibrez-vous bien avant de tirer le gréement.

Trouvez la meilleure position pour vos pieds comme pour votre corps. Sur la plupart des flotteurs, on place les pieds au milieu, juste entre le pied de mât et le puits de dérive. Sur d'autres, on peut mettre un pied devant le mât, ce qui facilitera l'abattée du départ. Lorsque les planches ne possèdent pas assez de flottabilité sur l'avant, on se déplace vers l'arrière, pour ne pas enfourner.

Lorsque l'on tire le gréement hors de l'eau, on est étonné de son poids. La voile et son fourreau sont remplis d'eau, et le vent plaque la voile, qui pèse très lourd jusqu'à ce qu'elle soit complètement vidée. On y arrive avec une bonne technique, mais, pour un débutant, il est conseillé de prendre une petite voile.

Une fois le point d'écoute sorti de l'eau, reposez-vous, reprenez votre équilibre, et observez d'où vient le vent. Puis inclinez le gréement en avant ou en arrière, ce qui fera tourner la planche dans la direction que vous souhaitez.

Il ne vous reste plus qu'à border un peu la voile de la main arrière, en maintenant le mât légèrement incliné sur l'avant. Et c'est parti !

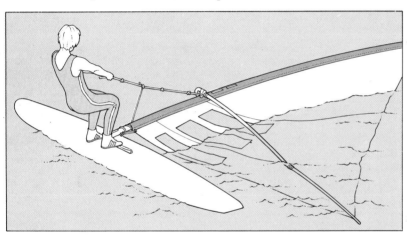

Redressez le gréement. Rapprochez vos pieds au milieu du flotteur de chaque côté du mât, c'est plus facile. Puis prenez le tire-veille.

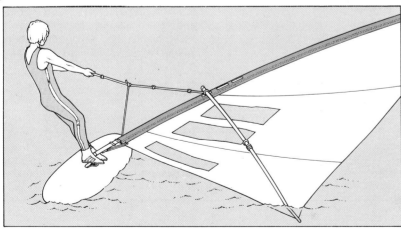

Assurez-vous que vous êtes bien vent de travers, et sortez légèrement le gréement de l'eau. Si vous n'êtes pas bien placés, la planche et le gréement dériveront jusqu'à se positionner correctement. Penchez-vous en arrière pour contrebalancer le poids du gréement.

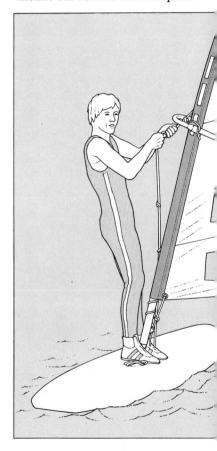

Tirez le gréement des deux mains, pour vider la voile, qui vous paraîtra très lourde. Le fourreau plein d'eau se vide dès que le mât se lève, et, tant que le point d'écoute traîne, le vent plaque la voile sur l'eau. Il est moins fatigant de sortir rapidement la voile de l'eau.

Prêt à partir. Encore un peu de repos et d'équilibre, les deux mains tenant le tire-veille tout près du wishbone. Restez travers au vent. Si vous inclinez le gréement en avant vous abattrez, et, en arrière, vous loferez. Étendez la main avant et attrapez le wishbone, un peu en retrait du mât. Vous pouvez laisser filer le tire-veille et essayer de maintenir la voile dans cette position avant de tenter de partir. Comme dans la plupart des autres étapes de votre apprentissage vous vous sentirez en déséquilibre, ce qui ne durera pas.

Lorsque vous vous sentez à l'aise, inclinez le gréement un peu plus au vent, et tendez votre main arrière, qui deviendra alors la main d'écoute, attrapant ainsi le wishbone 60 cm derrière la main avant. Le centre de voilure (C.V.) sera en gros quelque part entre les deux mains, et vous le contrôlerez le mieux possible. Vous vous penchez progressivement vers l'arrière, en bordant avec la main arrière, jusqu'à ce que la voile arrête de fasseyer. Vous devez toujours maintenir le gréement légèrement incliné sur l'avant, sinon la planche commencera immédiatement à partir vers le vent en lofant.

Dès que vous bordez, la planche part. Tant que vous restez en équilibre, elle avance.

Quand vous voulez vous arrêter, lâchez la main d'écoute. Si nécessaire, lâchez tout.

Ce qui vous mènera très rapidement à l'arrêt. Vous pouvez maintenant recommencer.

Se diriger

Pour partir, le vent doit souffler de travers, à 90° de l'axe de la planche. Ne vous pressez pas, car tout peut se faire petit à petit, avec des pauses entre les étapes. Vous devez toujours être détendus, et « sentir » ce que vous faites jusqu'à être parfaitement à l'aise en tenant le gréement par le tire-veille, le wishbone avec la main avant, puis avec les deux mains.

Une fois partis, vous trouverez la meilleure façon de tenir le wishbone. Par un vent modéré, vous placerez la main avant environ à 40 cm, ou plus, du mât, et l'autre à 1 m, ou plus, en arrière. Le centre de voilure sera centré entre vos mains. Si vous ne vous sentez pas à l'aise et bien équilibré, déplacez-les jusqu'à trouver la bonne position.

Plus le vent souffle, plus le centre de voilure se déplace vers l'avant. Déplacez vos mains jusqu'à sentir la position la meilleure pour contrebalancer la force accrue du vent.

1 Souvenez-vous qu'une fois parti vous devez observer le code de la route, que vous contrôliez ou non votre planche.

2 Dans ce cas, le dériveur tribord amure a priorité sur la planche bâbord amure. Tempérez ces règles par du bon sens.

L'abattée

Pour abattre, on doit incliner le mât sur l'avant, en choquant la voile au fur et à mesure que l'on s'écarte du vent.

Lorsque le vent vient juste de l'arrière (vent arrière), le gréement se place à angle droit avec le vent. Vous devez toujours conserver votre équilibre pendant toute la manœuvre. La position des pieds est importante, et vous devez centrer votre poids sur le flotteur, pour ne pas le ralentir. Pour aider l'abattée, sur une planche traditionnelle, tirez par à-coups la voile, et enfoncez le côté au vent du flotteur dans l'eau.

Le lof

Pour remonter au vent, penchez le gréement sur l'arrière, en bordant la voile jusqu'à ce que vous soyez au près. Par petit temps, vous tiendrez le wishbone près du corps, les bras pliés.

Pour un débutant, le près est difficile. Il faut naviguer aussi près du vent que possible, mais pas trop, sinon on risque de retrouver sa voile gonflée à contre — et le flotteur bout au vent...

Par petit temps, naviguez avec le gréement légèrement sur l'avant, bras pliés, la voile réglée à la limite du fasseyement.

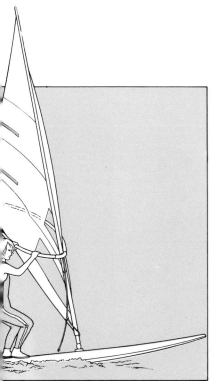

Changer de direction

Sur votre planche, vous pouvez changer de direction aussi facilement et rapidement qu'avec un gouvernail sur un bateau. Le vent seul fait la différence : par grand vent et forte mer, une planche nerveuse à carène ronde de compétition réagira instantanément.

Ce changement de direction s'explique par l'action du centre de voilure et du centre de dérive. Pour lofer, penchez le gréement vers l'arrière, et faites l'inverse pour abattre. Quand vous avez atteint l'allure désirée, replacez le gréement légèrement incliné sur l'avant, et bordez la voile en conséquence. Ensuite, effectuez un parcours en zigzag, en lofant et en abattant pour bien piloter votre planche.

Les allures

1. Vent arrière.
Naviguer dans le sens du vent. Il n'y a pas d'effet d'aspiration sur la voile, et la force du vent remplit toute la voile. Pour maintenir son cap, on joue sur le gréement.
2. Vent de travers.
Le vent est quasiment perpendiculaire au wishbone. Cela, ajouté à une pression moindre sur la dérive, en fait l'allure la plus rapide et la plus facile. Si le vent vient légèrement de l'arrière, c'est le grand largue ; de l'avant, c'est le petit largue.
3. Au près.
On navigue le plus près possible du vent, afin de remonter au vent. Selon votre adresse et votre type de planche, vous pourrez naviguer à 30° du vent environ.

Virer de bord

Pour aller vers le vent, vous devez naviguer en zigzag, c'est ce qu'on appelle « tirer des bords ».

Pour atteindre votre but, vous naviguez sur une amure puis sur une autre (tribord, bâbord). Diriger sa planche sur une amure donnée dépend de facteurs dominants, d'obstacles sur la route, ou tout simplement du désir de changer.

D'un bord à l'autre, l'angle effectué doit être de 90° ; s'il est plus important, on mettra plus de temps à arriver. Petit à petit, vous pourrez réduire l'angle autour de 60°. Mais cela dépendra de la capacité de votre planche à remonter au vent, selon son gréement, sa forme, sa dérive, les conditions météo... et aussi de votre dextérité.

Vous devez naviguer au près, mais pas trop, sous peine de perdre de la vitesse et de vous arrêter, la voile à contre. C'est une question de technique et d'expérience, mais une planche remonte toujours trop au vent quand des mains inexpérimentées n'inclinent pas le gréement suffisamment vers l'avant. Le signe révélateur : quand la voile commence à fasseyer, le vent formant un léger creux à contre à la hauteur de la fenêtre. Si vous ne réagissez pas en abattant, la planche continuera à tourner, et vous mettra éventuellement à l'eau.

Lorsque vous changez d'amure, ne soyez pas trop brusque. L'objet étant d'amener la planche sur l'autre bord, vous n'avez pas besoin de manœuvrer la planche brutalement pour y parvenir.

Ce que vous voulez, c'est tourner la planche pour qu'elle se trouve en

Il existe plusieurs façons de virer, et plus vous aurez de pratique, plus votre technique sera raffinée, et s'adaptera aux situations.

Pour un virement élémentaire, vous lofez en inclinant le gréement sur l'arrière (**1**). Continuez à remonter au vent jusqu'à ce que le point d'écoute se retrouve sur le milieu de la planche (**2**), qui va bientôt se mettre bout au vent (**3**). A ce moment, posez votre main arrière sur le tire-veille, à quelques centimètres du wishbone. Ensuite, commencez à passer devant le mât, en plaçant votre main avant sur le tire-veille, en inclinant toujours le gréement sur l'arrière. Déplacez-vous de l'autre côté du flotteur, alors que la voile fasseye sur l'arrière du flotteur, située bout au vent.

face du vent pour redémarrer ensuite sur l'autre amure. Au départ,
vous pouvez faire tourner la planche
simplement en tournant le gréement
sur l'arrière du flotteur, en repous-
sant le flotteur petit à petit... Vous
êtes alors prêts à partir sous la
nouvelle armure, avec le vent soufflant derrière votre dos, et le gréement sous le vent, et vous repartez.

A mesure que votre confiance en
vous et votre adresse augmentent,
vous pouvez accélérer cette manœuvre en faisant tourner la planche
par une inclinaison du gréement sur
l'arrière. Tout en tournant autour
du mât. Lorsque vous arrivez bout
au vent, vous attrapez le wishbone
de l'autre côté, vous inclinez la voile
sur l'avant, vous la bordez et abattez
un peu, sans vous énerver. Puis
vous reprenez votre route. Vous
verrez que la manœuvre sera plus
rapide et plus facile.

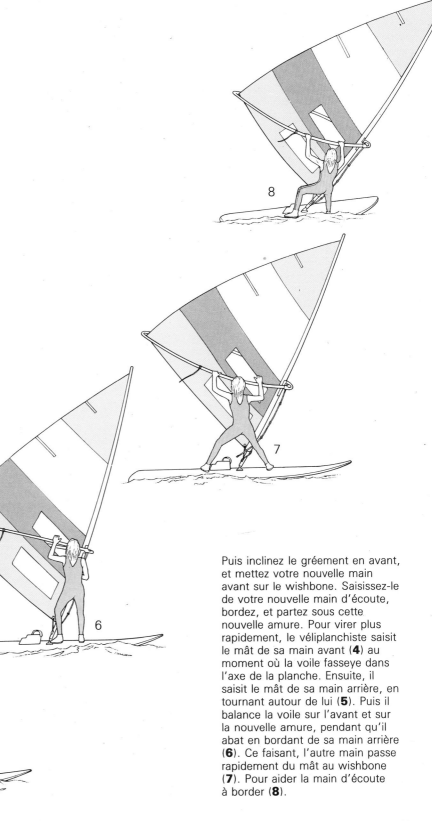

Puis inclinez le gréement en avant,
et mettez votre nouvelle main
avant sur le wishbone. Saisissez-le
de votre nouvelle main d'écoute,
bordez, et partez sous cette
nouvelle amure. Pour virer plus
rapidement, le véliplanchiste saisit
le mât de sa main avant (**4**) au
moment où la voile fasseye dans
l'axe de la planche. Ensuite, il
saisit le mât de sa main arrière, en
tournant autour de lui (**5**). Puis il
balance la voile sur l'avant et sur
la nouvelle amure, pendant qu'il
abat en bordant de sa main arrière
(**6**). Ce faisant, l'autre main passe
rapidement du mât au wishbone
(**7**). Pour aider la main d'écoute
à border (**8**).

Empanner

L'empannage est la manœuvre inverse du virement de bord. Au lieu du nez de la planche, c'est son arrière qui vient se placer dans l'axe du vent. Comme le virement de bord, l'empannage est une question de technique, mais qui présente plus d'une différence avec lui. Dans sa forme la plus simple, l'empannage est l'une des manœuvres les plus faciles à exécuter.

L'empannage en force

Pour effectuer l'empannage de base, vous naviguez au vent arrière, et inclinez le gréement bien au vent, pour faire tourner le flotteur. Lorsque l'arrière du flotteur passe dans l'axe du vent, prenez le tire-veille dans la main d'écoute, puis des deux mains ; laissez tourner la voile et rattrapez alors le wishbone de l'autre côté, avec la nouvelle main de mât, puis la main d'écoute.

L'empannage en force illustré ici accélère le processus de virement de la planche, qui change de direction plus rapidement et avec plus d'efficacité.

1 Lâchez le wishbone de votre main près du mât et attrapez celui-ci.

2 Poussez le wishbone de votre main d'écoute.

3 Quand le gréement commence à tourner, laissez aller le wishbone, et posez la main d'écoute sur le mât.

4 Attrapez le wishbone de votre nouvelle main d'écoute.

5 Bordez brutalement et fort pour faire tourner la planche. Le mouvement sera accéléré si vous enfoncez l'arrière de la planche dans l'eau.

6 Repartez sur l'autre amure.

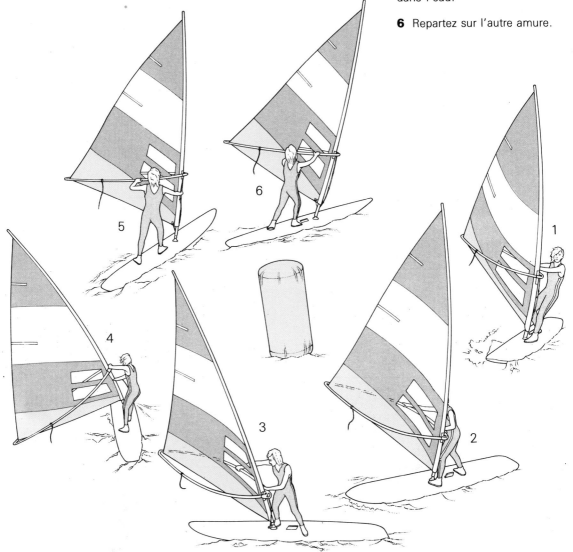

L'empannage rapide

L'empannage rapide est très spectaculaire.

1 Partez vent arrière.

2 Inclinez largement le gréement au vent.

3 Si le vent est fort, vous irez trop vite et devrez ralentir la planche. Pour ce faire, mettez-vous sur l'arrière pour enfoncer la queue du flotteur.

4 Vous pouvez aussi amener la planche à empanner en appuyant sur le côté au vent du flotteur. Cela aide particulièrement les planches rondes à tourner plus vite.

5 Continuez à faire tourner le flotteur de telle sorte que l'arrière passe dans l'axe du vent, jusqu'à ce que le point d'écoute soit face au vent.

6 Portez votre main avant sur le mât et laissez filer la voile en lâchant la main d'écoute. Le gréement va tourner sur lui-même pour se replacer en position de navigation au largue, et vous pourrez attraper le wishbone, et repartir sans avoir perdu de vitesse au cours de la manœuvre.

Ces deux empannages en force et rapide se rencontrent rarement lorsque le vent forcit et que la technique ne suit pas.

Les véliplanchistes hawaïens sont les maîtres du monde en matière d'empannages très rapides sur des planches courtes. Après s'être beaucoup exercés, ils peuvent empanner sur un mouchoir de poche en pleine vitesse — un art que les régatiers doivent aussi maîtriser.

La sécurité

La planche à voile peut devenir dangereuse si vous n'en suivez pas les règles fondamentales de sécurité. Vous risqueriez alors de vous noyer, ou tout au moins de contribuer à donner à ce sport une mauvaise image. Voici les principales règles de sécurité qu'il faut suivre :

1. Ne vous éloignez pas trop au large par un vent fort, sans vous assurer d'une aide à proximité.

En dehors de cette aide sollicitée avant de partir pour le cas où vous en auriez besoin, vous ne devriez jamais avoir recours aux secours, dont les déploiements de recherches aériennes ou marines coûtent très cher aux contribuables, et font perdre énormément de temps.

2. Écoutez attentivement les prévisions météo avant de partir.

Si un fort vent est prévu, tenez-en compte.

3. Gare au froid !

Il surprend plus vite qu'on ne le pense. Couvrez-vous plutôt trop que pas assez. La plupart du temps, le port de la combinaison isothermique et des bottillons va de soi, et, s'il fait très froid, celui d'une combinaison sèche. Mais sachez qu'en cas de chute vous danserez sur l'eau comme un bonhomme Michelin sans pouvoir nager, si vous portez une combinaison sèche.

4. Surveillez les marées et autres dangers.

Dans les pays chauds, évitez les oursins ou, pis, les requins confondant votre flotteur avec un ventre doux et sympathique.

5. Savez-vous nager ?

C'est la condition *sine qua non* pour plancher. Et si vous avez quelques doutes sur vos capacités en la matière, dans des circonstances difficiles, portez un gilet de sauvetage.

6. Inspectez soigneusement votre planche et son gréement.

Quelque chose pourrait casser ; si c'est le pied de mât, vous en seriez très ennuyé. Emportez un bout, pour remplacer éventuellement celui d'étarquage du point d'écoute. Si vous vous servez d'un harnais, emportez toujours des attaches de rechange. Vous devez toujours attacher le pied de mât sur le flotteur. Si vous tombez, et que vous laissez partir le flotteur d'un côté, le gréement de l'autre, vous aurez du mal à les regrouper.

7. Apprenez les règles de priorité.

Vous devez les connaître tout en restant vigilant : tous les véliplanchistes ne seront pas aussi bien renseignés que vous. Et vous devez toujours tout faire pour éviter la collision, même si vous êtes prioritaire.

8. Éloignez-vous des chenaux de navigation.

Les chenaux sont souvent très étroits, et les navires ne peuvent s'y arrêter ni changer de cap. Si vous les gênez, vous risquez d'être interdits de navigation.

9. Évitez les baigneurs.

La mer leur appartient autant qu'à vous, et ils ne sont pas aussi manœuvrants. Une planche peut facilement atteindre la vitesse de 10 à 15 nœuds, suffisante pour tuer un nageur.

10. N'abandonnez jamais votre planche.

Elle flottera plus longtemps que vous, et se repérera plus facilement.

11. Apprenez les signaux internationaux de détresse.

Pour que l'on comprenne que vous vous noyez, et non que vous dites « bonjour ».

12. Ne partez pas la nuit, ni dans le brouillard.

C'est le meilleur moyen de se perdre. Deux véliplanchistes ont disparu de la sorte. Souvenez-vous aussi que les requins dînent dès que la nuit tombe.

13. Si vous partez seul, dites où vous allez.

C'est parfait si vous vous en sentez capable, mais prévenez tout de même au cas où les choses tourneraient mal.

14. Essayez de vous en sortir tout seul avant d'appeler les secours.

Vous découvrirez qu'il est facile d'arrimer le gréement et de nager avec la planche.

15. Sachez reconnaître l'hypothermie.

C'est le moment où l'on commence à avoir froid (seulement des frissons), et puis de plus en plus. Le stade final étant la perte de conscience suivie de la noyade, et, dans les mers du Nord, il ne faut pas longtemps pour en arriver là.

En hypothermie, vous n'avez pas seulement froid, mais vous devenez aussi faible et apathique. Et c'est le cercle vicieux : on chute, on a froid, on se sent plus faible, on chute à nouveau, et ainsi de suite...

Pour le véliplanchiste, il s'agit donc de rentrer au plus vite dès qu'il commence à avoir froid et à se fatiguer.

Dès votre retour, prenez si possible une douche bien chaude et couvrez-vous.

Si vous décidez de rester sur la planche, vous recherchez les ennuis. Mais si vous êtes coincé et ne pouvez rentrer, là, vous les avez vraiment.

Si vous êtes sur le flotteur, tâchez d'activer votre circulation sanguine, et combattez les effets du vent. Vous ne devez pas vous refroidir, et toujours essayer de pousser la planche vers les secours.

Si vous êtes dans l'eau, n'abandonnez pas la planche pour partir à la nage, sauf si c'est la solution la plus efficace. L'eau refroidit le corps vingt-six fois plus vite que l'air, et si vous pouvez garder la tête hors de l'eau pelotonnez-vous en position de survie — jambes croisées bien serrées et bras autour du corps.

16. Choisissez la bonne surface de voile.

A quoi bon sortir si vous ne pouvez tenir votre gréement ? Une planche munie d'une petite voile bien contrôlée va plus vite qu'une planche surtoilée, trop difficile à tenir, et vous ramènera tout aussi bien.

Le baron Arnaud de Rosnay essayant de traverser la Manche en planche pour un pari. Il dut être secouru et abandonner sa planche, dont on ne sut jamais ce qu'elle devint.

Auto-assistance

Dans certains cas, vous devez plier le gréement et rentrer en poussant la planche — par exemple si quelque chose casse, ou si vous n'êtes pas assez expérimentés pour maîtriser les conditions de temps.

Asseyez-vous sur le flotteur, face au vent, sortez le pied de mât et dégagez le bout de rappel. Poussez le mât loin devant la planche, de telle sorte qu'elle se trouve sous son vent. Détachez le bout d'étarquage du point d'écoute, par lequel vous commencerez à enrouler la voile bien serrée sur elle-même jusqu'au mât. Liez ensuite le bout du wishbone plaqué contre le haut du mât avec le bout d'étarquage. Faites la même chose avec le tire-veille sur le bas du mât, et posez l'ensemble du gréement sur le flotteur, en l'arrimant pour qu'il ne se déplace pas au gré des vagues.

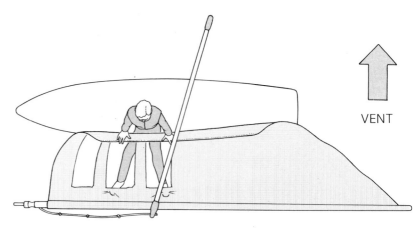

VENT

En haut : depuis le flotteur, placé sous le vent du gréement, vous pouvez détacher le bout d'étarquage et rouler la voile à partir du point d'écoute. Serrez-la autour du mât, et attachez-la avec les bouts d'étarquage du point d'écoute et le tire-veille, ainsi que le wishbone.

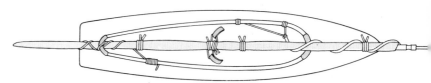

Ci-dessus : vous placerez ainsi tout le gréement sur le flotteur, avec le pied de mât vers l'avant. Si vous le pouvez, liez-le pour qu'il ne glisse pas de la planche quand vous allez pagayer. Si sa présence vous met réellement en danger, n'hésitez pas à le larguer.

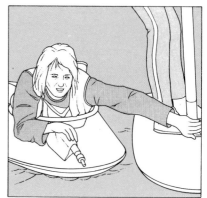

La meilleure façon de pagayer, c'est de se coucher sur le flotteur (ci-dessus à gauche), ou bien de se mettre à genoux ou à califourchon sur la planche. Si quelqu'un peut vous venir en aide, attrapez fermement son pied de mât et restez allongé sur votre planche à côté (ci-dessus à droite) le plus près possible de l'autre.

Vous serez étonnés de la difficulté de ces deux techniques. Aussi

est-il préférable de les essayer avant de les utiliser pour de bon. Il est long et difficile de remonter ainsi au vent, qui souffle fort contre vous.

Le signal international de détresse (à gauche), consiste à agiter lentement les bras au-dessus de votre tête, d'avant en arrière. Respectez bien ce geste afin qu'on ne le confonde pas avec un simple signe de la main.

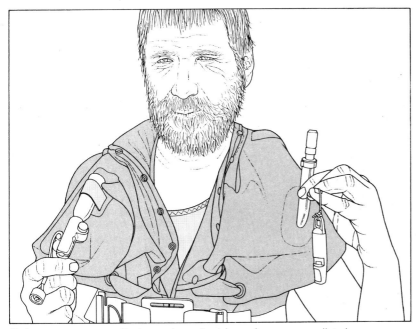

Ci-dessus : on peut acheter un harnais, très onéreux, avec gilet de sauvetage incorporé. Il vous maintiendra à flot sur le dos, même inconscient. On peut le gonfler par la bouche, ou par une recharge de gaz carbonique actionnée en tirant un cordonnet. Dégonflé, il n'est pas encombrant à porter.

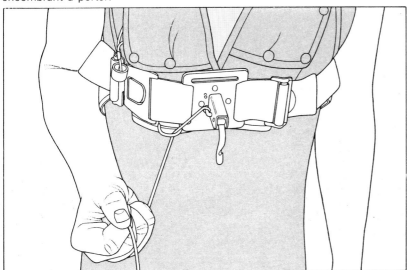

Ci-dessus : les harnais sont décrits en détail pp. 92-93. Ce sont des sources de danger potentielles, surtout si le crochet reste coincé dans les bouts de harnais. C'est pour cela que vous devez toujours posséder un système de libération rapide du crochet, ou, mieux, un crochet très large, en forme de « V », qui libère tout seul le bout, en cas de chute. Vous pourrez l'utiliser alors en toute sécurité.

Pagayer

Vous pouvez vous allonger sur le flotteur, et pagayer avec vos bras. C'est en général plus facile en relevant la dérive. Si les choses se présentent vraiment mal, n'hésitez pas à abandonner le gréement, qui vous embarrassera beaucoup. Si vous avez eu la sagesse de prendre une assurance, il sera remboursé.

Faites attention à ne pas prendre les vagues par le travers ; elles retourneront flotteur et gréement.

Les fusées

Si vous naviguez seul sur une grosse mer, il est plus sage d'emporter des fusées de détresse. Il en existe en petits paquets, spécialement conçus pour les véliplanchistes. Vous pouvez les porter accrochés sur une jambe, dans la poche du harnais, ou dans celle de la voile.

Le gilet de sauvetage

Le gilet de sauvetage maintient la tête hors de l'eau — ce qui n'est pas le cas d'une réserve de flottabilité. La plupart des ceintures de sauvetage sont trop encombrantes pour la navigation en planche, mais dans certains cas cela vaudrait le coup de posséder un gilet de sauvetage gonflable par la bouche, qui peut se combiner avec le harnais sans gêner les mouvements.

Les voiles à surface variable

Lorsque le vent force et vous surprend, l'idéal serait de prendre un ris comme sur les voiliers. Les fabricants de voiles ont essayé plusieurs variantes sur ce thème de la voile à surface variable avec zips, etc., mais aucune ne fonctionne très bien. Il existe deux façons de réduire la surface d'une voile de planche. Soit vous enlevez la voile du mât et la réenfilez en laissant libre le bas de la voile situé sous la fenêtre de fixation du wishbone, en le roulant soigneusement. Soit, et c'est mieux, vous détachez le bout d'étarquage de la voile et le hale-bas, et enroulez la moitié supérieure de la voile sur le mât. Elle restera enroulée quand vous ré-étarquerez, et, même si la voile a une allure un peu bizarre, sa surface sera réduite de près du tiers.

Naviguer dans la brise

Lorsque le vent est faible et la mer plate, la plupart des gens peuvent apprendre à maîtriser leur planche en quelques jours. Dans la mesure où vous avez assez d'équilibre pour conduire une bicyclette, et que vous comprenez comment réagit le gréement, il ne devrait pas y avoir de problème.

Toutefois, ce type de navigation, agréable par temps chaud si vous n'avez rien de mieux à faire, peut se révéler ennuyeux, surtout lorsque vous verrez les vitesses atteintes par les autres planchistes dans la brise. Emportés par leur voile, ils planent littéralement — aidés en cela par le poids léger de leur flotteur — et, vous, vous vous traînez à côté ! Cela s'explique par le fait que la planche navigue dans l'eau, et que votre vitesse dépend de la longueur du flotteur, alors qu'au planing leur planche, ayant dépassé la vitesse critique, effleure la surface de l'eau.

Quand une planche commence à planer, l'augmentation proportionnelle de la vitesse est énorme, et c'est là qu'on s'amuse : pour contre-balancer la force du vent, vous devez incliner votre corps en arrière au ras de l'eau, pendant que la planche danse sous vos pieds, dans une gerbe d'écume. Quand vous aurez ressenti cela une fois, vous ne pourrez plus vous en passer...

Les problèmes

Déplaçant peu de surface mouillée, une planche ronde de classe open commencera très vite à planer, par force 2, dans les mains d'un expert. Une planche polyvalente plate déplace plus d'eau, et, par conséquent, il lui faut plus de vent pour planer, disons force 3 ou 4.

Vous devrez franchir une certaine barrière de vitesse du vent pour planer, et vous trouverez cela plus difficile que de maîtriser les étapes premières de l'apprentissage. C'est là que beaucoup abandonnent.

1. Le vent

Quand le vent est d'une force inférieure à 2, il y a peu de poussée dans la voile, et vous pouvez contrôler le gréement à volonté.

Plus la vitesse du vent augmente, plus le gréement tirera sur vos bras, et dès force 4 les problèmes

Ci-dessus : sauter requiert une bonne condition physique, une technique de tout premier ordre et de l'entraînement.

apparaîtront. Tout se passe très rapidement. Vous ne pouvez plus tirer le gréement hors de l'eau, à cause de la pression du vent sur elle. Elle s'additionne au poids de l'eau enfermé dans son creux et son fourreau, et vous aurez l'impression de tirer un poids énorme. Vous dépensez toute votre force pour relever le gréement, et ensuite vous vous apercevez que vous ne pouvez plus le tenir, qu'il vous est arraché des mains par une risée, ou bien, pis, qu'il vous emporte avec lui.

2. Les vagues

Avec le vent, en général, la mer se lève. Si vous naviguez par bonne brise sans vagues, c'est que le fetch est important (la distance du rivage au large protégée par le relief de la côte) et que vous allez probablement être déporté très au large. Le vent venant du large est plus sûr, mais, avec le ressac qui déferle sur le rivage, la planche part dans tous les sens, et met votre équilibre en danger. Sur les plans d'eau intérieurs, vous ne rencontrerez pas d'aussi grosses vagues : plus l'endroit est petit et peu exposé, moins grosses sont les vagues — mais vous

serez alors gêné par des rafales de vent canalisé selon les obstacles du rivage. Dans tous les cas, vous contrôlerez difficilement l'augmentation de la force du vent dans la voile, et l'instabilité du flotteur sous vos pieds, par un vent fort ou irrégulier, qui est souvent les deux à la fois.

3. La force

A ce stade, beaucoup abandonnent la planche, car ils ne se croient pas assez forts. Relever le gréement, le contrôler, tomber à l'eau, recommencer, tout cela demande une quantité d'énergie inhabituelle, et tout particulièrement lorsqu'on navigue dans un climat froid.

Les réponses

En fait, vous augmentez la difficulté par manque de connaissance. On domine la brise par une bonne technique, et un équipement adapté. Naviguer par force 4 est à la portée de n'importe quelle personne de condition physique moyenne. Au fur et à mesure que le vent se lève, votre technique doit s'améliorer et seules des conditions extrêmes exigeront une force inhabituelle.

Voici les trois règles principales pour naviguer dans la brise.

1. Comprendre la théorie.

Vous devez savoir pourquoi la planche et le gréement réagissent de cette façon.

2. Maîtriser la technique.

Vous ne pouvez espérer combattre le vent et les vagues à armes égales. Vous devez apprendre quand et comment leur céder afin d'en tirer le meilleur parti.

3. Se servir du bon équipement.

« Je ne peux pas soulever le gréement » peut signifier un manque de force ou de technique, mais on peut aussi tout simplement le résoudre en adoptant une plus petite voile. Plus les conditions sont dures, plus la planche doit être facile à manœuvrer et à diriger.

A droite : partir dans la brise est particulièrement difficile, surtout si les vagues se brisent juste sous votre planche.

Les planches de brise

De façon générale, la planche la plus adaptée à la brise est plate et stable. Les planches rondes seront souvent plus rapides, mais elles deviennent très difficiles à manier lorsque les conditions de navigation se détériorent, et ne sont réellement intéressantes que pour les compétitions en triangles.

Dès que la planche plane, elle va vite. Pour naviguer dans la brise, elle doit posséder un volume suffisant, particulièrement à l'avant, pour supporter le poids du véliplanchiste, avec une courbure adaptée pour le garder en équilibre dans les vagues.

Le flotteur doit être assez solide pour passer au travers des vagues

Ci-dessous : cette planche de brise se contrôle avec les footstraps, pour la redresser, et la reposer à plat sur l'eau.

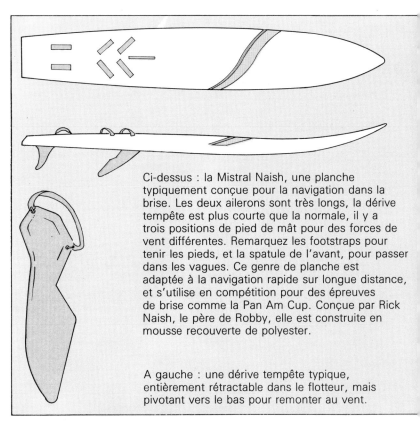

Ci-dessus : la Mistral Naish, une planche typiquement conçue pour la navigation dans la brise. Les deux ailerons sont très longs, la dérive tempête est plus courte que la normale, il y a trois positions de pied de mât pour des forces de vent différentes. Remarquez les footstraps pour tenir les pieds, et la spatule de l'avant, pour passer dans les vagues. Ce genre de planche est adaptée à la navigation rapide sur longue distance, et s'utilise en compétition pour des épreuves de brise comme la Pan Am Cup. Conçue par Rick Naish, le père de Robby, elle est construite en mousse recouverte de polyester.

A gauche : une dérive tempête typique, entièrement rétractable dans le flotteur, mais pivotant vers le bas pour remonter au vent.

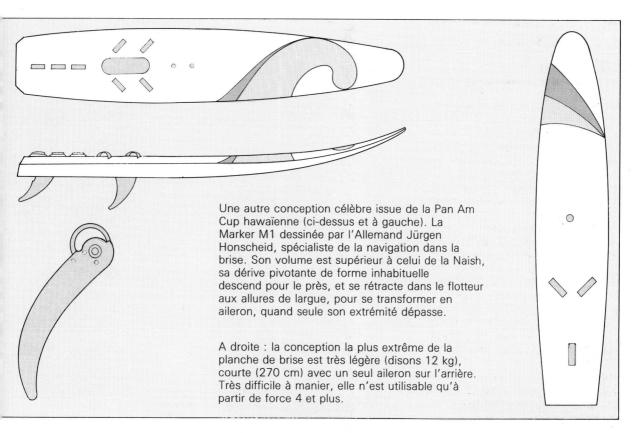

Une autre conception célèbre issue de la Pan Am Cup hawaïenne (ci-dessus et à gauche). La Marker M1 dessinée par l'Allemand Jürgen Honscheid, spécialiste de la navigation dans la brise. Son volume est supérieur à celui de la Naish, sa dérive pivotante de forme inhabituelle descend pour le près, et se rétracte dans le flotteur aux allures de largue, pour se transformer en aileron, quand seule son extrémité dépasse.

A droite : la conception la plus extrême de la planche de brise est très légère (disons 12 kg), courte (270 cm) avec un seul aileron sur l'arrière. Très difficile à manier, elle n'est utilisable qu'à partir de force 4 et plus.

et pour résister aux arrivées de plage sans douceur.

Au fur et à mesure que le vent force, le centre de voilure doit s'écarter du centre de dérive, pour éviter que la planche n'aille vers le vent à cause de la force croissante qui s'applique dans la voile. Il existe plusieurs façons de résoudre ce problème. On peut avancer le pied de mât ou/et reculer la dérive. La surface de la dérive peut être considérablement diminuée, alors que la taille des ailerons augmente.

En général, le planchiste se tient debout à l'arrière, gardant l'avant déjaugé. Le flotteur doit être recouvert d'un excellent antidérapant, et, si vous savez vous en servir, posséder des footstraps pour mieux le contrôler sous vos pieds.

A droite : une planche plate et volumineuse, telle la Windsurfer, peut toujours s'adapter à la forte brise. Elle est plus amusante à manœuvrer avec une dérive tempête.

Le gréement et les voiles

De même qu'on prend un ris dans la voile en bateau, quand le vent souffle trop fort, en planche on change de voile pour manœuvrer plus aisément.

De ce point de vue, la planche à voile n'est pas un sport bon marché. Un fanatique de la brise aura besoin d'au moins trois voiles spéciales. Mais la taille de la voile que vous utiliserez dépendra autant de votre habileté et de votre poids (un véliplanchiste lourd choisira une grande voile) que des conditions météo.

Ainsi, par un vent moyen à fort (force 4), vous aurez besoin d'une voile de 5,80 m² environ, ou de 5,20 m² si le vent force. Par un vent de force 6 et plus, une voile de 4,10 m² suffira, et dans les conditions vraiment difficiles — ou pour les enfants — on peut descendre jusqu'à 3 m².

En dehors des compétitions, un mât de fibre est préférable. Il est plus souple qu'un mât en aluminium, et, s'il casse dans les vagues, vous pourrez le réparer. Renforcez le point d'appui du wishbone sur le mât avec des rubans de fibre de verre. Pour une voile de 5 m² et plus, vous pourrez utiliser un

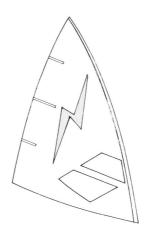

1 Une voile de régate open I.Y.R.U. Les très bons coureurs pourront l'utiliser par force 5, mais sa surface de 6,30 m² épuisera la plupart des véliplanchistes.

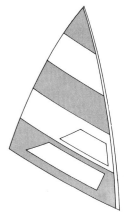

2 Une petite voile correspondant aux règlements des régates open. On la tient plus facilement dans la brise, avec son point d'écoute relevé pour naviguer dans les vagues.

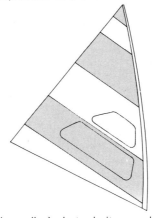

3 Une voile à chute droite pour la brise, d'environ 6 m². Pour une surface supérieure, les lattes soutiendront la chute.

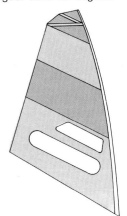

4 Une voile Fathead, avec une bordure courte et une grande surface en tête, soutenue par des lattes sur toute la largeur.

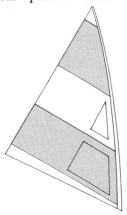

5 Quand la voile de brise devient plus petite, la chute creuse fait avancer le centre de voilure. Notez les larges fenêtres.

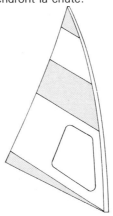

6 Encore plus petite, celle-ci, de 4,80 m², est coupée pour un wishbone court qui facilite les manœuvres, mais coûte plus cher.

7 La plus petite peut mesurer 4 m², ou moins. Celle-ci, au guindant raccourci, ce qui abaisse son centre de voilure, se contrôle mieux.

A gauche : une voile de brise typique, de 5,50 m² environ. Notez la chute creuse non lattée, et le pied de mât très avancé pour éviter le départ au lof. On doit pouvoir incliner fortement le gréement sur l'arrière, et le point d'écoute doit être relevé.

Ci-dessous : une voile Fathead s'utilise dans les vagues et selon la théorie suivante : une plus grande surface en tête de mât attrape le vent quand la planche est au creux de la vague. Mais c'est plus fragile. La planche, un funboard swallow tail, conduit par Malte Zimmer dans les vagues hawaïennes à Maui, est typique.

wishbone de longueur normale, mais, pour les petites voiles, il est préférable d'adopter un wishbone court, d'environ 2,10 m de long, qui sera plus facile à manœuvrer, et moins lourd à sortir de l'eau.

Souvenez-vous aussi que le point d'écoute doit être bien étarqué en bout de wishbone et relevé — *high clew* — de telle sorte que, quand le pied de mât est avancé, vous puissiez incliner le gréement sur l'arrière sans qu'il traîne dans l'eau.

Conception et réalisation

Les voiles de brise doivent pouvoir en encaisser de dures. Le grammage du tissu doit être d'au moins 110 grammes, devenant de plus en plus lourd au fur et à mesure que la taille de la voile diminue.

Évitez les lattes. Si la voile mesure plus de 6 m² la chute aura besoin d'être soutenue, mais autrement c'est une complication et une dépense supplémentaire inutile, d'autant que les lattes pourraient casser et déchirer la voile. Une exception : la voile Fathead, qui possède une courte bordure pour bénéficier d'un wishbone court, et une surface carrée en haut, soutenue par deux lattes. En théorie, la surface supplémentaire au sommet donne plus de puissance quand on est dans le creux de la vague, mais les voiles à chute droite conventionnelles sont moins chères, plus faciles à surveiller, et tout aussi efficaces.

Le départ

Pour naviguer dans la brise, une planche doit être préparée avec soin. *Le pied de mât sera fermement fixé*, si nécessaire coincé dans l'emplanture avec un ruban adhésif l'entourant. Avant tout : LE GRÉEMENT DOIT ÊTRE ATTACHÉ AU FLOTTEUR. Si vous chutez et si vous séparez le gréement d'un côté, le flotteur de l'autre, vous encourez de graves dangers. Vous devez d'abord nager pour récupérer la planche, qui peut être rapidement déportée par le vent si elle est légère. Puis vous pagayerez jusqu'au gréement, qui peut avoir coulé pendant ce temps.

Assurez-vous que tous les bouts du gréement sont correctement posés : bout d'étarquage du point d'écoute, de fixation du wishbone sur le mât, du tire-veille.

Si l'antidérapant n'est pas assez efficace, ajoutez un peu de wax, que vous achèterez dans le commerce.

Le départ de la plage est la plus belle façon de se lancer, mais elle ne réussit que si le vent souffle travers à la plage, et que la planche et sa dérive remontée n'ont pas plus de 45 cm de tirant d'eau. (**1**) En tenant l'arrière du flotteur d'une main, et le mât de l'autre, faites glisser la planche sur l'eau, (**2**) jusqu'à ce qu'elle puisse flotter entièrement. Montez dessus, en allongeant le bras qui portait l'arrière vers le wishbone, (**3**), et bordez pour partir (**4**). Avec un peu de pratique et de confiance en vous, vous y arriverez correctement.

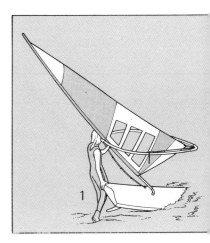

Ci-dessous : deux façons de se lancer. Au premier plan, le planchiste essaie un départ de la plage, alors que l'autre pousse sa planche derrière les vagues, à la recherche d'une eau un peu plus plate pour partir.

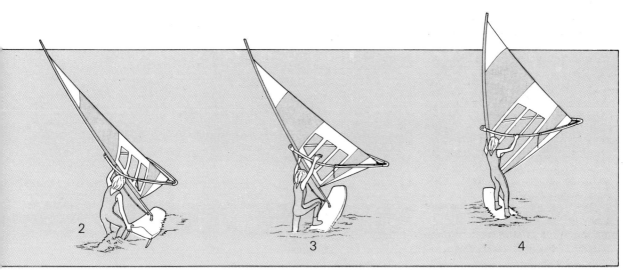

Vérifiez l'aileron. Assurez-vous qu'il ne va pas se décrocher. S'il y a le moindre risque de *perdre la dérive,* attachez-la bien aussi.

Transportez une bonne *longueur de bout en réserve.* Elle sera utile pour vous haler, ou si quelque chose casse ; les attaches de harnais le font si souvent...

Les conditions de temps

Conviennent-elles ? Si le vent porte au large, serez-vous capable de rentrer ? Les courants sont-ils importants ? Quelle est la température de l'eau ? Et quelles sont les prévisions météo ?

Souvent, les planchistes négligent ces questions, et s'aperçoivent, une fois partis, qu'ils ne peuvent plus rentrer par un vent de terre soufflant en rafales et augmentant sans cesse. Ils tombent dans l'eau froide de plus en plus régulièrement et ils deviennent de moins en moins capables de diriger la planche. Parfois, la marée et les courants commencent à la ramener vers le rivage. Avec un peu de chance ils seront secourus, et dérangeront simplement beaucoup de monde pour eux, mais certains se noient.

Avec du bon sens et de la prévoyance, tout ira bien.

1. Vérifiez que les conditions vous conviennent.
2. Regardez le temps.

3. Ne prenez pas une trop grande voile.
4. Portez l'équipement adapté.
5. Inspectez soigneusement la planche.
6. Prévenez quelqu'un de votre départ en mer et de votre heure approximative de retour.

Ci-dessous : le waterstart, ou départ dans l'eau, est une autre façon de partir. Un pied posé sur le flotteur, vous attendez que le vent soulève le gréement, vous tire hors de l'eau et vous fasse partir. Pas facile !

Aller sur l'eau

Si la mer est relativement plate, vous pouvez partir de la façon habituelle. S'il y a quelques vagues au bord, vous pousserez votre planche plus loin pour trouver un endroit plus calme et propice à un départ rapide. Si vous partez travers au vent, vous pouvez adopter le fameux départ de plage, spectaculaire, mais pas aussi difficile que vous l'imaginez. Les séquences figurant à la page précédente vous l'expliquent. Gardez surtout toujours la planche travers au vent, et ne la laissez pas se retourner dans les vagues.

Se diriger

Se diriger dans la brise devient plus difficile au fur et à mesure que la vitesse du vent augmente. Et, s'il y a de la houle, vous aurez quelque mal à rester sur la planche, sans parler de la manœuvre, déjà délicate sur eau plate.

Abordons le premier problème. Il y a plus de vent dans la voile, et par conséquent une poussée vélique plus importante. Cela signifie que là où la planche allait droit par vent faible, elle a maintenant tendance à se tourner vers le vent, sous la pression de la poussée vélique.

Vous pourrez résoudre ce problème par la technique ou l'équipement, ou bien en combinant les deux.

1. L'équipement

Nous avons fait le tour des planches de brise pp. 78-79 : elles possèdent de grands ailerons, de petites dérives, leur pied de mât est plus avancé que d'habitude, écartant le centre de voilure du centre de dérive.

Nous avons examiné gréements et voiles pp. 80-81, dotées de bordure plus courtes et de chutes creuses, qui avancent le centre de voilure.

Les planches et gréements spécialement conçus pour la navigation dans la brise posséderont quelques-unes ou toutes les caractéristiques combinées de façons différentes, alors que les planches rondes pourront s'y adapter en changeant quelques détails mineurs ; par exemple, une Windsurfer standard dotée d'une voile à chute creuse et d'une dérive tempête deviendra facile à manœuvrer dans la brise.

Remonter au vent sur une planche plate polyvalente. Pour ce faire on garde ses pieds tout près du bord quand le vent force.

2. Technique

Quand vous naviguez dans la brise, pendez-vous au wishbone en inclinant le gréement sur vous, pour les raisons suivantes :
1° Plus un bateau prend de la gîte, moins le vent a de prise sur sa voile.

Sur une planche ronde (ci-dessus et ci-dessous), on garde un pied sur le bord, pour contrôler la montée sur la tranche — la planche a tendance à gîter à cause de la pression exercée sur le mât et sur la dérive. La maintenir sur un bon angle de gîte sans la faire basculer est tout un art. Cela leur permet de naviguer en puissance et de bien remonter au vent.

Pour venir à bout du vent trop fort, donnez un angle de gîte à votre gréement, par rapport au flotteur, toujours à plat.

2° Le vent prend sous la voile et soulève la planche, ce qui a pour effet de la rendre plus légère. Elle peut alors planer plus facilement et plus rapidement.

Commençons par le début

Le premier problème sera de sortir le gréement de l'eau. Le vent le saisit alors qu'il est encore rempli d'eau, et donc alors que la pointe du mât affleure à la surface de l'eau ; vous attendrez que la planche pivote vers le vent, qui passera sous la voile et vous aidera à la soulever. Ensuite, vous pourrez le tirer rapidement hors de l'eau, l'incliner pour le placer travers au vent, et vous préparer à partir.

Si la mer est agitée, partez tout de suite. Si elle est plate, vous pouvez prendre votre temps. En gardant à l'esprit l'effet de la poussée vélique, vous devez vous préparer à agripper votre wishbone beaucoup plus en arrière que vous n'en avez l'habitude. Vous inclinerez ensuite le mât au vent jusqu'à toucher presque votre épaule. La main arrière borde au fur et à mesure que vous laissez votre poids tomber vers le vent, pendu à la voile. Si la planche commence à lofer, inclinez brutalement le gréement au vent, bordez, et, si besoin est, repoussez l'avant du flotteur de votre pied. Lorsque vous saurez éviter que la planche ne lofe, vous aurez appris à maîtriser la planche dans la brise.

Remonter au vent

Naviguer au près pose les mêmes problèmes que la navigation dans la brise : en particulier, la planche a toujours tendance à lofer. Cela touche même les planches conçues pour la brise, destinées, à l'origine, à la navigation au largue.

La difficulté, c'est de maintenir le gréement incliné sur l'avant et de contrecarrer les risées en l'inclinant encore plus vers l'avant pendant que la main arrière borde la voile.

Pour faire un cap très pointu, vous aurez besoin d'abaisser la dérive

entièrement. Mais vous naviguerez aussi vite et plus facilement avec une dérive tempête — ou, s'il y a vraiment beaucoup de vent, seulement les ailerons — sans monter sur la tranche ni lofer trop.

Méfiez-vous des accalmies. Quand le vent tombe brusquement, il faut tout de suite plier les genoux, pour rentrer très vite sous la bordure de la voile et reporter son poids au centre du flotteur.

Dans la brise, vous pouvez relever légèrement la dérive pour empêcher la planche de lofer. Remarquez que le point d'écoute est amené jusqu'au centre du flotteur, et que les pieds de la planchiste sont posés sur le bord, et très rapprochés, pour remonter au vent. Dès l'accalmie, elle devra recentrer le poids de son corps immédiatement.

Les chutes

Partir dans la brise est déjà difficile. Mais, quand vous serez partis, vous aurez l'impression, même sur eau plate, que la planche est plutôt capricieuse.

Les chutes catapultées

Dès que vous avez démarré dans la brise, la chute dans le gréement risque fort de se révéler votre premier gros problème. Naviguant avec plaisir au largue, le véliplanchiste frappé par une risée fait un effort pour rétablir son équilibre et tenir malgré tout le gréement. Mais le vent est trop violent, et il est arraché de son flotteur puis projeté dans le gréement, comme s'il passait par-dessus le guidon d'une bicyclette.

Bien sûr, cela peut être amusant pour les spectateurs, mais pour vous cela deviendra rapidement fatigant, et si vous êtes catapulté dans le mât ou sur l'avant du flotteur ce peut être dangereux. Votre tête peut très bien casser un mât, et le flotteur peut aussi fracturer un crâne. Il vous reste deux possibilités :

1. Lâchez tout !

Vous comprendrez très vite que vous ne pouvez plus tenir le wishbone. Une seconde de trop et vous serez soulevé, alors LÂCHEZ TOUT ! Par un vent plus léger, il aurait suffi de lâcher la main arrière pour laisser filer la voile, mais maintenant mieux vaut lâcher les deux mains et rejoindre l'eau d'un gracieux saut à la renverse. Rien ne sera cassé, et cela vous aura coûté beaucoup moins d'énergie que si vous étiez balancés dans les airs, obligé ensuite de retrouver la planche et de rassembler les morceaux.

2. Tenez bon !

Plus votre technique va s'améliorer, moins vous serez obligé de lâcher le wishbone.

Comme la bonne tenue du cap, éviter de partir dans la voile dépend de votre habileté à comprendre et à manier le gréement. Quand arrive la risée, vous devez ramener la voile dans le vent. La main près du mât incline le gréement au vent tandis que la main arrière laisse filer la voile, pour que le vent s'échappe sans prendre davantage appui. C'est un tour de main que vous apprendrez rapidement, en réagissant à temps.

Parfois, les risées sont tellement imprévisibles que la technique ne suffit plus à rester sur la planche.

Sur une planche polyvalente plate, cela arrivera plutôt au largue ; sur une planche ronde, en raison de sa forme et de sa vitesse, cela se produira aussi bien au près. On peut résoudre le problème de deux façons :

1. Le poids
Quand la planche bascule, déplacez vos pieds sur le bord du vent pour la remettre à plat, puis recentrez-les sur le flotteur. Sur une planche ronde, vous devrez tout le temps effectuer ces mouvements. Vous pourrez relever légèrement la dérive, mais en course vous aurez besoin qu'elle soit totalement descendue.

Aussi devrez-vous adopter une technique très différente de navigation sur la tranche. Les planches de course gagnent de l'efficacité au près à naviguer légèrement sur la tranche.

De ce point de vue, on pousse les planches rondes à naviguer sur la tranche, pendant que le planchiste contrôle la prise de carre de son pied situé sur le bord au vent, appuyant vers le bas quand la planche se lève trop, et la laissant se relever quand elle ne l'est pas assez. Il est obligé de plier tout le temps les genoux, en gardant le corps retenu par le harnais, et en bordant et en choquant sans arrêt.

Quoi qu'il en soit, c'est plus souvent sur une planche polyvalente plate que l'on rencontre la bonne brise. Avec elle, on peut éviter de partir sur la tranche en jouant sur la dérive.

2. La dérive
C'est d'elle que vient le principal problème sur une planche plate. Retirez-la ou diminuez sa surface immergée, et le tour est joué.

Si vous naviguez pour le plaisir, remplacez votre dérive par une dérive tempête, dont la hauteur est égale au tiers de celle de la précédente — pas assez pour aquaplaner — ou bien, si votre dérive est pivotante, naviguez en la remontant de quelques centimètres dans le flotteur.

Il reste une solution, c'est de l'enlever entièrement. Pour cela, tournez vite la page !

Ci-dessus et à gauche : une chute catapultée en son point le plus dramatique. Le planchiste n'a pas lâché le wishbone et il se trouve catapulté par-dessus le gréement. Cela peut faire sortir le pied de mât de son emplanture, et il faut absolument qu'il soit amarré. Quand on porte un harnais, il faut prendre des précautions particulières. Si vous ne vous décrochez pas à temps, vous pouvez être projeté dans le mât, le briser ou vous assommer. Ou alors, si vous tombez sous le gréement, et que les bouts du harnais ont la fâcheuse habitude de se coincer dans le crochet il devient difficile de sortir de l'eau. Un crochet en forme de V pourra vous aider à l'éviter, mais il est toujours recommandé de posséder une boucle d'attache rapide à enlever.

Lorsque la planche se cabre et change constamment de vitesse sur les vagues, elle risque de compromettre votre équilibre. Dans ce cas, le choix d'un gréement adapté, et la mise en place de footstraps qui maintiennent bien les pieds augmenteront votre habileté à naviguer dans des conditions difficiles.

Les chutes à la gîte
Le passage de la planche sur la tranche est provoqué par la dérive, et par votre technique.

Au fur et à mesure que la planche gagne de la vitesse, elle commence à faire de l'aquaplaning sur sa dérive. Elle se soulève comme un hydrofoil et oscille rapidement. La poussée vélique se répercute sur le pied de mât, qui pousse la planche à se soulever. Soudain elle en aura assez, et se retournera brutalement sur la tranche.

Au largue

Les allures de largue sont les plus plaisantes. La planche déjauge réellement et part, et l'on est grisé de sensations fortes, dans une gerbe d'écume.

L'abattée

Abattre pour passer d'une allure de près à une allure de largue requiert des techniques différentes selon le type de planche que vous possédez.

Une planche polyvalente plate se dirige avec son gréement. Inclinez-le vers l'avant, ouvrez la voile en choquant (mais bordez un peu tout de même pour ne pas perdre l'équilibre), accroupissez-vous pour être plus stable et écartez le flotteur du vent, avec votre pied si nécessaire. De cette façon, la planche va bientôt abattre. Mais méfiez-vous de la chute sur l'avant !

Si votre flotteur possède des footstraps, c'est plus facile, car vos pieds, solidement arrimés au flotteur, seront capables de résister sans être brutalement entraînés par le gréement. Si vous allez suffisamment vite, vous pouvez aider la planche à virer en la faisant gîter au vent. Sur un funboard, c'est l'inverse, il faut incliner la planche sous le vent pour la faire abattre.

Une planche ronde de course se dirige très facilement avec les pieds. Faites-la gîter au vent, et elle abattra jusqu'à ce que vous reveniez promptement au centre du flotteur pour redresser la planche.

Enlever la dérive

Une fois au large, vous pouvez décoller. Par un vent supérieur à force 3, le largue est une allure des plus rapides. C'est exactement le vent de travers qui donne la vitesse maximum.

Comme nous l'avons vu, le premier problème, c'est d'éviter de partir sur la tranche ; il sera résolu par l'utilisation d'une dérive tempête ou bien totalement rétractable. Si vous ne le pouvez pas — ce qui est très probable sur une planche de compétition —, vous devrez enlever la dérive : une délicate opéra-

En haut : enlever la dérive requiert des gestes rapides et précis. Cela devient difficile dans les vagues. Attention à ne pas faire lofer la planche.

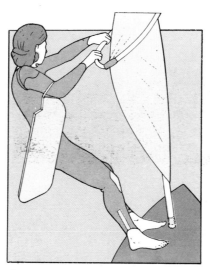

Ci-dessus : une fois que la dérive est accrochée à votre bras, vous pouvez border la voile, en conservant le mât bien au vent.

tion. Vous vous arrêtez un instant, en tenant le gréement avec la main avant près du mât. Vous vous penchez pour sortir la dérive et la passer en bandoulière à votre bras ; bordez, puis repartez.

Le truc, c'est de ne pas trop penser. Dès que la dérive est enlevée, la planche devient moins stable... et vous avez juste le temps d'achever l'opération sans réfléchir. Dès que vous serez reparti, la plan-

che redeviendra aussi stable qu'un rocher.

Vous pouvez porter la dérive d'un bras ou de l'autre, mais si elle pend au bras arrière vous devrez la placer entre vos jambes pour qu'elle ne traîne pas sur l'eau.

La répartition des poids

Elle est importante au largue. Vous devez garder le nez de la planche bien hors de l'eau, pour qu'elle

n'enfourne pas quand vous accélé-rez, et le diriger bien droit avec vos pieds — sur une planche ronde, vous devrez constamment danser la gigue pour lui conserver sa trajec-toire sans abattre ni lofer. Plus le vent force, plus vous devrez écarter vos pieds du centre de la planche, mais il arrivera un moment où vos talons feront jaillir de l'écume en trempant dans l'eau, et vous devrez alors les recentrer un peu.

Abattre au vent arrière

La technique est la même que celle pour abattre au près, mais c'est moins drôle. Au largue, le gréement tire sur vos bras ; au vent arrière, il arrive un moment horrible lorsque le vent vient de l'arrière, où la voile n'est plus aspirée par l'écoulement laminaire du vent. Si vous continuez de tirer, vous tombez. Il faut donc déplacer votre poids sur le flotteur, pour vous mettre derrière la voile.

Ci-dessus : le largue facile sur une Windglider, après avoir enlevé la dérive. De nombreux débutants jugent que cela ne vaut pas la peine de prendre le risque de tomber en se penchant pour l'enlever, mais, sans la dérive, la planche deviendra beaucoup plus stable au largue. Cependant, en compétition, on peut garder la dérive enfoncée.

Vent arrière

Le vent arrière est le cauchemar des véliplanchistes. Dans ce cas, vous pouvez vous pencher en arrière pour vous amuser, mais vous devrez tenir une route instable et précaire, sans stabilité d'aucun côté.

En théorie, vous ne devriez jamais être obligé de naviguer vent arrière. Vous pouvez ainsi tirer des bords de petit largue (sans jamais louvoyer). Pourtant, vous pouvez y être contraint parce que vous aurez été poussé au vent par une marée charitable. Bien sûr, lorsque vous faites des régates, celles-ci peuvent comporter un bord de vent arrière. La technique est alors semblable à celle du vent arrière dans les petits airs, sauf que maintenant le gréement tire plus fort sur les bras, et tout se passe beaucoup plus vite. Vous ne pouvez pas voir les risées — ni les concurrents — arriver derrière vous, mais vous devez rester sur vos gardes, prêts à sauter sur l'arrière du flotteur, en tirant le gréement de toutes vos forces.

Qu'elle soit plate ou ronde, la planche aura tendance à se diriger selon sa forme, en partant d'un seul coup dans une direction ou l'autre, plus vite que vous ne l'auriez désiré. Vous risquez alors de tomber, ou d'entrer en collision avec une autre planche.

Vos ennemis
Ils sont essentiellement deux :

La dérive
Dès que vous serez au vent arrière, la dérive décidera de prendre le contrôle de votre planche.

Vous devrez vous en débarrasser dès que possible, soit en la relevant entièrement, soit en l'enlevant, mais souvenez-vous que si elle ne fait que chasser l'eau vers l'arrière de la planche cela ne suffit pas, et qu'elle voudra toujours vous basculer quand le vent forcira.

Une fois débarrassée de sa dérive, la planche sera beaucoup plus stable, et se dirigera mieux. Aucun

Vent arrière ou grand largue sur un funboard extrême. Toute la conduite se fait avec les pieds et la répartition des poids, et le gréement devient secondaire pour manœuvrer la planche.

autre problème n'arrivera jusqu'à ce que vous décidiez de la remettre à nouveau.

Les vagues
Naviguer vent arrière à travers les vagues n'est pas forcément une expérience plaisante. Curieusement, cela se passe mieux si le vent est plutôt fort : au moins vous pouvez tenir quelque chose ! Si le vent est irrégulier, vous ne savez plus où vous en êtes, et la planche vacille dans tous les sens.

Si vous ne pouvez pas la tenir, vous pouvez essayer d'abaisser votre centre de gravité, pour diminuer le balancement du flotteur (sur certaines planches de compétition, on a essayé de creuser un pont style canoë — pour que le planchiste puisse abaisser son poids). Essayez de vous mettre sur un genou, l'autre jambe dépliée derrière vous. C'est

inconfortable, mais souvent efficace, et au moins vous pourrez vous relever rapidement.

Si cela ne marche pas, essayez de vous asseoir sur l'arrière du pont, le gréement amené par-dessus votre tête. Vous abaisserez votre centre de gravité pour la stabilité, et diminuerez la surface de voile exposée au vent, mais ne serez pas très mobile pour manœuvrer. Si en balançant le gréement d'un côté et de l'autre vous n'obtenez pas un effet assez rapidement, vous pouvez toujours planter un pied dans l'eau pour freiner la planche et la faire pivoter sur place.

En vous asseyant, vous vous mettrez vent arrière, mais cela ne peut se réaliser que lentement. Avant tout, quoi que vous fassiez, ne tombez pas ! C'est un travail infernal que de repartir : il faut récupérer la planche, relever le gréement avec précaution — sans dérive —, redémarrer ensuite au largue avant d'abattre pour vous retrouver vent arrière. C'est bien pour les planchistes *superman*, mais, pour les autres, quelle perte de temps !

L'empannage

C'est étonnant, mais l'empannage n'a rien à voir du point de vue de la difficulté avec le vent arrière — peut-être parce qu'il permet de quitter le vent arrière ?

Si vous avez les nerfs solides, vous pouvez empanner rapidement. Sinon, vous pourrez toujours ralentir en vous plaçant sur l'arrière du flotteur pour qu'il s'enfonce, et commence à freiner.

Inclinez le gréement au vent, en vous accroupissant et en effectuant un léger pumping avec la main bordant la voile, pour la stabilité. En faisant gîter le flotteur du côté au vent, la planche tournera rapidement. Mais ne faites rien avant d'être exactement dans l'axe du vent, prêt à partir au largue sur l'autre bord. A ce moment-là, attrapez le mât juste sous le wishbone, de la main arrière, et lâchez la main avant. Le gréement tourne, et, aussitôt, vous pouvez rattraper le wishbone à nouveau, sur l'autre amure. Il existe plusieurs façons d'empanner par vent fort. Si vous voulez en savoir plus sur ce sujet, rendez-vous pp. 114-123.

Et si rien ne marche ?

Naviguer vent arrière sur une planche ronde de compétition peut poser de réels problèmes. A moins d'avoir trouvé un moyen de diriger le flotteur sous vos pieds, vous tomberez constamment, devenant de plus en plus fatigué et mécontent. Une seule solution, très lente, mais efficace : laissez simplement le gréement fasseyer devant vous, en le tenant par la poignée du wishbone ; avec un peu de chance, cela vous ramènera chez vous. Si vous n'y réussissez pas, mieux vaut demander qu'on vous tire.

Demandez à n'importe quel véliplanchiste, il vous dira que peu importe la honte, quand on est certain qu'un bon thé ou un bon café chaud vous attend chez vous.

Ci-dessus : debout sur l'arrière de la planche ; remarquez le pied qui fait l'équilibre.

Ci-dessous : vous pourrez essayer de vous allonger sur le flotteur, alors difficile à diriger.

Le harnais

Ce sont les Hawaïens, et Larry Stanley, qui inventèrent le harnais dans le milieu des années 1970, et s'ils avaient demandé un brevet ils auraient fait fortune ! Les véliplanchistes leur doivent beaucoup : là où ce sport dépendait avant tout de la force, ce qui se traduisait en gros par le temps pendant lequel vous étiez capables de tenir, vous pouvez maintenant boucler le harnais et vous accrocher pour parcourir des milles...

Et cela grâce au fait que c'est votre dos qui supporte la force appliquée dans la voile, et non plus vos bras, qui ne servent plus désormais qu'à contrôler l'orientation du gréement.

La technique

Avant d'adopter le harnais, vous devez savoir naviguer dans la brise. Sinon, que ferez-vous si votre harnais ou ses attaches lâchent au largue ? D'autre part, vous aurez toujours besoin de vos muscles, et il est bon de développer vos avant-bras en utilisant aussi peu que possible un harnais, quand cela ne souffle pas trop fort.

Les bouts de harnais sont en nylon préétiré de 5 mm de diamètre à peu près, long de 1,30 m environ, plus ou moins selon vos goûts.

Vous pouvez simplement les lier sur le wishbone, ou utiliser des attaches spéciales qui tiendront les extrémités en place. Dans chaque cas, elles ne devront bouger que lorsque vous le désirerez.

Essayez d'abord le harnais sur la terre ferme. Vous devez l'accrocher au milieu du bout de harnais, situé environ dans l'axe du centre de voilure, et vous pouvez laisser pendre vos bras de chaque côté.

Les bouts de harnais doivent être réglés en fonction du vent. S'il forcit, vous les déplacerez vers l'arrière pour trouver le nouveau centre de voilure.

Sur la planche, il faut prendre un

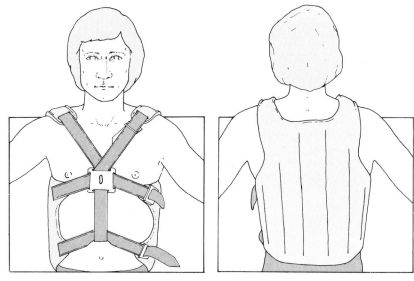

En haut : le harnais doit offrir un support maximum à la cage thoracique, légèrement compressée, et au dos, des épaules à la ceinture. Il sera ajusté, mais rendu confortable par l'apport d'un rembourrage de mousse.

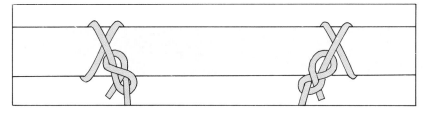

Ci-dessus : les bouts de harnais peuvent être noués autour du wishbone. Faites un tour, puis un nœud en huit autour du bout pour qu'il puisse glisser tout en restant serré. Un revêtement ou du ruban adhésif sur le wishbone empêchera les bouts de glisser.

certain tour de main pour s'habituer au harnais. Partez au petit largue, pliez les genoux en tirant brusquement le wishbone vers vous pour attraper le bout de harnais dans votre crochet. Quand le crochet est fixé, penchez-vous en arrière, et laissez-vous porter par le harnais : c'est du grand luxe ! Mais attention : dans les risées, le gréement tire plus fort — et vous partez avec. C'est pourquoi vous devez prévoir les risées en contrôlant l'orientation du gréement avec vos mains, en le bordant, ou en le ramenant au vent si nécessaire. Si vous ne pouvez vraiment pas le contrôler, il faudra vous détacher, sous peine de vous envoler avec lui.

Le près est relativement facile à sentir et à contrôler quand on se sert du harnais, mais le largue est

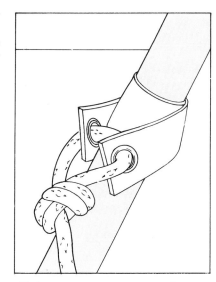

Ci-dessus : vous pouvez aussi utiliser des attaches en Velcro très pratiques.

Le planchiste plie ses genoux, et tire le wishbone à lui d'une brusque secousse, pour faire balancer le bout...

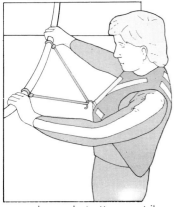

...que le crochet attrape, et il se penche en arrière pour laisser pendre son poids en posant les mains sur le wishbone.

plus difficile. Si vous partez catapulté dans le gréement alors que vous êtes encore attaché, vous pouvez faire beaucoup de dégâts.

Au vent arrière, il est très imprudent de vous attacher, quelle que soit votre fatigue.

Si vous tombez en étant attaché, le bout de harnais peut s'enrouler plusieurs fois autour du crochet. Quand vous êtes sous la voile, un peu paniqué, vous décrocher se révélera délicat. Un crochet en forme de V s'emmêle rarement dans

son bout, mais votre harnais devrait toujours posséder une boucle à dégagement rapide, pour le retirer à la hâte si nécessaire.

Le harnais doit pouvoir supporter la totalité de votre dos et une partie de la cage thoracique. Il sera bien rembourré, et doté d'un sac à dos ou d'une poche pour transporter les bouts du harnais de rechange.

L'idéal serait qu'il flotte, mais peu sont conçus de telle façon que votre tête reste à flot si vous êtes assommé.

Ci-dessus : la parfaite technique du harnais, montrée par Ken Winner. Son dos supporte la force du vent dans la voile, tandis que ses mains contrôlent le gréement. Dans les cas extrêmes, cette technique peut permettre de naviguer au près sur la tranche. La partie supérieure du corps accrochée reste très raide, pendant que les jambes et les pieds font tout le travail, contrôlant le flotteur monté sur la tranche.

Entretenir sa forme

Pour apprécier pleinement la planche à voile, cela vaut la peine de s'y préparer. La planche est en elle-même un exercice merveilleux, et plus vous en ferez, plus vous serez en forme. Mais, comme pour le ski, vous devez en premier lieu vous mettre en condition physique.

Le temps froid détruit l'énergie très rapidement, quand le vent est fort. Avant d'envisager d'améliorer vos muscles, regardez deux points :

1. La diététique

Plus vous êtes lourd, plus votre planche doit transporter de poids. Et vous vous fatiguez plus vite que quelqu'un de plus léger, en naviguant plus lentement ! Par conséquent, surveillez votre poids !

Mais, si vous avez besoin d'énergie immédiatement, le sucre est un mode d'alimentation efficace. Faites un bon repas avant de partir, et, si vous sortez pour un long moment, emportez des tablettes de glucose ou même du chocolat dans votre sac à dos.

2. L'habillement

Lorsque vous partez sur l'eau, votre corps risque toujours de se refroidir progressivement. Dans la brise, vous utilisez suffisamment d'énergie et la circulation sanguine est assez importante pour que votre corps ne se refroidisse pas. Quand vous vous arrêtez, le froid s'installe et vous devenez moins apte à faire face aux intempéries.

Au départ d'une course, vous risquez d'attendre, et le vent froid fait baisser votre température. Vous pouvez aussi tomber dans l'eau froide, et, dans tous les cas, il faut faire des exercices pour que votre sang continue de circuler. Si vous ne pouvez pas naviguer, asseyez-vous sur le flotteur, et faites tous les mouvements que vous pourrez, en tournant le corps, en secouant vos poignets, en agitant les bras au-dessus de votre tête comme un moulin à vent.

Soyez très prudent. Votre habillement doit vous maintenir au chaud, mais sans provoquer de crampes en comprimant vos avant-bras.

Musclez vos mains pour tenir le wishbone. En essayant simplement de séparer vos deux mains serrées.

Pour muscler les mains, presser une balle de tennis est particulièrement efficace... et fatigant.

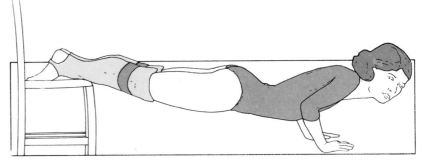

Pour muscler vos bras et votre dos, les pompes sont une forme de torture extrêmement efficace.

Musclez vos bras et votre dos en poussant fort l'encadrement d'une porte comme Samson !

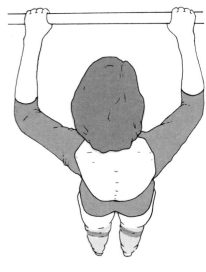

Pour muscler les bras et le dos, tirez sur une barre. Mais vérifiez qu'elle est bien scellée !

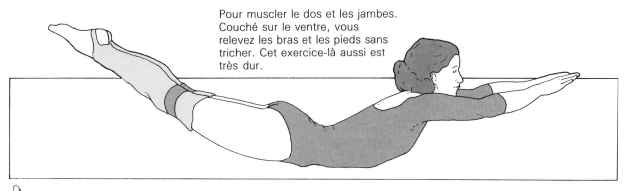

Pour muscler le dos et les jambes. Couché sur le ventre, vous relevez les bras et les pieds sans tricher. Cet exercice-là aussi est très dur.

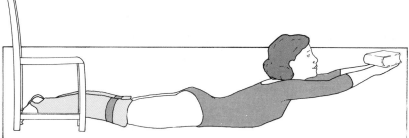

Pour muscler le dos et les jambes. Sans lever vos jambes, qui enverraient voler la chaise, vous soulevez la partie supérieure de votre corps.

Pour muscler le dos et les jambes, cet exercice n'est pas si difficile, mais naturellement pas aussi efficace non plus. Ce sont les exercices désagréables qui comptent le plus.

Les exercices

Quand vous débutez en planche à voile, la plus grande partie de votre force se trouve concentrée dans vos mains et vos avant-bras. Tant que vous n'avez pas maîtrisé la technique du harnais (pp. 92-93), vos mains agrippent continuellement le wishbone, pendant que vos avant-bras supportent tout le poids de votre corps. Plus vous êtes lourd, plus ils doivent être forts.

Les cuisses, les jambes et les pieds sont soumis à un effort croissant lorsque vous progressez. Les planches rondes aussi bien que les footstraps permettent au planchiste de contrôler la direction de sa planche avec son corps plutôt qu'avec le gréement. Sur une planche ronde, il devra constamment contrôler l'angle de gîte avec sa jambe ; glissés dans les footstraps, ses pieds poussent et tirent le flotteur pour le diriger.

Vous tirerez bénéfice de la fréquentation d'une salle de gymnastique. Soulever des poids renforce les bras et les muscles du dos, et la bicyclette en salle vous muscle cuisses et jambes. Pratiquée régulièrement, la natation est aussi un bon exercice, mais si vous préférez vous entraîner chez vous ces pages vous aideront. Ces exercices devront être répétés de plus en plus longtemps chaque jour. Ils sont aussi bien destinés aux hommes qu'aux femmes, de tous les âges. Toutefois, si vous ne vous en sentez pas capable, il sera prudent de vous faire examiner auparavant par un médecin.

Pour muscler bras, dos et jambes, levez vos jambes et tendez les bras pour les rejoindre. Cela termine votre exercice quotidien !

La technique de pointe des champions

Lorsque notre technique progresse, nous avons besoin que les champions nous expliquent comment ils font. Chaque jour, durant toute l'année, ils naviguent aux meilleurs endroits, avec les toutes dernières planches et le meilleur équipement, pour conserver leur savoir-faire.

Pourtant, avec du temps et de la pratique, chaque véliplanchiste peut apprendre leurs trucs et leur technique, lorsqu'ils racontent leurs régates de Championnat du monde, leurs sauts dans les vagues d'Hawaï, leurs conception et la réalisation de planches à partir d'un pain de mousse.

Régater avec Karl Messmer

Le Suisse Karl Messmer a gagné les plus grandes régates mondiales. Il a obtenu des titres mondiaux et européens aussi bien de séries Windsurfer ou Mistral que de classes open.

Depuis qu'il s'est consacré entièrement à la planche à voile, en 1978, Karl Messmer s'est intéressé à la conception et à l'évolution des planches. Après avoir enseigné la planche en Espagne, et effectué un stage chez un maître-voilier, Messmer rejoint l'équipe Mistral afin de promouvoir les planches à travers le monde, et d'aider à la conception de nouveaux modèles. Il contribua, en collaboration étroite avec l'ingénieur-chef Ernstfried Prade, au succès de la Mistral M1 et de la Take Off.

La maison de Messmer se situe tout à proximité du lac de Garde, au nord de l'Italie, la Mecque de la

Le Suisse Karl Messmer, champion du monde open, Windsurfer et Mistral.

planche à voile pour le centre de l'Europe. Il croit que la navigation est plus utile que tous les entraînements réguliers pour maintenir sa bonne forme physique.

Gagner

Réussir à devenir régatier demande une vocation, et le niveau est si élevé que Messmer pense qu'il est essentiel de posséder un job touchant à la planche à voile. C'est seulement dans ce cas que vous pourrez trouver le temps, l'argent et l'équipement nécessaires pour vous entraîner sans cesse, pour régater et voyager. Jusqu'ici, aucun véliplanchiste n'a fait fortune grâce à la planche, mais certains en vivent agréablement.

Messmer pense que le seul véritable problème pour le régatier, c'est le stress, touchant particulièrement les très jeunes, moins expérimentés. Ils peuvent gagner une seule régate grâce à leur talent instinctif, mais conserver régulièrement un classement élevé quelles que soient les séries requiert discipline personnelle et sang-froid, ce qui compte le plus.

Différents types de courses

L'I.Y.R.U. (International Yacht Racing Union), qui dirige les compétitions internationales de voile, réorganisa la classe open en 1980 : trois divisions furent créées de telle sorte que les organisations nationales puissent courir des régates pour leur compte. Les trois divisions sont :
Division I
Planches de séries ou prototypes dont l'épaisseur maximum ne dépasse pas 16,5 cm. Chaque planche doit être jaugée par les autorités nationales.
Division II
Prototypes et planches de compétition de série, dont l'épaisseur maxi ne dépasse pas 22 cm. Elle s'appelait antérieurement I.B.S.A. division I.
Division III
Classe open des tandems.

Principales associations
Associations internationales les plus importantes relevant directement de l'autorité de l'I.Y.R.U.
La classe internationale Windglider (I.W.G.C.)

L'association de la classe internationale Windsurfer (I.W.C.A.)
La classe internationale de compétition Mistral (I.M.C.O.)
L'association internationale de planche à voile (I.B.S.A.)

L'I.Y.R.U. approuve la standardisation des règles de régates de ces associations. Les séries monotypes Mistral, Windglider et Windsurfer sont aussi construites dans le même matériau et selon les mêmes caractéristiques par tous les constructeurs sous licence.

I.W.G.C.
Fondée en mars 1976, elle fut choisie par l'I.Y.R.U. quatre ans plus tard comme la classe olympique, avec laquelle on courrait les Jeux olympiques à Los Angeles en 1984. La planche Windglider est construite en polyester renforcé de fibre de verre. En course, elle porte une dérive et une voile de 6,30 m² jaugée. Par extraordinaire, le port du harnais est prohibé, et il n'existe qu'une seule catégorie de poids.

I.W.C.A.
C'est la plus vieille des associations : elle organisa des Championnats d'Europe et du monde en 1973. Depuis, les planches ont quelque

peu changé : des accessoires en plastique plutôt qu'en bois, de nouvelles dérives, une meilleure finition, et quelques modifications portant sur la flottabilité et la courbure du flotteur.

La planche Windsurfer standard est fabriquée sous licence de Hoyle Schweitzer, dans différents pays : États-Unis, Pays-Bas (la plus grande production), Australie et Japon. Elle est en polyéthylène moussé.

Pendant les régates, c'est la voile de 5,60 m², avec une dérive de plastique et un wishbone d'aluminium qui doivent être adoptés. Le port du harnais est permis.

Lors des championnats internationaux, quatre groupes de poids ont cours : légers, médium-légers, médium lourds, lourds — et une catégorie féminine à part.

I.M.C.O.
Fondée en 1978, la plus jeune de ces organisations fut néanmoins très vite reconnue. Le principal avantage de la planche Mistral, c'est son volume important (260 l) et sa

A droite : le premier bord du Championnat du monde open, en Guadeloupe.

légèreté (18 kg), donnant des chances égales aux poids lourds ou légers, lors des compétitions.

La planche Mistral Compétition de courses monotypes est réalisée en résine époxy, et dotée d'une dérive pivotante qui peut se placer en position tempête, pendant les compétitions. La voile standard mesure 6,30 m², mais on peut utiliser des voiles plus petites si nécessaire. Le harnais est autorisé, et il y a trois groupes de poids, dont un pour les femmes, aux championnats internationaux.

I.B.S.A.

La classe open est reconnue internationalement comme la classe des planches de compétition, développée pour l'I.Y.R.U. par l'I.B.S.A.

L'I.B.S.A., fondée en Sardaigne en 1978, tint son premier championnat mondial open en 1979, en Guadeloupe puis en Israël et en Floride.

Les planches de division II sont exclusivement utilisées pour les régates, et particulièrement dessinées et fabriquées pour les courses en triangle. Le renom et l'impact publicitaires dus à une victoire sont tellement importants que les principaux fabricants offrent de gros moyens financiers à leurs équipes, et la possibilité de courir sur prototype.

Les caractéristiques des planches de division II ont abouti à la planche de compétition standard. Elle ne doit pas peser moins de 18 kg, sa longueur maximum est de 3,90 m, le bau maximum est de 62 cm, à la section la plus large du flotteur et de 59 cm minimum à mi-hauteur sur une longueur de 1,50 m, parallèle à l'axe du flotteur ; en aucun point l'épaisseur du flotteur ne doit dépasser 22 cm.

On peut utiliser pendant la régate deux dérives (une longue et une courte) et deux voiles (standard et tempête). Fibre de carbone et de verre ou kevlar ne sont pas des matériaux de construction autorisés. On permet le harnais, et il y a trois groupes de poids, dont un pour les femmes.

Les parcours triangulaires

Ces parcours ont été empruntés

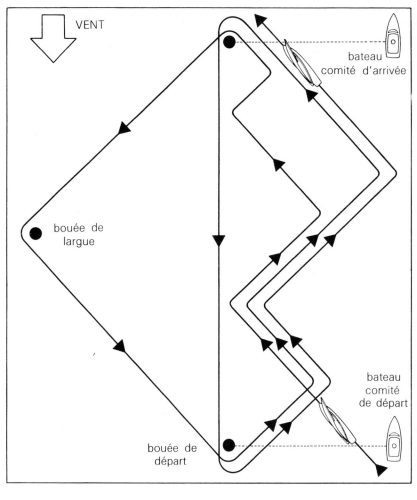

à ceux des dériveurs. Le départ s'effectue face au vent, pour trois bords égaux. D'abord, on remonte au vent vers la bouée n° 1, puis un bord de travers jusqu'à l'empannage à la bouée n° 2, et un bord de grand largue jusqu'à la bouée n° 3 — à la ligne de départ ; le même bord de près jusqu'à la bouée n° 1, retour vent arrière à la bouée n° 3, et finalement une nouvelle remontée au vent jusqu'à la ligne d'arrivée au-delà de la bouée n° 1.

Les courses monotypes, open ou en tandem se font sur des parcours triangulaires dont les bords mesurent 1 à 2 km.

Courses de funboard

Les courses de fun sont très différentes des navigations habituelles, façon surf, des funboards. Les planches sont construites spécialement pour

La plupart des régates se courent sur parcours olympique triangulaire, selon les mêmes règles.

Le parcours est aussi bien bâbord que tribord, désigné par un drapeau rouge ou vert flottant sur le bateau-comité. L'illustration ci-dessus représente un parcours bâbord : toutes les bouées sont laissées à bâbord.

On louvoie pour remonter, dans l'axe du vent jusqu'à la bouée de largue, où l'on empanne pour un bord de largue opposé. On fait le tour de la bouée de départ et on remonte au vent une nouvelle fois.

Le bord suivant est une course de vitesse vent arrière vers la bouée de vent arrière.

On termine en remontant vers l'arrivée, qui est située à proximité de la bouée de près (et peut être confondue avec elle).

Ci-dessus : les planches de série Windsurfer pendant les Championnats du monde en 1979, en Grèce. Quand le nombre de planches monotypes est trop grand, on a quelquefois recours à un départ au lièvre. Au lieu que chacun manœuvre pour se caser sur la ligne, c'est une seule planche qui longe la ligne sur une amure à toute vitesse. Chaque planche démarre sur l'autre amure après le passage du lièvre, ce qui garantit à tous des chances égales de départ.

A gauche : empannage à la bouée pendant le Championnat mondial open en 1980, en Israël, par Thomas Staltmaier, vainqueur en lourds, sur Mistral M 1.

les courses comme la Pan Am Cup, qui n'ont lieu que par un vent supérieur à force 4. Ce sont en majorité des parcours de largue, de longues distances d'ins-and-outs.

Les meilleures planches pour ces courses mesurent 3,60 à 3,90 m de long, possèdent un flotteur plat et une dérive rétractable. La plupart des règles qui s'appliquent à ces planches sont variées, et n'ont rien à voir avec l'I.Y.R.U. ou d'autres instances.

Les courses de fun sont beaucoup plus attrayantes pour les spectateurs. C'est plus facile d'imaginer ce qui se passe, et plus spectaculaire lorsqu'il y a des vagues.

C'est aussi beaucoup de plaisir pour le véliplanchiste. Les courses demandent une excellente technique et une préparation soignée de la planche. Les régatiers peuvent naviguer dans des vents très forts, là où personne ne peut pomper ! Le problème reste néanmoins d'effectuer de longs voyages pour rejoindre des endroits où les conditions demeurent favorables (force 4 et plus).

Un parcours typique de funboard sera composé de quatre bouées disposées dans un carré, avec deux grands bords de largue parallèles et deux petits bords parallèles face au vent. D'abord, un court bord de près conduit à la bouée n° 1, puis un long bord de largue de 2 km jusqu'à la bouée n° 2, autour de laquelle on empanne. Retour au largue à la bouée n° 1, slalom jusqu'à la bouée n° 3 de départ, un autre bord de travers vers la bouée n° 4, remontée au vent vers la bouée n° 2, retour à la bouée n° 1, et slalom vent arrière final vers l'arrivée à la bouée n° 3.

Les courses Pan Am

La Pan Am Cup se court à Kaïlua, sur la côte d'Oahu (une des îles Hawaï) choisie pour les conditions particulièrement favorables de vent, chaleur et mer que l'on y rencontre.

La course se compose de régates sur triangles, courses de longues distances, ins-and-outs, chacune comptant pour le résultat final.

Les courses ne présentent pas de caractère spécial en elles-mêmes, mais elles deviennent plus difficiles

avec le vent fort (force 4 et plus), la grosse houle du Pacifique, les vagues brisant sur la barrière de corail, et les atolls de corail déchiquetés servant de bouées de parcours. Cela implique que les coureurs conservent un contrôle absolu de leur planche, et soient dans une forme physique idéale.

La course requiert plutôt une vitesse constante qu'une grande habileté tactique. Les planches virent lentement à cause de leurs larges ailerons, et le vent ne varie pas, si bien que l'on n'a pas besoin d'exploiter chaque risée, comme dans d'autres types de courses. Une bonne maîtrise des manœuvres de la planche, voilà le secret pour gagner, et c'est pourquoi les planchistes résidant à Hawaï marquent un réel avantage sur les Européens inexpérimentés.

Pour des raisons de sécurité, on ne sélectionne que soixante finalistes. Les planches sont soit ce que l'on veut, soit construites selon les règles de division II avec des footstraps. Mais on n'est pas trop tatillon quant à la jauge.

Les concurrents bien placés à ces courses sont tenus officieusement pour les meilleurs véliplanchistes du monde. Cette Pan Am Cup est véritablement l'épreuve la plus difficile que je connaisse.

(Note de l'éditeur : Karl Messmer fut 5e lors de son premier essai, en 1981.)

Triangles Pan Am
Chaque bord mesure environ 3 km, mais on ne court pas le bord de vent arrière.

Pan Am longue distance
Le parcours couvre environ 40 km, par une grosse mer et des déferlantes, et ses marques sont des rochers émergeant (les îles Birdshit, « crotte d'oiseaux », selon les termes inélégants des véliplanchistes, et Flat Island), bordés de coraux dangereux.

Pan Am ins-and-outs
Un petit bord de près, un bord de travers et retour sur les vagues, enfin un court bord de vent arrière. Ces régates se courent en groupes par éliminatoires.

Ci-dessus : départ de la Pan Am Cup en 1981. Notez la variété des planches, des gréements et des voiles — avec un vent relativement faible (tout juste force 4), quelques véliplanchistes ont opté pour une grande voile Fathead.

A droite : la marque supérieure des fameux ins-and-outs de 1980, quand le vent souffla si fort tout le temps. Notez les déferlantes et souvenez-vous que celui qui dépasse la marque sans tenir sa planche risque de se retrouver sur une inopportune barrière de corail sous le vent (Flat Island). Pendant la course, les planches allaient tellement vite que le problème était de ne pas décoller (ce qui les aurait plutôt freinées). Remarquez la planche sur la droite, qui commence juste à décoller sur une déferlante par mégarde.

La préparation

Même quand elles se déroulent dans les vagues, les régates européennes utilisent les bouées sur un parcours triangulaire.

Le départ
Avant la première manche de la régate, le coureur doit connaître parfaitement la procédure de départ et le parcours, et étudier les instructions nautiques détaillées distribuées à tous les participants.

Ne faites pas d'erreur ; apprenez bien les règles et connaissez par cœur chaque pavillon hissé sur le bateau départ : rouge pour un parcours bâbord amure, vert pour un parcours tribord, le pavillon bleu des cinq minutes avant le départ, d'annulation de la course, l'obligation de porter un gilet de sauvetage, etc.

Il est aussi nécessaire d'apprendre les règles de priorité et les pénalités. Par exemple, lorsqu'un concurrent touche une bouée en la virant, il doit en refaire le tour en évitant toutes les autres planches, pour ne pas être disqualifié. De même, quand un coureur touche une autre planche et reconnaît son tort, il peut éviter sa disqualification en effectuant deux tours (720°) avec sa planche, tout en évitant les autres.

La planche
Pour la bonne glisse de la planche, il est indispensable d'avoir une carène bien polie : mais elle ne doit pas l'être trop. Vous choisirez un polish spécial qui permettra l'adhérence d'une mince pellicule d'eau à la carène, car la friction est moindre quand l'eau glisse sur l'eau. Un ponçage à l'abrasif à l'eau (grammage 400) viendra parfaire le résultat et débarrassera le flotteur de la wax ou de la graisse collées dessus.

La dérive et l'aileron
On les prépare comme le flotteur. Mais attention aux dérives en lamellé-collé, qui peuvent jouer, gonfler,

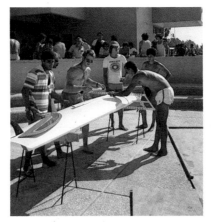

Ci-dessus : en classe open, toutes les planches doivent être examinées et jaugées avant de courir les régates.

Ci-dessus : les voiles doivent être traitées avec précaution. Elles sont mises à sécher et entreposées soigneusement entre les courses.

se tordre si elles ne sont pas correctement rangées, proprement vernies et repeintes. Une attention particulière — ponçage au papier de verre, rebouchage, vernissage et peinture — sera essentielle pour qu'elle conserve ses qualités.

Beaucoup de planches de division II possèdent des lèvres de puits de dérive empêchant l'eau de remonter : vous devrez vérifier que tout marche bien et qu'elles sont bien jointives. Quand on s'en sert beaucoup, on peut être amené à les remplacer plusieurs fois par saison.

Le plan de pont
En course, il est très important que le pont accroche bien. Outre le choix d'une paire de bottillons à semelle de caoutchouc bien adaptée, vous pouvez améliorer l'adhérence de votre pont avec une cire spéciale (la Sex-Wax est une marque bien connue !)

Le gréement
Si vous le pouvez, choisissez votre gréement en fonction du temps. Dans ces classes comparables à la classe Windsurfer, vous devrez utiliser la voile standard, mais en classe

open vous pouvez la choisir aussi petite que vous voulez. Elle vous permettra de terminer le parcours sans tomber, et d'arriver probablement avant celui qui sera tombé une demi-douzaine de fois avec sa grande voile.

Mais souvenez-vous que si vous avez le choix pour les voiles, il sera limité probablement à deux voiles pour l'ensemble de la régate.

Quand vous choisissez votre voile, examinez attentivement toute la gamme existante, pas seulement les modèles de course.

Autres équipements

Certains organisateurs de régates exigent le port d'un gilet de sauvetage. Vérifiez-le, sans quoi vous risquez la disqualification. La plupart du temps, un gilet-harnais suffit.

Enfin, vous avez surtout besoin d'une montre-chronomètre avec compte à rebours. Les montres de ce type coûtaient très cher auparavant. Maintenant, il y a les montres digitales à quartz : elles offrent des fonctions multiples, sont relativement bon marché, et souvent waterproof.

Ci-dessus : entre les manches de la régate, vous aurez tout le loisir de vérifier le bon état de votre planche. N'attendez pas la dernière minute !

Le départ

La course commence bien avant le coup de canon. Un concurrent doit non seulement acquérir des renseignements théoriques et pratiques sur la régate qu'il va disputer, mais aussi prendre largement le temps de s'échauffer et de s'exercer aux différentes manœuvres. Cela détend les muscles, permet de donner son maximum pendant l'épreuve, empêche toute apparition de crampes, tout en affûtant le sens de l'équilibre, si déterminant sur une planche ronde.

Se mettre à l'eau de bonne heure offre bien des avantages. On peut observer le vent et les vagues et mettre au point son plan tactique. Dès que les bouées sont mouillées, on a aussi le loisir de découvrir le côté le plus favorable du parcours pour naviguer.

Autre intérêt de se rendre tôt sur la ligne, la possibilité pour le participant de calculer ses bords pour le premier près (rappelez-vous qu'une montre-chrono est indispensable !)

Sous bien des aspects, le départ est l'instant le plus important de toute la course. A aucun autre moment, les concurrents ne se regroupent ainsi en un même point.

Signaux de départ

Vérifiez que vous comprenez bien les signaux avant de gagner la ligne de départ. Les voici : un signal d'attention dix minutes avant le départ, un second cinq minutes après, un signal préparatoire à une minute, puis le top. En cas de faux départ, le comité de course peut appliquer la règle de la minute — ou des cinq minutes — pour discipliner la flotte. Cette règle interdit aux planches de couper la ligne, dans n'importe quel sens, dans le temps imparti, et peut mener à la disqualification — il faut l'apprendre par cœur !

La première chose à se rappeler au départ est de n'adopter aucune position sur la ligne qui restreigne votre liberté de mouvements (à cause des planches situées autour

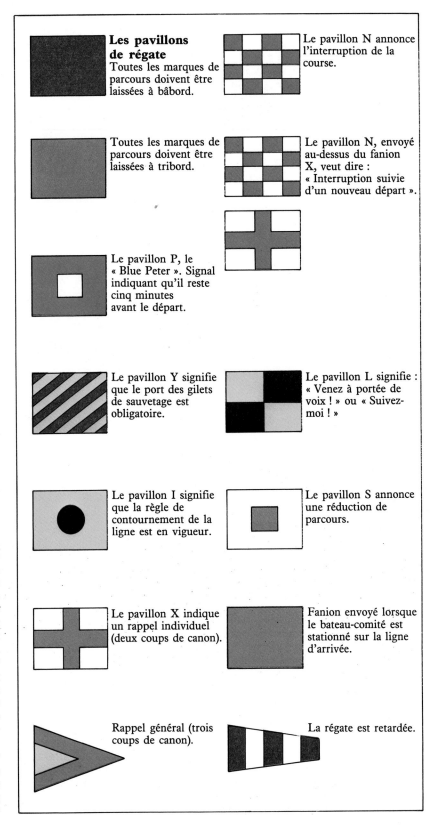

Les pavillons de régate
Toutes les marques de parcours doivent être laissées à bâbord.

Toutes les marques de parcours doivent être laissées à tribord.

Le pavillon P, le « Blue Peter ». Signal indiquant qu'il reste cinq minutes avant le départ.

Le pavillon Y signifie que le port des gilets de sauvetage est obligatoire.

Le pavillon I signifie que la règle de contournement de la ligne est en vigueur.

Le pavillon X indique un rappel individuel (deux coups de canon).

Rappel général (trois coups de canon).

Le pavillon N annonce l'interruption de la course.

Le pavillon N, envoyé au-dessus du fanion X, veut dire : « Interruption suivie d'un nouveau départ ».

Le pavillon L signifie : « Venez à portée de voix ! » ou « Suivez-moi ! »

Le pavillon S annonce une réduction de parcours.

Fanion envoyé lorsque le bateau-comité est stationné sur la ligne d'arrivée.

La régate est retardée.

de vous). Vous devez pouvoir vous dégager vite, en pompant.

En conséquence :

1. Vous devez vous trouver sur la partie droite de la ligne, avec le souci des exigences tactiques du premier près.

2. Vous avez besoin de franchir la ligne à une vitesse suffisante, au coup de canon. Ce n'est possible que s'il y a assez de place sous votre vent (2-4 m) pour abattre et accélérer. C'est à la portée d'un planchiste qui connaît les règles et qui garde la tête froide.

3. Recherchez d'abord la vitesse — le cap passe en second.

4. Le manque de confiance peut vous faire regarder en arrière en passant la ligne — et comme cela vous pouvez aussi bien revenir à votre point de départ !

En conclusion

Un bon régatier est celui qui possède un haut degré de concentration, qui a les nerfs solides et qui maîtrise parfaitement sa vitesse. Ces facteurs sont impératifs lors de la bousculade du départ, comme la connaissance des règles de course.

Les positions de départ

Le choix de l'endroit où partir dépend de l'orientation de la ligne, à gauche ou à droite du parcours, le vent ne soufflant jamais constamment dans le même sens. Même si c'était le cas, on doit s'efforcer de déterminer quelle extrémité de la ligne est plus proche de la première bouée. Si celle-ci n'est pas de biais, il est probablement favorable de partir au milieu.

Le côté droit

Beaucoup de concurrents optent pour un départ au bateau-comité. Comme tout le monde cherche à se placer le plus au vent possible, ce raisonnement ne paiera normalement que sur de très petits parcours. Cela devient aussi très difficile par

Ci-dessus : la carène doit être préparée avant chaque manche.
Ici, un prototype Windglider.

Ci-dessous : lorsque toutes les planches sont du même modèle (ici des Windsurfer), marquez la vôtre.

Tactique de départ

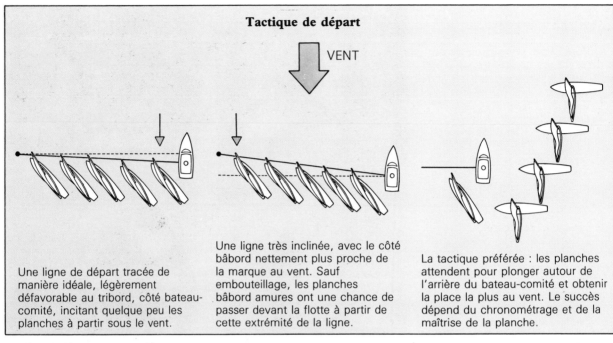

VENT

Une ligne de départ tracée de manière idéale, légèrement défavorable au tribord, côté bateau-comité, incitant quelque peu les planches à partir sous le vent.

Une ligne très inclinée, avec le côté bâbord nettement plus proche de la marque au vent. Sauf embouteillage, les planches bâbord amures ont une chance de passer devant la flotte à partir de cette extrémité de la ligne.

La tactique préférée : les planches attendent pour plonger autour de l'arrière du bateau-comité et obtenir la place la plus au vent. Le succès dépend du chronométrage et de la maîtrise de la planche.

Départ au lièvre

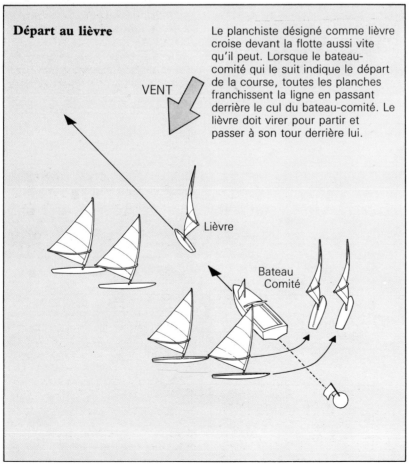

VENT

Lièvre

Bateau Comité

Le planchiste désigné comme lièvre croise devant la flotte aussi vite qu'il peut. Lorsque le bateau-comité qui le suit indique le départ de la course, toutes les planches franchissent la ligne en passant derrière le cul du bateau-comité. Le lièvre doit virer pour partir et passer à son tour derrière lui.

vent fort, quand il est dur de garder sa planche en position — voile fasseyante au vent de la flotte. Vous dérivez tout le temps.

Le meilleur moyen d'obtenir la place au vent est d'arriver de derrière le bateau-comité et de se laisser venir en position, en neutralisant sa voile. Cette manœuvre est très difficile et demande du doigté — rappelez-vous que vous n'avez aucun droit de passage entre des planches déjà en place sur la ligne — juste là où vous voulez vous mettre !

A vous de voir si vous voulez être pile au vent — et entouré par tous ceux qui veulent en faire autant — ou s'il vaut mieux partir un peu plus loin sous le vent de manière à avoir de l'espace et de la vitesse.

Si vous ne parvenez pas à vous immiscer en première ligne, du moins vous avez la priorité sur les planches bâbord amures.

Le côté droit présente beaucoup d'inconvénients. Même lorsque la ligne est favorable bâbord, tant de régatiers partent à droite de la ligne par habitude et manque d'imagination que vous pouvez rester dans leur dévente et bloqué par la faible marge de manœuvre générale, sur le chemin de la première bouée.

Ceux qui ne peuvent partir lancés à fond se retrouvent souvent en position sans issue et dans une situation inextricable.

C'est pourquoi, sauf orientation ultra-favorable, il faut essayer de partir plus bas sous le vent de la ligne.

Le côté gauche

Pour partir en bout de ligne, vous emploierez une tactique différente afin de vous sauver à toute vitesse. Comme normalement le bateau-comité donne un léger biais favorable à ce coin, pour compenser la position sous le vent, vous pouvez filer immédiatement tribord amure, en prenant grand soin de ne pas vous laisser pousser au-delà de la bouée avant le top.

Le premier bénéfice d'un départ en bout de ligne du côté bâbord sera d'avoir de l'air libre et de la place pour manœuvrer. Ensuite, tout dépend si le vent décide subitement de refuser, ou d'adonner, et ça, vous auriez dû le prévoir lors de votre préparation de la course.

Une fois que vous avez besoin d'envoyer bâbord amures, assurez-vous toujours qu'il y a une grande brèche entre les planches tribord pour que votre virement soit payant.

Départ bâbord amure

Pour réussir un départ bâbord, un concurrent doit disposer d'une place suffisante pour couper la ligne à vitesse maximum en bout de ligne et croiser devant le paquet de planches arrivant sur lui au tribord. Cela demande un minutage précis et de l'anticipation parce que, si les planches tribord l'obligent à virer, tout est compromis.

Partir au milieu

Lorsque vous partez au milieu, votre tactique dépend des planches situées des deux côtés de vous. Lofez celles à votre vent afin de vous ménager assez de place sous le vent pour pouvoir abattre et couper la ligne bien lancé. (Rappelez-vous qu'au centre d'une grande ligne il y a généralement un énorme affaissement, avec des planches à deux ou trois longueurs en deçà de la ligne, que vous pourrez dépasser sans risque.)

Ci-dessus : si vous n'êtes pas sûr que votre planche marche vite, vérifiez-le en sortant avec un ami.

Ci-dessous : beaucoup se rendent à la ligne de départ au dernier moment. C'est trop tard !

La régate

Le louvoyage

La ligne de départ franchie, il est extrêmement important de tirer le bon bord d'emblée. Votre tactique doit être échafaudée en fonction de votre position par rapport aux autres planches et des variations du vent.

La considération qui prime après le coup de canon est la nécessité de se dégager de manière à avoir une totale liberté de mouvements pour aller où vous voulez. Les planches au vent et sous le vent provoquent des déventes et vous couvrent. Dans une telle situation, il faut vous démarquer, soit en abattant pour essayer de passer sous le vent, soit en virant si vous voyez un trou parmi la rangée de planches naviguant tribord amures. Une fois libéré de ces interférences massives, vous êtes aussi libre de choisir vos bords.

En général, les plans d'eau intérieurs et la mer exigent des tactiques différentes. Sur lac ou rivière, vous pouvez vous attendre à d'incessantes variations de vent qui suffisent à faire la différence. C'est pourquoi vous devez réagir instantanément, en virant à chaque changement de vent. Ce n'est qu'ainsi que vous gagnerez du terrain au vent sans traîner en chemin.

En mer, il en va plutôt autrement. La brise est d'ordinaire plus régulière. Les différences de vitesse entre les planchistes ont beaucoup plus de chances de se manifester. Celui qui sait tirer le meilleur parti du vent et des vagues navigue le plus vite.

Bien sûr, la tactique joue son rôle aussi. Renseignez-vous avec précision sur la mer — sur le sens des courants et leur intensité. A vous d'établir le schéma météo le plus probable — la brise du large matinale tournera-t-elle à terre dans l'après-midi ?

Le passage dans la vague demande une grande habileté, particulièrement si le clapot formé par le vent se heurte avec la houle naturelle, ce qui crée une mer très confuse. Dans

ce cas, vous devriez toujours laisser courir et rechercher la vitesse, surtout si vous vous trouvez dans des creux si profonds que vous êtes déventé.

Contourner la marque au vent

Le choix du dernier bord en direction de la bouée est critique. L'erreur la plus commune est de virer trop tôt. Plus vous vous rapprochez, plus il vous faut pointer, la planche perdant de sa puissance et de sa vitesse. Si d'autres planches convergent vers la bouée devant vous, leurs turbulences vont commencer à vous perturber au point de vous faire perdre 5° en cap.

Résultat, vous vous apercevez que vous ne pouvez pas passer la bouée. Il vous faut tirer un petit contrebord. Plus la marque se rapproche, plus cela devient difficile, à cause des autres planches. Tenter de faire sa bouée de justesse et la toucher

Ci-dessus : départ de masse lors de la course de longue distance pendant le Mondial Windsurfer 1979. Les longues distances couvrent normalement 20 milles ou plus et comprennent si possible une majorité de bords de largue. Elles ont fréquemment un départ type Vingt-Quatre Heures du Mans sur la plage. Les planches s'alignent au bord de l'eau et, au coup de canon, les concurrents les poussent à flot, et sautent à bord.

A droite : bousculade à une bouée sous le vent au Mondial Windsurfer disputé aux Bahamas en 1980. Lorsqu'un paquet de planches convergent vers une marque, celles qui sont à l'extérieur doivent laisser de l'eau, mais la collision se produit quand l'un laisse tomber sa voile ou chute — Évitez-le !

accidentellement est à éviter à tout prix. Vous serez bon pour la revirer, en évitant toutes les planches, et vous perdrez plein de places.

Voilà pourquoi vous devriez toujours choisir quand vous êtes relativement près de la marque. Assez près pour bien l'aborder (monter au-delà de la bouée et l'atteindre au largue coûte de nombreuses places aussi). Si vous êtes bâbord, vous ne rencontrerez une rangée serrée de planches tribord convergeant vers la bouée qu'à proximité de celle-ci seulement — et, là, vous pourrez voir si vous avez assez de place pour passer bâbord.

Le largue
Si le parcours n'est pas affecté par les vagues ou par le courant, vous devriez toujours faire route directe vers la bouée suivante.

Le largue dans les vagues constitue un moment grandiose qui donne aussi à un bon régatier l'occasion d'augmenter son avance. Attention toutefois au *pumping*, qui entraîne souvent d'interminables débats et éventuellement la disqualification. La règle de l'I.Y.R.U. n'admet aucune forme de pumping sur les bords de près, mais, sur les largues,

elle tolère trois coups de pompe de suite, au maximum, pour se relancer au planing.

Marcher au largue implique beaucoup de zigzags, car il faut exploiter chaque fluctuation du vent et de la houle pour garder le maximum de vitesse. Il faut toujours lofer pour prendre une vague, puis abattre sur la crête pour partir au planing.

Si vous voulez dépasser d'autres planches, il faut décider d'une attaque au vent ou sous le vent. Vous devez toujours anticiper la position dans laquelle vous allez atteindre la bouée après l'engagement — à l'intérieur ou à l'extérieur par rapport aux autres planches.

Attention aussi si vous naviguez dérive retirée ! Votre planche sera vulnérable face aux planches à dérive à poste, plus manœuvrantes.

Le vent arrière
Beaucoup de planchistes sous-estiment l'importance du vent arrière. Pourtant, des occasions de gagner des places peuvent se présenter.

Ici, plus qu'à aucun autre moment, les planches en arrière peuvent masquer le vent des premiers. A chacun de s'arranger pour avoir de l'air frais.

A vous de choisir aussi soit de mettre le cap droit sur la marque, soit de « descendre » sous le vent en tirant des bords. Par vent léger, autant prendre le chemin le plus court, mais par brise de force 4 et plus vous pouvez tenter des bords de grand largue, en multipliant les empannages — même si vous rallongez le parcours, la différence de vitesse peut payer.

Par vent très fort, et en cas de grosses vagues, la descente en zigzag vous paraîtra des plus efficaces. La traction de la voile, plus forte, vous permet de garder l'équilibre plus facilement, et vous en profitez pour surfer sur la crête des vagues.

L'arrivée

La tactique à l'arrivée est cruciale. Il faut tout le temps surveiller vos adversaires et les marquer, sans vous laisser prendre à aucune feinte. N'essayez pas de vous occuper d'une autre planche de trop près — vous perdriez presque à coup sûr des places au classement.

Repérez bien l'orientation de la ligne d'arrivée. Théoriquement, elle est mouillée à 90° du vent, mais en pratique c'est rarement exact, et couper la ligne du côté favorable peut vous valoir le gain de la manche. Pensez-y !

Les réclamations

Une régate peut se gagner après l'arrivée, et posséder les règles de course à fond est vital.

Tôt ou tard, vous serez impliqué dans une réclamation si vous voulez vous mettre à la régate sérieusement. Si le planchiste en tort reconnaît sa faute en exécutant un 720°, c'est beau de sa part ; autrement, vous êtes tenu de réclamer, en vous souvenant que :

1. Vous devez faire part à l'autre planchiste de votre intention de réclamer. Criez : « Je réclame ! » ou « 720° ! ». Si celui-ci répare, c'est très bien.

2. Sinon, cherchez des témoins qui puissent soutenir votre cause.

3. Avertissez le bateau-comité de votre intention de réclamer.

4. A terre, rédigez votre réclamation détaillée, croquis à l'appui, en citant le numéro de la règle invoquée. Remettez la feuille au jury de course avant l'heure limite.

5. Retracez l'incident avec vos témoins avant qu'ils ne passent devant le jury.

Si on réclame contre vous :

1. Si vous avez conscience d'être en tort, évitez le risque de disqualification avec un 720°.

2. Si vous vous sentez dans votre droit, voyez à trouver des témoins.

3. Vérifiez que votre adversaire a suivi la procédure correcte.

4. Relisez l'article invoqué et préparez votre défense à l'aide des

A gauche : un bord de près au cours du Championnat du monde open disputé en Guadeloupe en 1979. Sur un grand parcours olympique, les planches s'éparpillent vite et il est difficile d'établir qui se trouve en tête, avant le virement de la bouée au vent. Cela rend la régate sur triangle peu spectaculaire donc rarement télévisée, car toute l'intensité dramatique disparaît.

Ci-dessus : le passage d'un largue à l'autre, au moment où les planches empannent à la bouée, pendant la même course. Lorsque les planches convergent en paquet sur une marque, il y a plein de places à « gratter ». Beaucoup ont leur vent coupé par les planches venant de derrière : il est souvent bon de passer au large et de faire l'extérieur.

témoins. Rappelez-vous que chaque règle comporte des exceptions et ne croyez pas votre cas désespéré. Les réclamations sont déplaisantes, mais elles se jouent fréquemment sur le terrain psychologique, avec un aboutissement inattendu.

Certaines régates, malheureusement, s'enlisent dans les réclamations, à un point qui devient anti-sportif et insupportable.

Le funboard avec Fraser Black

On peut naviguer dans les vagues et sauter avec à peu près n'importe quelle planche et n'importe quel gréement — avec des résultats limités toutefois. Depuis dix ans, on a rendu les choses plus aisées, grâce à une foule d'améliorations sur le plan des formes et des accessoires.

Au départ, se confectionner une dérive-tempête et des footstraps peut suffire. Par la suite, les progrès venant, le besoin d'un équipement plus sophistiqué va se faire sentir aussi.

Le gréement
Mât, voile, wishbone et diabolo sont soumis à rude épreuve en navigation dans les vagues — assurez-vous que l'équipement que vous achetez a été testé dans les conditions du funboard.

Les voiles
Ceux qui naviguent dans les vagues optent généralement pour des voiles de 5,10 m² ou moins. Pour la bonne raison que toute surface plus importante offre relativement peu de puissance en plus, tandis qu'elle réduit sérieusement la maniabilité et le contrôle. Un point d'écoute relevé avec un wishbone établi à angle droit du mât est quasi obligatoire en funboard, de manière à garder le bout du wishbone hors de l'eau (si vous ne voulez pas vous payer une voile neuve, votre maître voilier peut recouper le bas d'un vieux modèle sans problèmes).

Quand vous achetez neuf, cherchez les points forts de la voile. Elle devrait comporter une grande fenêtre en bas, sur la plus grande partie de la hauteur au-dessous du wishbone, afin que vous puissiez voir les vagues ; un profil un peu aplati ne dépassant pas 10 % de rond de guindant ; et une chute plate, qui ne referme pas, pour permettre à l'air de s'échapper librement de la voile. Un tissu Dacron de 190 ou 170 g est plus adapté aux vagues et durera plus longtemps que le Mylar.

Une voile qui se contrôle bien conserve un centre de poussée en un point relativement constant, en avant de l'axe du milieu de la planche à la hauteur du wishbone.

Ci-dessus : Fraser Black vient d'une famille écossaise qui a de solides racines maritimes. Son père, Alastair, a pris bon nombre des photographies de cet ouvrage, et son frère Ken est l'un des plus grands maîtres voiliers de planche anglais.

Fraser est arrivé à Hawaï en 1979 pour apprendre à naviguer dans les vagues, et il se classa 4ᵉ à la Pan Am Cup de 1980. Il s'est étroitement associé au shaper et dessinateur Brian Hinde, a couru dans l'équipe Mistral aux côtés de Robby Naish, et compte parmi les meilleurs spécialistes des vagues du monde.

Le meilleur test consiste à établir la voile normalement, puis à rapprocher petit à petit vos deux mains. Si vous êtes capable de continuer à la contrôler, quand elles se touchent, alors vous avez trouvé la voile idéale. Tandis qu'une voile qui vous fait batailler, pousser et tirer, les mains bien écartées des épaules, est complètement inadaptée au funboard.

Pour permettre l'emploi de wishbones de plus en plus courts, à surface de voile égale, une série de coupes renforcées par des lattes ont abouti à ces voiles *pin head* à chute droite qui font fureur. Certains de ces modèles ont été élaborés et testés comme il faut, d'autres sont de beaux gadgets. Si possible, retenez des modèles qui ont fait leurs preuves, d'une marque fiable, et essayez-en autant que faire se peut, de manière à dégager ceux qui conviennent le mieux pour vous et pour les conditions données. Dites-vous qu'avec vos progrès vos problèmes de voile évolueront.

Les mâts
Des dizaines de mâts sont brisés dans les rouleaux chaque année. La plupart pourraient être sauvés si le planchiste renversé guidait sa tête de mât ou le bout de son wishbone dans la lame qui arrive et le maintenait immergé quand la vague éclate. Ce n'est pas toujours possible, et il y a d'autres causes de rupture, telles que le « shore break », les rouleaux du rivage et la « lessiveuse ».

Les mâts en époxy ou en fibre de verre sont concurrencés par ceux en aluminium, avec des mesures de flexibilité médium, la nervosité primant sur la rigidité. Un mât souple ne maintiendra pas le profil de la voile suffisamment stable.

Une fois que vous avez trouvé un bon mât, vous remarquerez comme il tient le coup longtemps. Tout de même, le renforcer au niveau du wishbone et du pied de mât est prudent. On emploie normalement une bande de tissu de verre de 10 cm et de la résine

Le wishbone
La longueur-type d'un wishbone de funboard est de 2,10 m maximum. Pour sortir dans des vents de 30 nœuds et plus, vous pouvez descendre jusqu'à 1,70 m.

Cette tendance en faveur d'une faible longueur a de multiples causes : le réglage de la voile se montre

A droite : un beau saut, avec l'arrière du flotteur d'abord posé sur la crête de la vague, qui a été parfaitement anticipée de telle façon qu'elle ne se brise pas juste sur le nez de la planche.

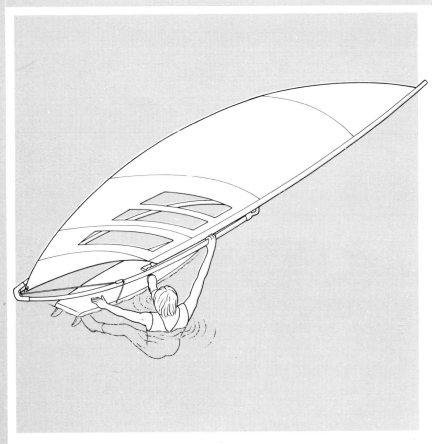

Le waterstart

La plus précieuse technique utilisée dans les vagues, c'est le waterstart. Cette manœuvre économisant l'énergie aidera à reprendre rapidement le contrôle et évitera les risques d'abîmer le gréement. Un vent de 10 à 15 nœuds permet d'apprendre la manœuvre dans les conditions optimales. Le flotteur doit être tourné dans l'axe du vent, le mât posé sur l'eau à 90° du flotteur, le point d'écoute vers le vent arrière. Si le point d'écoute est bout au vent, levez légèrement l'extrémité du wishbone, et laissez le courant entraîner la voile de l'autre côté du mât. Levez un peu plus le wishbone, et, si le vent est d'une force modérée, il retournera la voile dans vos mains pour la remettre dans la bonne position.

Nagez — si c'est profond — ou marchez à côté du wishbone, à l'avant du mât. Attrapez le mât au-dessus du wishbone, et soulevez-le légèrement au-dessus de la surface de l'eau, ce qui facilitera le passage du vent sous la voile. Progressivement, l'eau passant sur la chute de la voile poussera le mât vers l'avant, dans l'axe du vent, accélérant le mouvement. Finalement, le point d'écoute s'élèvera au-dessus de l'eau. Nagez à côté de la voile pour placer votre main arrière sur le wishbone. La main avant, qui supporte le gréement, peut se placer soit sur le wishbone ou bien sur le mât.

Bordez la voile de la main arrière, jusqu'à ce que le mât soit soulevé par l'eau. Servez-vous du gréement pour diriger le flotteur dans la bonne direction, nager près de l'arrière, et commencez à écarter le nez de la planche du vent en bordant légèrement. Attention à bien conserver la voile au-dessus de votre tête ! Choquez la voile si vous arrivez face au vent, car vous ne serez pas capable de contrôler le gréement. Posez la jambe avant sur le flotteur, le mollet sur le pont. Pliez le buste et approchez vos hanches aussi près que possible du flotteur. Poussez l'eau de votre jambe arrière pour propulser votre torse hors de l'eau. Avancez les hanches et le plexus solaire et montez sur le flotteur en même temps que vous bordez et inclinez le mât sur l'avant pour partir au largue.

Si vous contrôlez mieux le mouvement avec la jambe avant dans l'eau et l'autre sur le flotteur, faites à votre guise en inversant les positions. Il est indispensable de maîtriser parfaitement le waterstart avant de partir sur une petite planche dans les vagues. Si vous ne connaissez ni le waterstart ni le gybe, vous serez rejeté sur les bords du rivage avec les restes de votre planche, après avoir passé une heure ou deux dans l'eau (si vous avez de la chance !). Si vous n'en avez pas...

Au départ, vous aurez du mal à rester suffisamment près de la planche en gardant une jambe dans l'eau. Pour résoudre ce problème, soulevez les bras au-dessus de votre tête, et étendez-vous sur le dos. Amener l'arrière de la planche vers vous n'est pas possible, les ailerons résistent au mouvement latéral, mais, au lieu de cela, posez votre jambe à l'arrière de la planche tout en étendant votre bras en avant au-dessus de votre tête. Une fois que vous avez donné de la gîte au flotteur, en pliant le genou, vous accrochez le flotteur pour le rapprocher de votre torse. Inclinez le buste en arrière jusqu'à être presque submergé, et levez le gréement pour le mettre aussi vertical que possible, avant de vous servir du vent pour soulever votre corps jusqu'à la planche.

Autre problème : être entraîné sur l'avant en même temps que le vent emplit la voile. Le gréement se met alors à fasseyer dans les mains du véliplanchiste, et c'est encore plus long pour repartir.

Ce problème vient de ce que le gréement commence à se tourner vers l'avant par-dessus la tête du planchiste. La repousser vers l'arrière ne fait que remplir un peu plus la voile, et le planchiste doit alors relâcher la main qui borde. Sans appui, le gréement sera plus manœuvrable.

Le pied de mât conventionnel a été remplacé par des boîtiers d'ailerons pourvu d'un rail sur lequel il coulisse rappelé par un sandow. Ce système, conçu par Mike Horgan et Peter Trombley, permet des mises au point fines, mais il n'est pas toujours bien adapté aux flotteurs, et peut provoquer la casse du mât.

Les ailerons peuvent faire ou détruire la qualité d'une planche. *Kanger's cocks, donkey's ears, reverse foils* et d'autres variantes ont confirmé la valeur des formes traditionnelles, mais les formes anti-cavitation sont parfois utiles. Si votre planche possède un arrière de 35 cm de large, un aileron unique sera probablement insuffisant.

plus facile et les réactions du gréement plus directes ; le wishbone ne se prend pas dans l'eau lors de cas difficiles, ce qui permet d'évoluer plus près de la zone critique de la vague ; l'écartement du wishbone est moindre, le planchiste pouvant se rapprocher du gréement, d'où un meilleur contrôle. Comme le renflement de la voile ne devrait pas excéder 90 % de sa courbure, un wishbone de 2,25 x 0,40 m ne saurait contrarier la forme de la voile (l'adaptation précise des contours du wishbone à l'arrondi de la voile ajoute encore au contrôle de la tenue du gréement).

Les embouts de wishbone doivent être compacts, solides et fonctionnels. Il faut qu'ils se collent étroitement au mât afin d'éviter le balancement vertical, source de réactions molles et lâches. Le point d'écoute heurte souvent le fond de l'eau dans le ressac — des bords lisses empêchent de se prendre dans les rochers ou dans le corail. Les risques de blessure du planchiste sont également moindres — à propos, il vaut beaucoup mieux se débarrasser

des taquets et bloquer l'écoute au moyen de demi-clefs à l'arrière du wishbone.

Les planches

Il y a trois principales catégories de funboards : les planches qui flottent, les planches limites et celles qui coulent. Un planchiste passera de l'une à l'autre au fur et à mesure de ses progrès.

Les planches qui flottent supportent sans problème le poids du planchiste et du gréement. A plus de 2,75 m, elles permettent en général de virer.

Les planches limites flottent à peine au démarrage. Relever le gréement demande un placement judicieux de son propre poids, et la planche se retrouve parfois entre deux eaux. Le virement est négociable, à la vitesse de l'éclair.

Les planches qui coulent n'ont pas de flottabilité substantielle et exigent donc un départ en marche de la plage ou dans l'eau.

Le volume de mousse d'une planche détermine le poids qu'elle sup-

porte. L'épaisseur maximum et la forme des rails sont d'autres paramètres majeurs, comme la longueur, la largeur et, à un degré moindre, le poids du flotteur. Les dimensions extrêmes des planches évolutives sont : 2 à 3 m de long, 50 à 65 cm de large, 28 à 43 cm de largeur du nez (à 30 cm de l'avant), 28 à 48 cm de largeur (à 30 cm de l'arrière).

Large ou étroite

Réduire la largeur procure d'ordinaire plus de maniabilité. Conserver ou même ajouter de la largeur garantit une totale stabilité. En général, quand on progresse, on en vient à des planches plus étroites, et la perte de stabilité passe quasi inaperçue.

L'emplacement moyen du maître bau de la planche se situe légèrement en avant du milieu. Le déplacer plus vers l'avant rend les lignes arrière plus étroites, avec pour effet d'augmenter la vitesse de la planche au détriment de la maniabilité. Reculer le maître bau amène la courbure et les arêtes dans les lignes arrière. La surface porteuse

Le gybe sur la carre

Pour beaucoup, l'empannage est une manœuvre embarrassante et difficile, et ces difficultés sont souvent liées aux positions assez peu naturelles que l'exécution du passage demande.

Les planches de vagues se comportent comme des skis. On attaque les virages en enfonçant le rail interne, à l'inverse de ce que l'on pratique avec une planche de 3,60 m de long.

Avant d'exécuter un gybe sur la carre, effectuez le test suivant pour voir comment votre planche réalise la prise de carre : planant au petit largue, les pieds dans les footstraps, appuyez sur les orteils et soulevez le talon de votre pied avant. Soit vous percevez une excellente réponse du flotteur, qui se met à décrire une courbe profonde en s'écartant du vent, soit la réponse est moyenne, c'est-à-dire qu'il s'éloigne progressivement du vent en tournant. Mais si le rail est submergé sous le vent sans réaction de la part du flotteur, c'est une mauvaise réponse.

Pour s'initier au gybe, il faut combiner les techniques. Amorcez le virage comme pour le test (**1**) ; poussez votre hanche à l'intérieur du virage, inclinez et tordez la partie supérieure de votre corps comme le ferait un cycliste (**2**) en bordant la voile, mais n'abaissez pas trop le point d'écoute sous peine de perdre le contrôle s'il s'enfonce dans l'eau. Repoussez le gréement, et portez tout votre poids sur le pied arrière, qui appuie sur le rail intérieur. Pour amener la planche à tourner serré, vous devez dégager votre pied arrière du footstraps arrière et le poser tout près du rail ; quand la planche prend la direction plein vent arrière, la vitesse de la planche et celle du vent rivalisent de très près, et le gréement ne permettra pas d'éterniser la prise de carre. Un moment, et la planche passera dans l'axe du vent puis s'arrêtera. Pour terminer le gybe, glissez le pied avant derrière, et le pied arrière devant, et appuyez sur le rail extérieur. Le gréement, avec le point d'écoute toujours dans la position de départ (**3**), demande à être solidement maintenu par la main arrière. Cette manœuvre aura amené la planche au petit largue de l'autre bord. Pour retrouver la bonne position de navigation, lâchez la main arrière (**4**), inclinez le mât sur l'avant pendant que le gréement tourne autour, lâchez la main du wishbone et préparez-vous à border sur la nouvelle amure.

augmente, ce qui permet de planer plus tôt. Toutefois, la vitesse maximum est diminuée, en raison de la résistance à l'eau plus marquée des formes arrière, en appui.

Plus la planche est large, plus sa surface de planing augmente, et dans des conditions limites les planches larges offrent d'excellentes performances. Par grand vent, leur excès de portance va traîner et la propension à rebondir et à sautiller sera beaucoup plus élevée que sur une planche plus étroite, en perdant de la rapidité de réactions et de virement.

Les arrières étroits étendent la longueur de la surface de planing, en immergeant les rails plus loin et en accroissant ainsi la résistance latérale. La charge sur les ailerons se réduit tandis que les arrières larges se reposent fortement sur les ailerons, empêchant le dérapage, et sont plus enclins au décrochage. Plus l'arrière est large, plus vous avez besoin de grands ailerons.

La spatule et la cambrure

La recette courante en funboard comprend 2,5 cm de hauteur de spatule par 30 cm de long. Une courbure accentuée dans les premiers 15-30 cm aide le nez à sortir de l'eau, comme s'il devait se planter ! La spatule est suivie d'une portion plate autour du pied de mât, d'où naît normalement la vitesse.

Les derniers 45 cm de la planche sont essentiels pour la maniabilité. En ajoutant de la cambrure arrière, les virages se déclenchent plus aisément. Une hauteur de cambrure de 3-4 cm, mesurés à partir du plat avant-arrière est courante sur des planches de 2,10 - 2,40 m. Une hauteur excessive ralentit la planche.

Les rails (voir au verso)

Les rails, ou bords extérieurs de la carène, admettent et libèrent l'eau. Modifier leur forme influence amplement la conduite de la planche et ses performances.

Des rails durs et bas (1) conduisent l'eau sur la partie arrière avec le minimum d'effet sur l'échappement du fluide à partir de l'arrière de la planche. L'écoulement laminaire de l'eau intensifie la vitesse, en même temps cette forme soulage l'étrave au maximum.

Les inconvénients sont le risque de croc-en-jambe à la planche sur le rail au niveau de la spatule lorsqu'elle s'enfonce dans l'eau et l'arrière qui rebondit et sautille tant que l'écoulement laminaire ne plaque pas la planche à l'eau.

Un rail mou, plein, constitue l'autre extrême (2). Il a pour effet de ralentir la planche en la faisant coller à l'eau. La courbe douce d'écoulement encourage l'eau à remonter autour du rail, submergeant la planche, et le volume important de mousse dans le rail donne flottabilité et stabilité. L'inconvénient est que les sauts sont mous pendant que la planche se bat pour garder le contact.

Entre ces deux extrêmes, maints compromis existent. Le rail des planches de surf modernes (3) est un bon exemple, et un choix très répandu. L'ampleur maximum du rail est placée aux trois quarts de l'épaisseur afin que l'eau tende à monter jusqu'au premier quart au point le plus ample, donnant à la planche de la nervosité. Le repli inférieur assure un écoulement laminaire, ainsi le planchiste gagne de la vitesse en ligne droite, tandis que l'ampleur du rail concourt à prévenir bonds et dérapages en virages serrés.

Retrouver son chemin pour rentrer dans les déferlantes peut endommager l'équipement. Attention à ce qui traîne dans l'eau ou sous l'eau en approchant la plage !

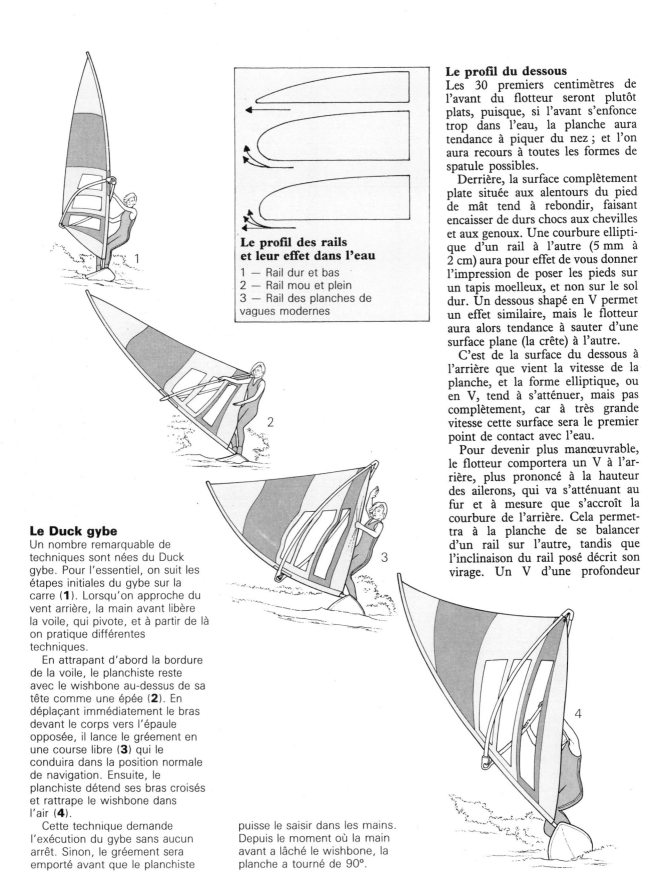

**Le profil des rails
et leur effet dans l'eau**

1 — Rail dur et bas
2 — Rail mou et plein
3 — Rail des planches de
vagues modernes

Le profil du dessous

Les 30 premiers centimètres de l'avant du flotteur seront plutôt plats, puisque, si l'avant s'enfonce trop dans l'eau, la planche aura tendance à piquer du nez ; et l'on aura recours à toutes les formes de spatule possibles.

Derrière, la surface complètement plate située aux alentours du pied de mât tend à rebondir, faisant encaisser de durs chocs aux chevilles et aux genoux. Une courbure elliptique d'un rail à l'autre (5 mm à 2 cm) aura pour effet de vous donner l'impression de poser les pieds sur un tapis moelleux, et non sur le sol dur. Un dessous shapé en V permet un effet similaire, mais le flotteur aura alors tendance à sauter d'une surface plane (la crête) à l'autre.

C'est de la surface du dessous à l'arrière que vient la vitesse de la planche, et la forme elliptique, ou en V, tend à s'atténuer, mais pas complètement, car à très grande vitesse cette surface sera le premier point de contact avec l'eau.

Pour devenir plus manœuvrable, le flotteur comportera un V à l'arrière, plus prononcé à la hauteur des ailerons, qui va s'atténuant au fur et à mesure que s'accroît la courbure de l'arrière. Cela permettra à la planche de se balancer d'un rail sur l'autre, tandis que l'inclinaison du rail posé décrit son virage. Un V d'une profondeur

Le Duck gybe

Un nombre remarquable de techniques sont nées du Duck gybe. Pour l'essentiel, on suit les étapes initiales du gybe sur la carre (**1**). Lorsqu'on approche du vent arrière, la main avant libère la voile, qui pivote, et à partir de là on pratique différentes techniques.

En attrapant d'abord la bordure de la voile, le planchiste reste avec le wishbone au-dessus de sa tête comme une épée (**2**). En déplaçant immédiatement le bras devant le corps vers l'épaule opposée, il lance le gréement en une course libre (**3**) qui le conduira dans la position normale de navigation. Ensuite, le planchiste détend ses bras croisés et rattrape le wishbone dans l'air (**4**).

Cette technique demande l'exécution du gybe sans aucun arrêt. Sinon, le gréement sera emporté avant que le planchiste puisse le saisir dans les mains. Depuis le moment où la main avant a lâché le wishbone, la planche a tourné de 90°.

maximale de 1,25 cm suffira pour obtenir un avantage substantiel en la matière.

Il y a foule d'expérimentations possibles sur les profils arrière de carène. Le V et le rond arrière sont des formes largement éprouvées sur lesquelles fonder vos expériences de décrochements, tuyères, concaves, tunnels, escaliers, biseaux, etc.

La construction de la planche
Une planche à l'unité est une tout autre histoire qu'un modèle produit par une grande marque en quelques minutes (voir les « Techniques de fabrication »). En employant les mêmes matériaux et techniques que pour les planches de surf, le bricoleur va passer beaucoup d'heures à suer sur une malheureuse planche.

Il y a plusieurs étapes, dans la construction d'une planche en amateur, qui sont des spécialités de professionnel. Le shapage, la décoration et la stratification s'accomplissent avant la pose des boîtiers d'ailerons et de l'antidérapant. Ensuite, on ponce et on polit la planche avant de mettre en place footstraps et emplanture de pied de mât.

Une expérience de shapage donne un bon aperçu d'hydrodynamique — de subtiles retouches influencent étonnamment les performances. La stratification requiert l'emploi de produits toxiques et apprend à doser les composants chimiques en fonction des circonstances climatiques.

Pour obtenir le meilleur rapport poids-solidité, le tissu devrait être à peine saturé, et la résine devrait

Le véliplanchiste conserve toute sa puissance en sautant face aux vagues. Vous pouvez voir son sillage. La vague est littéralement brisée de chaque côté du flotteur.

catalyser aussitôt la stratification terminée afin de gagner le maximum de résistance. Il faut achever l'opération avant que la résine polyester ne durcisse.

De récents progrès des composants de stratification ont donné des tissus et des résines supérieurs. On atteint un poids et une solidité excellents avec l'emploi du tissu de verre de 170 g S et de 270 g K. Ces tissus sont proches de ceux utilisés pour les mâts et rowings conventionnels et faciles à travailler.

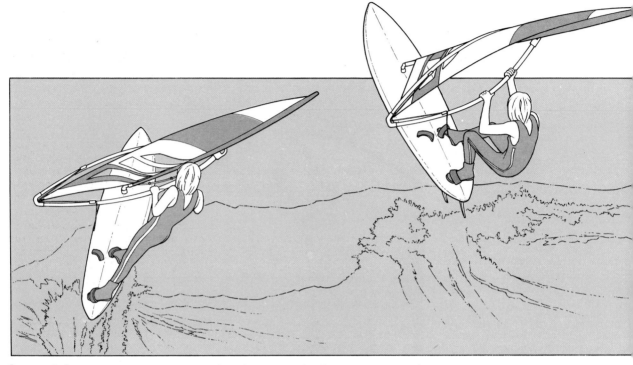

Le saut de vagues

Il existe un bon nombre de techniques de saut, toutes conçues pour gagner plus de hauteur, de la longueur, une meilleure position dans l'air et un contrôle à l'arrivée supérieur. Finalement, la technique évolue vers un style personnel, mais en voici les bases.

Au largue en pleine vitesse, les pieds fermement enfoncés dans les footstraps, visez droit sur la vague ou l'écume qui fonce sur vous. Le nez de la planche se soulève quand elle escalade la rampe de lancement (**1**). Placez-vous à l'arrière du flotteur, sinon vous serez lancé sur l'avant. Si vous comptez donner de la puissance dans le gréement durant l'envol (**2**), il faut compenser la résistance latérale provoquée par les ailerons et les rails, pour que la position normale soit maintenue, et la planche conduite vers le bas ensuite. L'effet en sera réduit si la voile est mise au lof pendant le saut, mais la hauteur, la longueur et le contrôle seront diminués.

Pour gagner de la puissance et contrôler mieux le saut, tournez les hanches et la partie supérieure du corps sous le vent, puis vers le gréement au dernier moment avant de décoller.

Au départ, il peut paraître difficile de convaincre votre corps d'obéir à ces préceptes, mais relaxez-vous et les résultats seront certains. Restez bordé et incliné sur l'arrière. Le flotteur répondra facilement à vos mouvements de pieds et de jambes, dans l'air. Appuyez sur les orteils de votre pied arrière, pour lever le rail au vent, et exposer l'arrière de la planche au vent. La force aérodynamique créée en inclinant la planche peut augmenter de façon significative le temps passé en l'air.

Pendant le saut, faites tous les efforts possibles pour diriger l'avant de la planche vers le bas, en étendant la jambe avant et en donnant de la puissance au gréement. Ainsi la planche pointera plus vite vers une courbe descendante pour amerrir. Faites d'abord poser l'arrière (**3**), sur le rail au vent. Genoux et chevilles doivent plier légèrement pour atténuer l'amerrissage.

Imprimez bien toutes les étapes d'un saut parfait dans votre tête, avant de le tenter. Mieux vaut s'entraîner un peu à terre avant de se retrouver sur la planche.

Une funboard recevra des stratifications d'épaisseur variable. Pour le dessous, il faut compter trois couches de tissu de 270 g qui recouvrent le rail pour donner une épaisseur de quatre couches à la rencontre des deux couches de 270 g sur le dessus. Il devrait y en avoir une troisième sur la partie allant du pied de mât à l'arrière de la planche et des renforts additionnels (quatre couches au total) dans les inserts de footstraps ; là où le wishbone heurte le pont en cas de choc et autour du pied de mât.

La résine polyester est très souvent employée en raison de son temps de prise facile à contrôler. Les pains standards de mousse polyuréthane (*Clark Foam*) conviennent à cette résine — l'avantage de la résine époxy est d'être plus souple et donc moins cassante à un impact.

Si vous souhaitez construire votre propre planche, il vous faudra faire plusieurs tentatives avant de parvenir à un résultat à peu près décent. Un bricoleur patient et travailleur a une chance de réaliser une planche approchant la qualité professionnelle au bout d'un an ou deux, mais ce n'est pas facile et mieux vaut

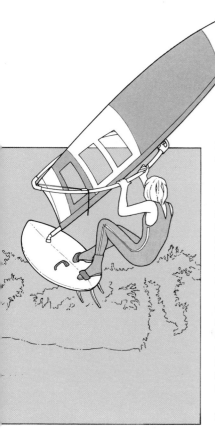

qu'on arrache quand la résine prend. Cela donne un antidérapant doux et excellent.

Autre méthode : cribler la résine de sciure de mousse (celle du shapage). Cela donne un bon résultat, mais peut demander un léger ponçage anti-abrasion.

La perception des vagues
Les planchistes de premier plan ont acquis la faculté de sentir les vagues après des années d'expérience du surf. En prévoyant l'endroit où une lame va briser, un funboarder est en mesure d'évoluer dans la partie critique du rouleau — celle où il casse et déferle — par de subtils mouvements du corps. Une performance athlétique, certes, mais son rôle est secondaire par rapport à celui de l'anticipation — apprendre à percevoir les vagues prend plus de temps que d'acquérir la technique pour les chevaucher.

Les rouleaux déferlent près du rivage quand la profondeur de l'eau est inférieure d'1,3 fois à la hauteur de la vague, entre le creux et la crête. Ainsi, une vague de 3 m commencera à casser dans 4 m d'eau mais, si le fond augmente à ce moment, la lèvre qui déferle arrêtera de se briser et se reformera. Si la profondeur décroît rapidement, au lieu de s'effriter la crête s'élèvera, ourlera en un « tube » de mousse puis cassera avec violence.

Il y a essentiellement deux sortes de vagues océaniques. De tempêtes lointaines provient une houle longue formée de lames de fond régulièrement espacées, tandis que le clapotis est créé par les vents locaux. Les lames de fond sont des plus adaptées à la navigation dans les vagues, se formant en crêtes qui s'élèvent et en façades escarpées quand la série de vagues approche du rivage.

Ci-dessous : sentir les vagues est la meilleure façon de leur faire face correctement.

prendre les conseils des gens du métier.

L'emplanture de pied de mât
Le pied de mât des planches de 2,75 à 3 m de long est d'habitude situé à 1,80 m de l'arrière ; sur celles de 2,10 à 2,50 m, il est placé entre 1,65 et 1,80 m.

Les footstraps
On doit pouvoir passer aisément les pieds dans et hors des footstraps. Une sangle rigide aide les footstraps à se tenir droits plutôt que de s'écraser sur le pont. Pour éviter la friction et les ampoules, gainez-les de néoprène de 3 ou 4 mm.

Assurez-vous que les footstraps soient espacés de manière à permettre une position confortable. L'écartement moyen varie de 50 à 60 cm. Disposez-les toujours pour une navigation par grand vent, dans la mesure où c'est là que vous en aurez vraiment besoin.

L'antidérapant
Un antidérapant efficace améliore grandement le contrôle de la planche. On se sert d'un tissu type voilage qu'on imbibe de résine et

La technique dans les vagues

La préparation physique et mentale est d'une importance vitale pour le planchiste de vagues. Si faire le tour du quartier en jogging vous donne des palpitations, ce n'est pas une bonne idée que de vous offrir une descente en surf ! Vous verrez que naviguer dans les vagues exige beaucoup plus de vous-même que naviguer dans l'eau plate, à tous points de vue.

La meilleure approche consiste à enfiler une paire de palmes (une combinaison si nécessaire) et à jouer dans les vagues là où vous avez l'intention de naviguer. Cette familiarisation vous mettra en confiance, et cela revient beaucoup moins cher que de dégringoler avec planche et gréement. Tâtez du body-surf et remettez-vous à la natation, ce qui semble plus que précieux en l'occurrence.

Avant de partir

1. Êtes-vous, comme votre gréement, d'attaque pour la situation ?

2. Le gréement est-il fermement attaché et relié au flotteur ?

3. Où vous retrouverez-vous dans l'éventualité d'une avarie ?

4. La configuration de l'endroit vous est-elle familière ? Sinon, avez-vous observé attentivement le lieu et interrogé les autochtones ?

5. Y a-t-il des hauts-fonds où vous pouvez laisser un boîtier d'aileron ?

6. Pouvez-vous tenir accroupi, ou agenouillé ?

7. Est-ce que les rouleaux augmentent ou baissent ?

Départ de plage

Ce n'est peut-être pas votre désir le plus brûlant que de prouver votre talent à un public sur le rivage, mais tomber au milieu des débris de mât cassé met rarement le planchiste infortuné en joie.

Première chose, un site approprié pour se lancer. Si des vagues de surf brisent au large, alors le bord de l'eau ne risque pas d'être calme. Une bande littorale plongeant à la verticale est difficile, et devient impossible par vent fort.

Cherchez une plage en pente douce. C'est ce qui offre les meilleures garanties. Regardez et faites-vous une idée du rythme des séries et jaugez les vagues qui approchent. Quand vous êtes certain d'avoir trouvé le bon endroit, descendez la planche jusqu'à l'eau.

Agrippez le mât avec votre main au vent juste au-dessous du wishbone et le footstrap au vent en face dans l'autre main. Levez le nez de votre planche en tirant dessus avec la main au mât, tout en la mainte-

Une descente de vague difficile requiert un minutage des opérations parfait, sans compter l'habileté à empanner calmement.

nant de l'autre main. Si votre planche est lourde de l'avant et difficile à transporter comme cela, inclinez simplement le mât devant votre front, et soutenez le gréement et l'étrave de la planche de la tête, en poussant sur la fenêtre de wishbone.

De cette manière, même les planches de vagues de grande taille peuvent s'acheminer au bord de l'eau, prêtes à partir de la plage vers les vagues.

La direction du vent

L'orientation du vent la plus propice à la navigation dans les vagues est le travers, avec une marge de 45° de chaque côté. C'est idéal si le vent souffle parallèlement à la côte :

les vagues peuvent être prises à la fois de gauche et de droite, et vous obtenez tout de suite une bonne vitesse pour traverser l'écume et pour partir.

Lorsque le vent souffle du large, passer dans le ressac avec de la vitesse est moins aisé. Au vent de travers, les vagues heurteront le rail au vent de la planche de l'étrave à l'arrière. Vous diriger vers la mousse qui vient et lever le rail au vent vous aidera à guider la planche, bien dégagée, et au-dessus de l'écume. Autrement, la planche se fait rincer de droite et de gauche, perd de la puissance de son gréement, qui risque de tomber sur la tête du planchiste. C'est là que le départ dans l'eau devient utile — attendez juste que l'écume vous passe sur la tête.

Évoluer ou surfer sur les vagues dans des vents venant plus du large entraîne une réduction notable du vent apparent, lorsque la planche et le vent commencent à se diriger pratiquement dans le même sens. Ainsi, on compte beaucoup sur la stabilité directionnelle de la planche, et, comme le gréement sert peu à l'orienter, elle va tendre à se montrer molle et sans répondant.

Quand le vent tourne à terre, on peut s'attendre à des rafales. Revenir au bord demandera de remonter un peu au vent, en s'aidant des vagues pour avancer. S'éloigner en planche dans le ressac est plus aisé puisqu'on peut atteindre directement les vagues à vitesse optimum bien que le côté sous le vent de la vague soit lié aux perturbations du relief de la plage. A l'évidence, un vent de terre aplatit les vagues quelque peu.

Si vous partez en planche à travers des vagues toutes proches, pensez à relever le rail sous le vent (qui heurte la vague en premier), pour faire monter la planche par-dessus plutôt que dans la vague. La planche tendra à être projetée vers le rivage, face au vent, et c'est pourquoi la traction du gréement est sujette à augmenter dramatiquement, propulsant le planchiste dans sa voile. Pour contrecarrer cela, soulagez le

rail au vent et suspendez-vous en arrière au gréement lorsque l'écume repousse la planche à terre.

Prendre le large

Les techniques pour gagner le large dans les vagues sont identiques, sans tenir compte de la direction du vent.

Heurter un mur d'écume de plein fouet balance le planchiste en avant. Pour contrer cela et aider l'étrave à monter, reportez votre poids sur le pied arrière et fléchissez les genoux pour amortir la montée. La planche sera ralentie, mais en pompant avec le gréement vous lui rendrez une allure beaucoup plus rapide.

L'approche de la dernière vague qui brise demande d'anticiper le moment où elle va craquer. Au début du déferlement de la vague, l'écume est des plus brutales, tandis qu'à côté le rouleau intact offre la partie la plus haute et la plus escarpée pour le saut. De prime abord, il est sage de se tenir à l'écart de cette zone critique, car quelques dixièmes de seconde feront toute la différence entre un atterrissage arrière ou la tête la première — hautement indésirable et provoqué par la rupture de la lame au moment où vous commencez à décoller. A ce compte, s'éjecter et lancer la planche et le gréement loin de soi est la solution la plus sûre.

A bord d'une planche courte, on a affaire à un engin fougueux, remuant. Le placement du poids devient critique. Pour acquérir une bonne vitesse dans les conditions limites de planing, le pumping aide, mais en pure perte si la planche n'est pas bien dans ses lignes. Surveiller l'assiette, le poids en avant, l'étrave dégagée de 15 cm, facilite les choses.

Il y a deux solutions pour faire du près sans dérive. Par forte brise, en restant bien à plat, on ne remonte pas trop mal au vent. Mais par vent plus léger, quand le planing est dur à conserver, il faut une seconde technique. Poussez franchement le rail au vent dans l'eau et étendez la longueur de flottaison au maximum, en vous avançant — la planche joue alors le rôle d'une longue dérive.

La vitesse avec Jaap Van der Rest

Le Hollandais Jaap Van der Rest s'est fait une spécialité de la vitesse en planche à voile, et en particulier des records du monde de vitesse.

En 1980, il battit le record des 500 m sur une Windsurfer spéciale, à une moyenne de 24,45 nœuds. Il amena ce record à 25,1 nœuds, en 1981, avant que le Français Pascal Maka ne le dépasse à Weymouth, en 1982, avec 27,82 nœuds, franchissant ainsi la barre des 50 km/h, suivi en 1983 par Fred Haywood, originaire de l'île de Maui, avec 30,82 nœuds, soit 57 km/h.

Jaap commença la planche à quatorze ans, et courut pendant trois ou quatre ans, jusqu'à ce qu'il en ait assez des concurrents hyper-sérieux et des règlements. C'est alors qu'il entra dans l'équipe Ten Cate, qui possédait des planches spéciales dessinées par le Californien Garry Seaman, sur lesquelles il battait le record deux ans plus tard.

Que recherche-t-on dans les courses de vitesse ? Cette discipline comporte très peu de rapports avec les régates en triangle, le saut de vagues ou le freestyle. Elle tourne uniquement autour de l'homme, qui peut propulser sa planche le plus vite possible, sur un parcours de 500 m, chronométré officiellement.

Au Royaume-Uni, on compte d'importantes épreuves de vitesse (Portland Harbour, près de Weymouth, est la toute première du genre), mais aussi en France, en Allemagne, aux Pays-Bas et à Hawaï, au cours desquelles les temps sont homologués. Les planches qui y participent sont construites spécialement.

La plupart des parcours de vitesse sont disposés vent de travers, grand largue. Les conditions idéales sont une mer plate, et beaucoup de vent.

Pendant l'année 1981, Jaap prit part aux trois épreuves majeures de vitesse du monde, et y battit son propre record. En suivant ses commentaires à leur propos, on peut se faire une idée de ce qui se passe dans le monde de la planche de vitesse, qui s'est développé d'une façon unique et magistrale. Les trois épreuves de vitesse se tenaient à Weymouth, à Brest et à Veere, et chacune d'elles offrait un caractère très particulier.

Weymouth

Les épreuves de vitesse de Weymouth sont les toutes premières du genre, et ont un parfum typiquement britannique.

Jusqu'à ces dernières années, seuls quelques fous enthousiastes y participaient, arrivant sur la ligne de départ avec des bateaux d'aspect bizarre ; la course était ouverte à n'importe quelle embarcation à voile, et pas seulement aux planches à voile.

Beaucoup de ces bateaux excentriques ne marchèrent jamais réellement bien : leurs mâts pliaient, la coque se brisait en deux, et quelques propriétaires devaient passer toute la semaine à rafistoler leur engin sans plus le mettre à l'eau.

En 1981, on remarqua un changement : les véliplanchistes prirent totalement possession de la série des 10 m² de surface de voile, évinçant toutes les autres embarcations, et forçant le détenteur du record mondial, Crossbow, à l'abandon. Ayant atteint la vitesse de 36 nœuds avec une voile de 180 m², il ne voulait pas prendre le risque d'une confrontation avec des engins si petits.

Une série de planches intéressantes étaient au rendez-vous. Un flotteur mâté avec un arrière pointu paraissait être une bonne idée : il devait déjauger de l'avant et reposer sur les 40 derniers centimètres. Il y avait la Carlsberg Spécial, qui semblait ne jamais devoir flotter, le détenteur du record précédent, Clive Colenso, testant une construc-

A gauche : Van der Rest lancé en pleine vitesse sur la planche qu'il utilisa à Weymouth et à Brest, avant de convenir du fait que Jürgen Honscheid avait trouvé le moyen d'aller plus vite, sur une simple planche de surf aux lignes dépouillées.

A droite : la planche à voile de type surf a été inventée par Jürgen Honscheid en 1981, à Hawaï, pour la navigation et le saut de vagues. Cette planche de Robby Naish, de 1982, présente toutes les caractéristiques d'une planche de vitesse.

tion en aluminium alvéolé et, enfin mais pas en dernière place, les planches conçues par Gary Seaman pour Ten Cate, avec Jaap et Erika Keller, Jean-Marc Schreur et moi-même.

Les choses sont bien parties, puisque j'ai fait le meilleur run dès le premier jour, à la vitesse de 22, 9 nœuds. Je comptais gagner la Semaine sans problème. Les jours passaient calmement lorsque je revins brusquement à la réalité. Le maestro allemand de l'Ouest - hawaïen Jürgen Honscheid apparut avec un petit surf en forme de fusée, la seule planche qui eût moins de volume que la mienne. Il portait un gréement de planche à voile placé le plus à l'avant possible du flotteur, et commença à naviguer le long du parcours comme s'il soufflait un vent de force 4 alors qu'il soufflait presque à force 9 !

Je cassai mon aileron, un autre sa coque, et Jürgen mit mon record en l'air, avec 24,75 nœuds, ce qui n'était pas assez pour l'homologation (il faut une vitesse de 2 % supérieure à celle enregistrée précédemment, pour tenir compte des erreurs de chronométrage) — et je conservai ainsi mon record.

Brest

Nous avions quatre jours pour préparer la Coupe de vitesse de Brest. Jürgen m'inquiétait, mais je comptais bien le battre après avoir réparé mon aileron.

La Semaine de Brest est très différente de celle de Weymouth. Quatre sponsors étaient là, dans le grand style, avec prix, presse, réception chaque soir, et un mur gigantesque de télévisions permettant aux spectateurs de suivre ce qui se passait.

Comme à Portland Harbour, un grand parcours circulaire avait été disposé, mais très éloigné de la côte, et il fallait faire 4 km au large avant de le rejoindre.

Les spectateurs suivaient sur les téléviseurs plus qu'ils ne voyaient réellement. On mit un temps fou à rejoindre le parcours : des vagues énormes se levaient en même temps que le vent, et il n'y avait aucun contrôle des procédures de départ, ce qui, à chaque risée, faisait

Ci-dessus : une autre planche de surf à voile, en forme de pintail, à Hawaï, en 1982. L'arrière du flotteur est effilé le long des deux rails, pour donner une surface mouillée minimale

Ci-dessous : les engins de vitesse « habituels » que l'on rencontrait à Weymouth ont été progressivement éliminés par les planches, malgré des inscriptions limitées à quinze.

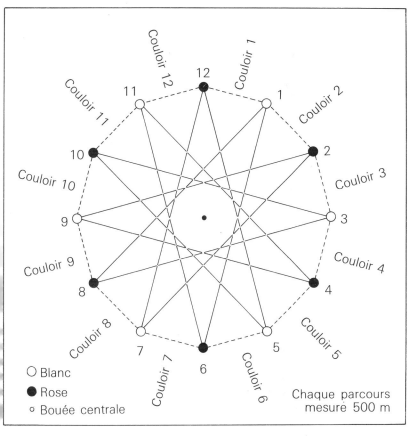

Couloir 12 11 12 Couloir 1
Couloir 11 11 1 Couloir 2
10 2 Couloir 3
Couloir 10 3
9 3
8 4
Couloir 9 8 4 Couloir 4
7 6 5 Couloir 5
Couloir 8 Couloir 7 Couloir 6

○ Blanc
● Rose
○ Bouée centrale

Chaque parcours
mesuré 500 m

A gauche : le parcours de Portland Harbour est aménagé par la Royal Yachting Association, chaque mois d'octobre, dans l'espoir qu'il coïncide avec la venue des tempêtes d'équinoxe. C'est un cercle de bouées, avec une bouée au centre. Chaque concurrent entrant sur le parcours peut choisir entre douze couloirs de 500 m en fonction de leur angle d'attaque.

Lorsque cela souffle très fort, ces parcours deviennent trop houleux pour que les planches puissent passer à travers les vagues en gardant leur vitesse, et le R.Y.A. dispose un autre couloir, « à la côte », parallèle au rivage, dans des eaux plus calmes. C'est là que les planches tentent de réaliser leur meilleur temps.

Ci-dessous : Jürgen Honscheid, à Weymouth, en 1981, sur le point de donner à Jaap Van der Rest un sérieux choc. Sa planche est trop petite pour que vous puissiez l'apercevoir correctement au milieu de l'écume. Jürgen apprit à Hawaï comment s'en servir.

ressembler le parcours aux Champs-Élysées aux heures de pointe.

Et le comble, c'était la présence d'un grand nombre de trimarans de haute mer, que les organisateurs avaient encouragés à participer. L'un d'entre eux me heurta, et ils sabotèrent délibérément le parcours côtier établi le jour où il y eut trop de vent au large. Ils passaient en travers, et paressaient en plein milieu ! Il va sans dire que ces incidents n'améliorèrent pas l'ambiance.

Mais la présence de l'observateur de la R.Y.A., Sir Reginald Bennett, remit les choses en place, car c'est un homme à la fois très aristocrate et très populaire dans le milieu des navigateurs. Ses discours sont, et c'est rare, excellents, et il fut le seul à attaquer la façon française de donner une telle préséance aux grands bateaux. Erika Keller trouva le temps de devenir « la femme la plus vite du monde », avec 20,3 nœuds, et gagna 12 500 F pour la peine, tandis que je découvrais que

Jürgen Honscheid était vraiment plus rapide que moi ; la conception de son petit flotteur peu volumineux était véritablement décisive.

Veere

J'avais deux semaines devant moi pour concevoir et réaliser une nouvelle planche pour les épreuves de vitesse de Pall Mall Cup à Veere.

Tout d'abord, je transformai une planche de surf ordinaire en planche à voile, et commençai à m'entraîner. A partir de ce que je constatai, je construisis une nouvelle planche pendant les quatre jours qui me restaient.

La finition de mon flotteur laissait beaucoup à désirer, et il n'y eut pas de vent pour mes jours d'essai. Ainsi je participai aux épreuves de Veere avec une planche non testée, qui allait nécessiter de nombreuses modifications. Mais je n'avais pas le choix, car je savais qu'Honscheid me battrait si j'utilisais ma planche précédente.

Stéphane Peyron pendant la Semaine de vitesse de Weymouth de 1981. Weymouth est la plus ancienne épreuve de vitesse, mais garde une très bonne réputation à cause du calme de ses eaux de Portland Harbour, quand souffle la tempête.

Les épreuves de la Pall Mall Cup sont uniques. Le chronométrage s'effectue par caméra vidéo, au centième de seconde près. Le parcours est si près de la côte que le public suit facilement les épreuves, et les bons offices des bateaux de sécurité sont parfaits.

La semaine commença avec un vent très faible. Le troisième jour, je marquais un très bon temps, et, pour mon dernier run du vendredi 13 novembre, je battis le record, en atteignant la vitesse de 25,2 nœuds.

Ci-dessus : la planche sur laquelle Jaap battit le record de vitesse jusqu'en 1981, à la Pall Mall Cup. Dessinée par Gary Seaman, elle montrait une carène profilée, à volume. Alors que la génération de planches issues du surf de Jürgen Honscheid (à droite) opta pour la simplicité extrême.

A Brest en 1982, Philip Pudenz établit un nouveau record de 26,5 nœuds, mais il fut dépassé par Pascal Maka, avec 27,82 nœuds, à Weymouth, deux semaines plus tard. Six autres planchistes dépassèrent les 26 nœuds, tous sur des planches très similaires, alors que Jaap Van der Rest put seulement atteindre la vitesse de 25,2 nœuds. En 1983, à Weymouth, le grand (1,90 m) Hawaïen Fred Haywood pulvérisa tous ces records en effectuant un run à 30,82 nœuds, avec une voile « aile » entièrement lattée.

La conception de ces planches n'est pas sans importance, mais la technique non plus. La plupart de ceux qui dépassent les 26 nœuds sont des spécialistes de la brise notoires ayant une bonne expérience hawaïenne derrière eux, tels Fraser Black, Jürgen Honscheid, Philip Pudenz, le baron Arnaud de Rosnay,...

Le freestyle avec Ken Winner

Le freestyle s'est développé ces dix dernières années, sous prétexte, au départ, de transformer les chutes dans l'eau en démonstrations de mouvements artistiques de gymnastique. Il comprenait alors pirouettes, sauts, sauts périlleux et grand écart. Maintenant, des compétitions mondiales réunissent des centaines de freestyleurs, des jurys, et on trouve des règlements, des figures et des enchaînements imposés. Le phénomène a pris une telle importance qu'il existe des spécialistes de freestyle qui ne font que cela. Quoi qu'il en soit, sa complexité actuelle ne diminue en rien l'attrait principal du freestyle, qui reste encore une diablement bonne excuse pour tomber à l'eau.

En 1976, je commençais à m'intéresser au freestyle. A vingt-et-un ans, j'avais un peu mieux à faire que de sécher l'école pour patauger des heures à essayer « shampooing » et « waterstart ». Mais la littérature et les mathématiques avaient peu de chance face à l'attrait de l'eau par un jour de printemps chaud et venté. Ironie du sort : les heures passées sur l'eau m'ont donné une meilleure profession que n'auraient jamais pu le faire toutes les heures passées en classe.

1976 fut aussi l'année de la « tranche ». On en avait déjà fait auparavant, mais Robby Naish, qui n'avait alors que douze ans, apporta une meilleure technique à l'Amérique du Nord et au monde. Cette année-là, la « tranche » devint la plus séduisante figure, ce que l'on pouvait faire de plus fantaisiste sur une planche, et elle concentra une attention formidable sur le freestyle. Faire du freestyle, de la « tranche », revenait à montrer à la foule que vous étiez plus qu'un planchiste ordinaire. Les garçons devenaient des hommes par le simple fait de monter sur la tranche.

L'année suivante, le freestyle devint une épreuve du Championnat du monde Windsurfer, en Sardaigne. Et de cette distinction nouvelle vint la controverse : Qui seraient les juges ? Devait-on pénaliser fortement les chutes ? Fallait-il encourager les figures spectaculaires, ou bien les figures harmonieuses ? En

Ci-dessus : l'Américain Ken Winner, l'un des tout premiers champions de freestyle du monde, gagnant de la Pan Am Cup et dessinateur de prototype pour la marque Dufour.

dehors de l'opinion des juges, qui avait réellement gagné ? Chaque année, ces questions se posaient lors des compétitions de freestyle importantes. On trouvait des réponses, qui ont changé au fur et à mesure que le sport a évolué, que les concurrents sont devenus plus habiles, et les juges plus attentifs. Mais les questions restent les mêmes. Et c'est leur présence et celle de diverses controverses qui assure au freestyle sa vitalité, son attrait pour un large public.

Ce public de pratiquants comporte des compétiteurs, bien sûr, et aussi, plus important, un grand nombre de planchistes qui font du freestyle ni pour la gloire ni pour l'argent, mais bien pour le plaisir. Le plaisir d'être à l'air libre, de

sentir le vent dans ses mains et l'eau sous ses pieds, le plaisir de voir le monde à l'envers dans un « shampooing » ou la sensation étourdissante d'une « pirouette »

Il comporte aussi ceux qui apprécient le défi d'une nouvelle figure, la satisfaction de l'apprendre parfaitement, pour l'enseigner en retour à un ami. Elle inclut enfin tous ceux qui ont besoin d'une bonne excuse pour tomber à l'eau.

A droite : le champion anglais de freestyle Dee Caldwell effectuant l'Everoll au cours de son enchaînement. Il apprit à maîtriser cet art en s'entraînant aux Bahamas, pendant les mois d'hiver.

Le saut périlleux dans le wishbone marche bien si vous ménagez suffisamment d'espace entre le wishbone et la voile et retombez sur le flotteur sans avoir cessé de naviguer. C'est pourtant une figure difficile, et beaucoup l'effectuent en final de leur enchaînement, quand ils aiment terminer dans l'eau avec un grand splash !

Les débuts

Le freestyle est né du « hot dogging », une façon de s'amuser sur une planche, sans règlement.

Les Américains furent les premiers à introduire des enchaînements. Et la marque américaine Windsurfer commença à organiser des compétitions semblables aux épreuves de freestyle des patineurs à roulettes.

C'était en 1970, et depuis les enchaînements sont devenus de plus en plus adroits et peaufinés. Le temps où une « tranche » était saluée par des acclamations est bien fini, ceux qui maintenant ne savent pas en faire autant passent pour des manchots ; et les compétitions de freestyle prennent place parmi les régates tous les weed-ends, en Angleterre en particulier.

Le freestyle et ses usages

Peu nombreux sont les champions de régates qui ne maîtrisent pas au moins les bases du freestyle. La capacité de connaître les limites de maniabilité d'une planche est vitale, pour bien jongler de façon à prendre position sur une ligne de départ par grand vent, ou virer une marque au milieu d'une masse de planches avec des risques de collision.

Par exemple, au moment du départ, vous êtes souvent obligé de naviguer en marche arrière pour vous écarter de la ligne ; si vous tombez au vent, c'est bien plus rapide de repartir avec un waterstart ; et quand vous écopez d'une pénalité, c'est le moment d'effectuer un rapide 720°, que seuls les freestyleurs savent exécuter parfaitement. Et c'est en maîtrisant des enchaînements de freestyle que vous saurez vous sortir de ces situations imprévues et parfois embarrassantes.

Les enchaînements de freestyle

On alloue généralement trois minutes à chaque participant pour exécuter son enchaînement, dans les épreuves habituelles. Le signal de départ est donné par le concurrent, qui abaisse un bras. Le jury lui signale que son temps est achevé après lui avoir annoncé les trente dernières secondes et puis compté à rebours les quinze dernières.

Les appréciations des épreuves

Le concurrent doit effectuer un grand nombre de figures différentes, enchaînées avec aisance et style.

Dans une compétition internationale importante, quatre juges évalueront les performances dans chacune des catégories suivantes :

1— Nombre de figures réussies.
2— Difficulté technique des figures réussies.
3— Originalité de l'enchaînement.
4— Style dans l'exécution des figures.
5— Style dans l'exécution globale de l'enchaînement.

Chaque catégorie est notée sur 20, et on calcule une moyenne des notes données par les quatre juges. Quand les concurrents sont très nombreux, on a recours à des élimi-

natoires, à des quarts de finale, à des demi-finales, et à des finales.

Pour les petites épreuves locales, deux ou trois juges suffisent, et l'on peut appliquer un système de points moins complexe, les concurrents ne discutant presque jamais les décisions du jury. Et si le niveau est peu élevé, on peut raccourcir les enchaînements à deux minutes, ou moins.

Cette figure ne fait pas partie du répertoire traditionnel, mais il existe des compétitions de freestyle en duo, et, si vous savez jongler, pourquoi pas ? La combinaison normale pour ce type de figures, c'est un père et son petit garçon, ou un garçon et sa petite amie, mais on se prend rarement très au sérieux. Pourtant, quel éclat !

La préparation et les bases

La planche idéale, pour le freestyle, sera plate, avec des rails bien larges, stable et facile à manœuvrer, mais en même temps sensible et nerveuse.

Les planches-types favorites sont les Windsurfer Regatta, et les Mistral Compétition. Elles possèdent souvent un aileron raccourci, pour virer plus rapidement, la navigation en ligne droite n'étant pas très appréciée pour un enchaînement de freestyle !

Les points vitaux

Une planche de freestyle demande une préparation aussi soignée que celle d'une planche de régate ou de saut de vagues.

L'antidérapant

Vous ne devez pas glisser sur le flotteur. Pour éviter que cela ne vous arrive, utilisez de la wax, et pas seulement sur le pont. Quand vous naviguez sur la tranche, vous vous servirez des côtés et du dessous. Waxez-les bien !

Le pied de mât

En aucun cas il ne doit se séparer du flotteur, et vous exercerez une pression constante sur lui afin de réaliser des figures. Pour monter sur la tranche, vous passez un long moment le mât levé contre le pont du flotteur. Fixez-le véritablement bien, et, si c'est un pied de mât en T, entourez-le de ruban adhésif, et enfoncez-le au marteau.

La dérive

Lorsque vous naviguerez sur la tranche, vous allez monter sur la dérive. Aussi, enduisez-la bien de wax. Assurez-vous qu'elle se bloque convenablement, et ne risque pas de glisser quand vous retournerez la planche. D'un autre côté, il ne faut pas qu'elle reste coincée, car c'est bien pratique de l'utiliser comme marche-pied pour passer sur la tranche sans glissade !

Les voiles

Vous devez aussi vous en préoccuper. Quand vous apprenez vos figures, un vent faible est préférable, mais pour effectuer votre enchaînement devant le jury vous aurez besoin d'une voile très puissante, pour supporter vos figures corporelles et vos sauts périlleux. Si la voile est trop petite ou trop plate, vous tomberez dans l'eau au milieu de chaque figure. Aussi, assurez-vous qu'elle est bien maniable et à la bonne taille — l'idéal est une voile à point d'écoute relevé, par un vent de force 3 régulier, sur une mer d'huile.

L'habillement

Moins vous porterez de vêtements, plus vous serez agile. Mais ce n'est valable que si l'eau est chaude, et si vous êtes suffisamment expérimenté pour éviter bleus et bosses.

Pour débuter, vous remarquerez que vos tibias et vos pieds sont particulièrement exposés. Portez un long john renforcé sur les jambes, et des chaussons de planche qui accrochent comme des patelles !

Les figures de base

Chaque freestyleur doit maîtriser les figures de base avant de se lancer dans des variations rares, de leur propre invention, comme il s'en crée une ou deux nouvelles par an.

Voici les figures de base proposées par la série Windsurfer ces dernières années :

Le virement de bord rapide

S'effectue comme son nom l'indique.

L'empannage rapide

Idem

L'empannage en force

Amener la planche vent arrière en gardant le gréement contre le vent de force, pour faire tourner la planche. Il est souvent utilisé en régate et en funboard.

Le shampooing

Plongez la tête dans l'eau pendant que vous naviguez, en avant ou en arrière. C'est un bon exercice pour le dos.

Le corps dans l'eau

Allongez-vous dans l'eau, de tout votre corps, tout en continuant à naviguer, et relevez-vous avec le gréement.

Le waterstart

Ce n'est pas très différent de la figure précédente. Démarrer allongé dans l'eau est bien utile si vous avez chuté par mégarde au cours de votre enchaînement. Tous les planchistes naviguant sur des flotteurs courts « waterstart » doivent pratiquer ce départ dans l'eau indispensable.

L'arrière devant

Vous avancez avec l'arrière de la planche en avant.

Dans le wishbone

On navigue avec le corps entre la voile et le wishbone, au vent ou sous le vent

Sous le vent

Debout sous le vent, on pousse la voile depuis ce côté tout en continuant d'avancer.

Dos à la voile

En faisant ce qui précède, mais en se plaçant dos à la voile, vous gardez l'air décontracté.

Assis

Comme son nom l'indique !

Allongé

De même. Vous pouvez allez aussi loin que vous voulez.

Le 360° voile

Faites exécuter au gréement un tour de 360°, sans que le flotteur change sa route en ligne droite. Vous pouvez aussi essayer le 360° planche, qui s'avérera utile lorsque vous devrez effectuer une pénalité de 720° autour d'une marque de parcours de régate.

La tranche

Soulevez le flotteur sur le côté, et montez sur le rail. Il existe de nombreuses variations, en marche arrière, en marche avant.

L'arrière coulé

Enfoncez l'arrière de la planche. C'est très souvent utilisé lors des jolis empannages lents.

Le final

Vous pouvez conclure votre enchaînement de n'importe quelle façon, pourvu que ce soit spectaculaire ou gracieux. En grimpant en haut du mât, en effectuant un saut périlleux dans le wishbone, ou simplement en vous élançant dans l'air ; l'important, c'est de rester dans le temps imparti. Si c'est bien fait, les spectateurs manifesteront leur joie.

Envol sur une figure d'arrière coulé, en guise de clou d'un enchaînement de freestyle. Terminer sur une figure spectaculaire impressionnera beaucoup le jury.

La tranche

Naviguez vent de travers. Pour soulever le flotteur, appuyez sur le bord sous le vent, de votre pied arrière, pendant que vous soulevez le côté au vent de

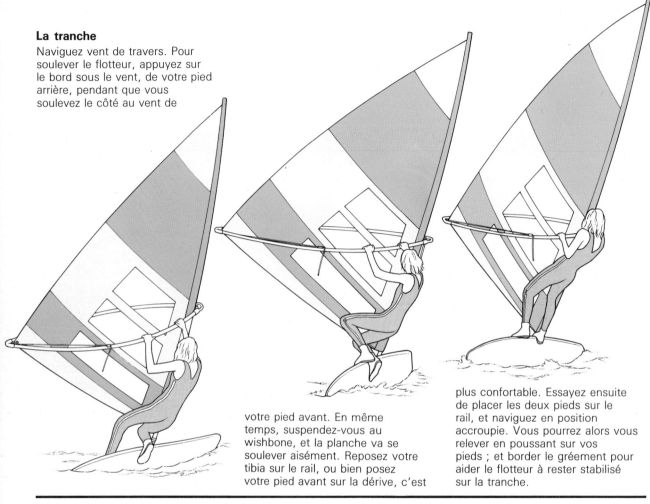

votre pied avant. En même temps, suspendez-vous au wishbone, et la planche va se soulever aisément. Reposez votre tibia sur le rail, ou bien posez votre pied avant sur la dérive, c'est

plus confortable. Essayez ensuite de placer les deux pieds sur le rail, et naviguez en position accroupie. Vous pourrez alors vous relever en poussant sur vos pieds ; et border le gréement pour aider le flotteur à rester stabilisé sur la tranche.

Premiers essais

Vous apprendrez figure par figure. Choisissez celle que vous voulez exécuter, et travaillez jusqu'à ce que vous la possédiez parfaitement, plutôt que d'abandonner pour passer à une autre.

Si vous le pouvez, répétez-la sur la terre ferme. Vous découvrirez bientôt que vous pouvez réaliser la quasi-totalité de votre enchaînement à terre, y compris la tranche. Quand vous en serez à essayer les figures sur l'eau, faites-le par mer calme et dans un endroit peu profond, avec un vent de force 2. Si la mer est chaude, c'est idéal.

Élaborer son enchaînement

Répétez vos figures une par une jusqu'à les réaliser toutes par un vent léger, moyen, puis fort. Ensuite, vous pourrez les rassembler dans un enchaînement, en les faisant se succéder avec aisance.

Il n'y a pas d'autre solution que de se fier à son instinct. Bien sûr, vous devrez en connaître assez pour improviser ou vous rattraper si quelque chose ne va pas, ou si les conditions changent, mais votre enchaînement de base pour ces trois minutes aura été préparé à la perfection plusieurs mois auparavant.

Les figures favorites

Toutes les figures qui sont des variations sur le thème d'un parfait contrôle de la planche sont les figures favorites pour un bon enchaînement de freestyle.

La tranche

C'est « la » figure qu'on doit savoir faire. Lorsque vous serez devenu très bon, vous pourrez l'exécuter en marche arrière, en marche avant, dans le wishbone, au vent ou sous le vent du gréement, et sur (pourquoi pas ?) la tranche sous le vent et au

vent de la planche. Vous pouvez aussi poursuivre votre route en rock'n'roll.

Au départ, la tranche est un équilibre empêchant le flotteur de partir au lof, ce qu'il tend toujours à faire. Vous devez bien maîtriser le simple art de soulever le rail au vent en continuant de naviguer, avant de vous lancer dans diverses variations plus spectaculaires sur ce thème. Si vous glissez trop sur la tranche, rendez la surface du rail rugueuse avec un abrasif.

A droite : l'art qui consiste à rester en équilibre sur la tranche est la base d'un enchaînement de freestyle. Une fois que vous aurez dominé ce problème, vous pourrez improviser une succession de différentes figures, comme vous le montrent les pages suivantes.

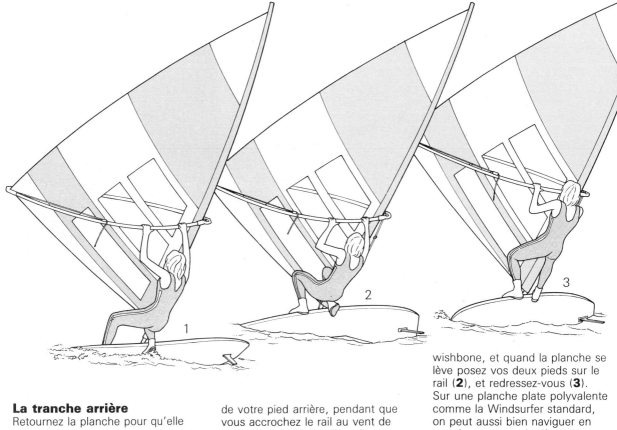

La tranche arrière
Retournez la planche pour qu'elle navigue l'aileron en avant. Appuyez sur le bord sous le vent de votre pied arrière, pendant que vous accrochez le rail au vent de votre pied avant (**1**). En même temps, suspendez votre poids au wishbone, et quand la planche se lève posez vos deux pieds sur le rail (**2**), et redressez-vous (**3**). Sur une planche plate polyvalente comme la Windsurfer standard, on peut aussi bien naviguer en tranche avant qu'arrière, comme vous le voyez ici.

Variations sur la tranche
Un freestyleur de niveau international sait en général beaucoup mieux naviguer sur la tranche que la plupart d'entre nous sur un flotteur à plat, mais ce n'est là qu'une question d'heures d'entraînement.

La tranche en marche arrière est un peu plus difficile que la tranche simple, et la tranche sous le vent est encore plus difficile.

L'Everoll, une variation intéressante de la tranche sous le vent, fut inventée par l'Américain Gary Eversole, inventeur aussi du rock' n'roll en planche. L'Everoll est une tranche poussée un peu plus loin. Vous naviguez le point d'écoute bien vers le vent, sur la fausse panne, et vous soulevez le bord du flotteur sous le vent, en l'appuyant contre le mât. Puis vous pouvez monter sur la dérive et sur l'arrière de la planche. Lorsque vous êtes installé dans cette position, vous pouvez contrôler la direction de la planche en bordant et en choquant.

Il est évidemment très important que la dérive soit bien arrimée en place.

Le rétablissement
Si vous manquez votre coup et tombez, vous devez pouvoir vous rétablir adroitement et rapidement. Le « waterstart », ou départ de l'eau, est la meilleure façon de s'en sortir. Pour apprendre les bases d'un waterstart, le plus simple est de vous laisser tomber au vent délibérément.

En naviguant au travers, vous laissez filer votre main d'écoute, de façon à tomber en arrière avec le gréement au-dessus de vous.

Après avoir vidé la voile de son eau, et gardé le wishbone dans le vent, vous découvrirez qu'en bordant le gréement vous êtes soulevé et remis sur vos pieds.

Par petite brise, vous pouvez être obligé de donner un coup de main. Pliez les genoux pour porter votre poids vers le centre du flotteur ; si cela ne suffit pas, déplacez vos

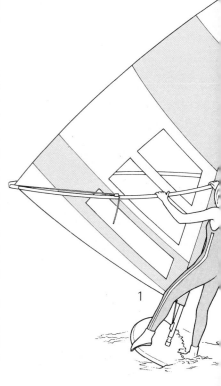

mains du wishbone sur la base du gréement. La main avant peut tenir le mât environ à 60 cm au-dessus du pont, tandis que la main arrière saisit la bordure à un tiers du point d'écoute. Le gréement aura ainsi assez de puissance pour vous soulever. Rappelez-vous que le flotteur aura toujours tendance à lofer. De toute évidence, ces manœuvres sont plus faciles si vous êtes léger.

A droite : Dee Caldwell, assis sur la tranche, semble bien mouillé. Il se prépare à replier sa jambe pour poser le pied sur le bord et se lever debout sur la tranche.

La tranche sous le vent
Naviguez vent de travers et commencez à appuyer sur le bord du flotteur au vent (**1**). En même temps, vous aidez le bord sous le vent à se soulever avec votre pied arrière, pendant que vous suspendez votre poids au wishbone (**2**). Alors que la planche se lève, vous montez sur la tranche (**3**). Vous pourrez ensuite placer un pied devant le mât pour votre figure suivante (**4**). Cette figure requiert un peu plus d'adresse que la simple tranche, dans la mesure où vous aurez besoin d'un meilleur équilibre pour tenir le flotteur sur la tranche. Vous devrez appliquer le mât contre le flotteur avec précaution si vous ne voulez pas qu'il se retourne à nouveau. Pour cette figure, le pied de mât doit être solidement fixé dans son emplanture.

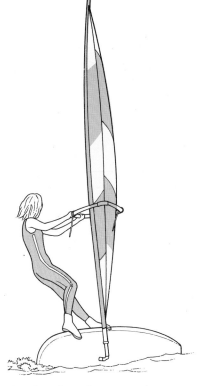

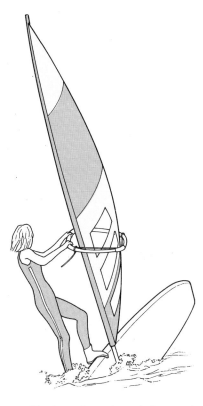

Rock'n'roll
Naviguez sur la tranche, en avant ou en arrière, avec les pieds bien écartés. Vous pouvez alors balancer le flotteur en enfonçant alternativement l'avant puis

l'arrière. Il est important de ne pas glisser, et de réussir cette figure avec grâce et aisance.
De nombreux planchistes l'effectuent avec précipitation, ce qui en fait un cafouillage.

C'est au championnat du monde Windsurfer de 1977, en Sardaigne, que l'on a vu pour la première fois cette figure. Elle fait maintenant partie du répertoire classique.

S'exercer au waterstart
Vous pouvez vous exercer au départ dans l'eau d'abord sur la plage, puis en eau peu profonde.

N'oubliez pas le point principal : conservez toujours le flotteur travers au vent, et le gréement du côté au vent. Évitez que le flotteur ne se déplace trop lorsque vous prenez appui sur vos pieds, ce qui risque de se produire si vous vous placez trop près du vent, ou trop au largue. Vous contrôlerez, en appuyant votre pied contre le bord au vent du flotteur, qu'il est bien placé par rapport au vent.

Si vous possédez une dérive de taille normale et un aileron bien

A gauche : puissance et précision pour cette pirouette d'un enchaînement de freestyle. Les figures doivent toujours être gracieuses. Pour gagner les épreuves de freestyle, vous devrez vous montrer aussi léger et impressionnant qu'un champion de patinage artistique.

équilibré, votre flotteur ne risque pas trop de tourner. Le problème se pose avec plus d'acuité quand vous essayez le départ dans l'eau sur une planche Waterstart, qui coule à l'arrêt ; portant un seul aileron, elle offre une résistance latérale minimale. Cette technique de funboard est expliquée p. 116.

Quoi que vous fassiez, tâchez de ne pas laisser le gréement s'enfoncer trop dans l'eau : il deviendrait alors très difficile de le soulever pour faire passer le vent dessous.

La remorque

Si le vent est suffisant pour que vous alliez très vite, vous pouvez presque marcher sur l'eau.

Naviguez travers au vent, et installez-vous simplement tout au bout de la planche, les pieds enfoncés dans l'eau. Vous serez trop freiné pour continuer longtemps ainsi, mais vous pourrez laisser votre corps se faire remorquer comme un vieux paquet pendant quelques secondes. Lorsque le gréement commence à s'effondrer, et le flotteur à abattre,

il est temps de vous hisser à la force des bras pour remonter sur la planche gracieusement. Cette figure sera une bonne introduction au saut périlleux dans le wishbone, suivi d'un empannage rapide, qui vous amènera dans la direction opposée, car l'art du freestyle c'est aussi celui des enchaînements élégants.

Pour finir, quoi que vous fassiez, ne vous laissez jamais entraîner trop loin, par une succession de figures, à 2 milles du jury, qui n'aime guère se servir de jumelles !

La tranche à l'intérieur du wishbone

Un peu plus difficile qu'il n'y paraît, cette figure demande une bonne pratique si vous ne voulez pas la terminer sur une chute. Elle est aussi difficile à rattraper gracieusement si vous la manquez, aussi ne l'incluez dans votre enchaînement que si vous êtes sûr de la réussir.

Naviguez sur la tranche bien en équilibre, le nez ou l'aileron en avant, peu importe. Assurez-vous que vous êtes bien stabilisé au

vent de travers (**1**), et glissez votre tête à l'intérieur du wishbone, que vous soutenez avec l'arrière de votre cou (**2**). Vous pouvez ensuite faufiler votre corps dans le wishbone, en continuant de tenir fermement le wishbone de vos mains et de vos bras (**3**). Une fois

debout à l'intérieur du wishbone, vous devez veiller à ne pas laisser partir la planche au lof. Sans oublier que vos mouvements sont limités, ce qui rend difficile toute réaction rapide à la survente. Il est préférable de porter sa main

avant sur le mât (**4**), ce qui offre au moins un peu plus de puissance dans les manœuvres et une meilleure perception des réactions du gréement. Celui-ci doit toujours être incliné sur l'avant.

Une figure comme celle-ci doit s'intégrer dans la continuité d'un enchaînement, et peut se combiner avec le rock'n'roll, l'empannage sur la tranche, avant de revenir à des figures comme l'hélicoptère ou l'hirondelle, qui s'accomplissent avec la planche à plat sur l'eau. Pour bien enchaîner toutes ces figures dans le bon ordre, le mieux est encore d'apprendre en regardant les champions.

La tranche sur la fausse panne

Vous pouvez naviguer avec le gréement tourné à 180° dans le sens contraire au sens habituel, de sorte que le point d'écoute se trouve vers le vent. Ce n'est pas aussi efficace que la navigation normale, mais cela marche.

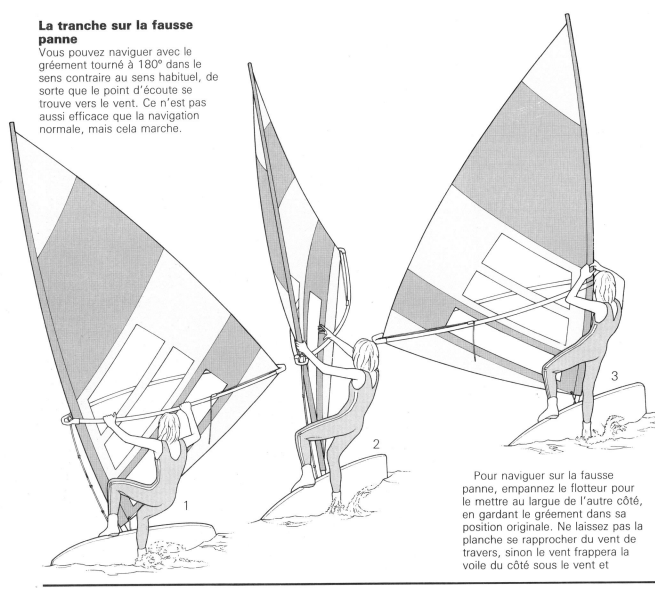

Pour naviguer sur la fausse panne, empannez le flotteur pour le mettre au largue de l'autre côté, en gardant le gréement dans sa position originale. Ne laissez pas la planche se rapprocher du vent de travers, sinon le vent frappera la voile du côté sous le vent et

Les autres figures

Une bonne figure élémentaire à attraper : la navigation dos contre le côté sous le vent de la voile. Elle semble facile, et demande de la décontraction.

Au début, vous prenez de la vitesse au près serré. Puis vous lâchez la main arrière pour attraper le mât environ 60 cm en dessous du wishbone. En même temps, vous dégagez votre main avant, et passez devant le mât pour vous retrouver sous le vent de la voile. Vous pouvez alors déplacer votre main de mât, et attraper le wishbone sur l'avant, pendant que vous le repoussez de l'autre main étendue vers l'arrière, pour border la voile et continuer à naviguer.

N'oubliez pas de bien rester vent de travers. Ne laissez pas la planche lofer ou abattre trop, ce qui vous conduirait à l'eau.

Le virement toupie

Une figure pas trop difficile, qui fait pas mal d'effet. Partez comme pour un virement normal, mais, quand vous arrivez devant le mât, effectuez un tour de 360° sur la pointe des pieds, pour vous retrouvez prêt à repartir sur l'autre bord. En tournant, vous pouvez attraper le gréement si vous sentez qu'il tombe. Mais, si vous le faites rapidement, tout ira bien.

La roue

Naviguer l'arrière enfoncé peut paraître un peu lourd par petit temps. On coule l'arrière, puis on doit remonter très vite vers l'avant pour remettre le flotteur à plat. Mais, avec une bonne brise, vous pouvez transformer cette figure en une belle « roue ».

Partez grand largue, aussi vite que possible, et sautez de tout votre poids sur l'extrémité arrière du flotteur. Vous faites la même chose

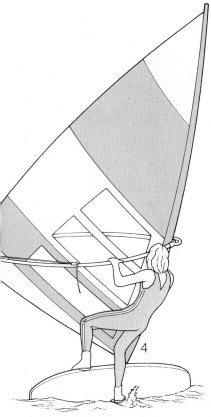

prendra le contrôle des opérations. Vous pouvez alors lever la planche sur la tranche de la façon conventionnelle (**1**), mais en conservant un pied sur la dérive pour éviter que le flotteur ne se retourne. Ensuite, vous empannerez le gréement (**2/3**) pour naviguer sur la tranche en position normale (**4**). Passer ainsi d'une amure à l'autre est particulièrement spectaculaire.

pour ralentir au passage d'une bouée d'empannage, mais, là, votre planche soulèvera l'enthousiasme du jury en sautant en l'air avant que vous ne terminiez en une figure d'arrière coulé tout à fait normale.

A partir de là, vous pouvez effectuer un empannage rapide et revenir sur l'autre bord pour préparer votre enchaînement saut périlleux sur la tranche, qui serait un beau final pour vos trois minutes. Et tous ceux qui inventent une figure nouvelle sont largement notés.

Souvenez-vous-en, il est toujours payant de terminer sur un effet spectaculaire ou amusant.

Ci-dessus : lorsque vous apprenez la tranche, il est plus facile de garder un pied posé sur la dérive.

Pensez à protéger vos tibias pour vous agenouiller sur la tranche, qui est très dure pour les jambes nues. Tous ceux qui n'ont pas l'expérience de Dee Caldwell finiront avec moult bleus. Ici, Dee enfonce l'arrière du flotteur pour un rock'n'roll.

Le virement sous la voile pirouette

Cette figure en combine plusieurs réalisées sur la planche naviguant à plat. Jusqu'à présent, personne n'a essayé de les exécuter sur la tranche.

Naviguez très près du vent, mais gardez une bonne vitesse avant de vous lancer dans le virement. Inclinez le mât vers l'arrière, comme pour virer de bord normalement. Attendez que l'avant de la planche soit passé dans l'axe du vent et, alors, oubliez tout ce que vous avez appris jusque-là. Arrêtez-vous. Lâchez la main avant, et balancez le gréement vers l'avant avec votre main arrière (**1**). Lâchez tout, et plongez sous la bordure de la

Les figures féminines

Les femmes peuvent exécuter certaines figures qui sembleront particulièrement difficiles aux hommes, principalement en raison de leurs différences morphologiques.

Une planche à voile est une surface idéale pour le grand écart, mais exercez-vous sur la terre ferme avant de réaliser la figure sur l'eau.

Comme la plupart des figures, celle-ci se commence au petit largue travers, ce qui vous assure de la puissance et une certaine latitude pour vous rattraper si les choses tournent mal.

Lofer vers le petit largue, et commencez à glisser un pied vers l'avant, et l'autre vers l'arrière. Si le wishbone est trop haut, vous placerez vos mains sur le mât et la bordure de la voile.

La planche commencera à lofer, en particulier si le vent souffle bien, et vous devrez vite revenir sur vos pieds.

Le saut périlleux

Le saut périlleux dans le wishbone est une belle façon de clore son enchaînement, mais si vous retombez sur vos pieds tout en continuant de naviguer vous devrez penser à un autre final deux fois plus rapide.

Un vent de force 3 au moins est nécessaire pour réussir la figure, et plus il est fort, plus le saut est spectaculaire.

En théorie, c'est simple : vous partez au petit largue et, quand vous êtes prêt, vous choquez un peu afin de libérer la place suffisante pour vous glisser dans le wishbone, les pieds en premier. Vous devrez marquer un bon appel sur les pieds, et vous enrouler autour du wishbone, à demi replié sur vous-même. Si vous n'y allez pas franchement, il vous manquera le punch pour aller jusqu'au bout, et le gréement vous tombera sur la tête...

Les combinés

Les grandes épreuves de freestyle comprennent normalement des compétitions en combiné, incluant des figures avec deux personnes sur une planche, deux planchistes sur deux planches naviguant de conserve (en essayant de ne pas se couler mutuellement), et deux planchistes en tandem.

Aucune de ces compétitions n'est aussi sérieuse qu'un enchaînement individuel normal, mais les figures en duo sont toujours extrêmement

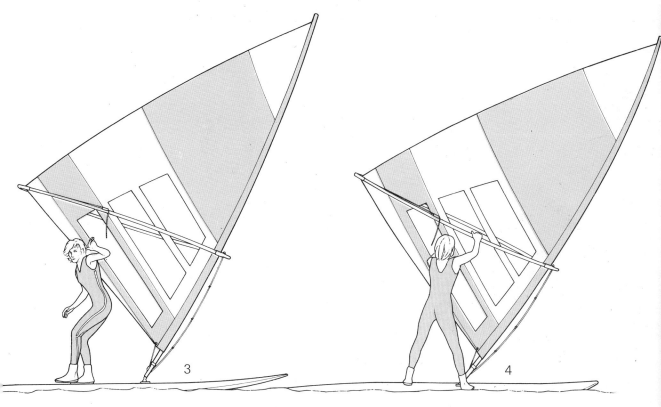

voile (**2**), prêt à attraper le wishbone sur la nouvelle amure (**3**), d'abord de la main avant (**4**), puis de la main arrière.

Si vous n'avez pas tout à fait saisi le coup, c'est plus facile d'attraper la bordure de la voile d'une main quand vous passez dessous, sinon vous courez le risque de laisser totalement échapper le gréement.

Voilà pour le virement sous la voile de base, mais quand vous serez réellement bon vous pourrez le combiner avec une pirouette — selon l'exemple montré ici : au lieu de passer simplement sous la voile, vous effectuez une pirouette de 360° sur vous-même en le réalisant. A la condition de le reprendre assez vite.

amusantes, et elles ont maintenant leur place dans les calendriers des manifestations. Elles attirent surtout les duos réunissant un garçon et sa petite amie, un père et son fils, et les participants ont tendance à préférer la première formule, alors que la seconde offre l'avantage d'unir un participant très léger et agile à quelqu'un de fort si besoin est.

Conclusion

1. Préparez bien la planche.

A droite : shampooing dos à la voile. Le planchiste tient le gréement, mais en regardant à l'envers. Cela n'est pas si difficile qu'il y paraît, mais la difficulté s'accroît quand on plonge la tête dans l'eau.

A gauche : une équipe de trois pour deux planches forme une pyramide complexe avec les gréements. Lorsque deux d'entre eux sont très petits, légers et agiles, c'est plus facile. Plus spectaculaire que toutes les figures présentées dans les enchaînements de compétition de freestyle, mais surtout une façon de s'amuser.

2. Maîtrisez chaque figure sur la plage, puis exercez-vous en eau peu profonde, au large, par toutes les forces de vent, léger, médium et fort, et dans les vagues.

3. Présentez un enchaînement qui a été bien préparé.

4. Assurez-vous que les figures s'enchaînent à la perfection et évoluez dans un espace assez réduit : vous ne devrez pas vous éloigner

trop du jury, ni des spectateurs.

5. Amusez le public, et tâchez d'avoir l'air ravi, vous aussi.

6. Essayez de trouver vos propres variations sur une figure.

7. Ne vous laissez pas impressionner par les enchaînements des concurrents qui passent avant vous.

8. Finissez par des figures spectaculaires, des « clous » originaux mais surtout ne sautez pas à l'eau !

La pirouette

Pour une pirouette parfaite, le gréement porte même s'il n'est pas tenu.

Pour le réaliser, le flotteur doit être manœuvré très rapidement dans l'eau ; par un vent de force 2, c'est idéal. Si le vent est un peu trop fort, le gréement peut être emmené hors de votre portée par une risée, alors que si le vent est trop léger le gréement tombera tout simplement à l'eau.

Le plus facile est de partir au largue, de telle sorte qu'en tournant vous ne vous embrouilliez

pas dans le gréement en vous y cognant. Pour cette raison, vous devrez aussi garder vos bras près du corps et tourner sur la pointe d'un pied dans un très petit espace.

Sur ce dessin, la planchiste vient tout juste de lâcher la voile, et fait un tour dans le sens inverse

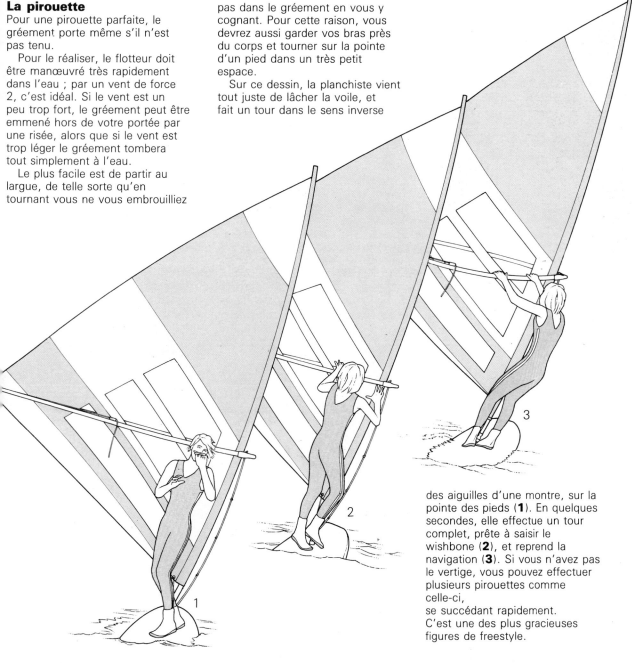

des aiguilles d'une montre, sur la pointe des pieds (**1**). En quelques secondes, elle effectue un tour complet, prête à saisir le wishbone (**2**), et reprend la navigation (**3**). Si vous n'avez pas le vertige, vous pouvez effectuer plusieurs pirouettes comme celle-ci, se succédant rapidement. C'est une des plus gracieuses figures de freestyle.

Exploits en planche à voile

Le flamboyant baron Arnaud de Rosnay a déclaré une fois que toute personne envisageant de traverser l'Atlantique en planche ne pouvait avoir idée de ce que cela représentait : une impossibilité.

Pourtant, moins d'un an plus tard, un pilote de ligne français l'a fait, traversant l'Atlantique dans sa largeur, sans quitter sa planche. Christian Marty avait préparé son voyage pendant deux ans. Deux ans de congés pris sur son travail à Air France, pur étudier la psychologie, la biologie et la climatologie, s'adonner à la bicyclette, au jogging, à la marche. Il se suspendait aux arbres pour raffermir ses muscles des bras ! Il établit deux premiers records : de Nice à Calvi, en Corse ; puis du Tour de la Guadeloupe en cinquante et une heures non stop.

La traversée, évaluée à 1 million de francs, est payée par les trois sponsors de Marty : le magazine *VSD*, la chaîne de télévision Antenne 2, et la marque SODIM, qui fournit la planche Oversea, une planche de brise, nouvelle, de 350 cm de long, conçue pour rester facile à manier et rapide dans des conditions très différentes.

Marty avait prévu de partir de Dakar, sur la côte ouest de l'Afrique, pour rallier la Martinique. Il ne devait pas quitter sa planche pendant la traversée, estimée de vingt-huit à quarante jours, et devait être accompagné pendant tout le trajet par un bateau d'assistance, le ketch *Assiduous*, de 22 m de long, dont l'équipage, composé de douze de ses amis, lui apporterait sa nourriture par l'intermédiaire de l'annexe du bateau, et l'aiderait à se préparer pour dormir la nuit.

Afin de pouvoir vivre vingt-quatre heures sur vingt-quatre sur sa planche pendant un mois, Marty avait découvert un ingénieux système. Pour pouvoir s'allonger et dormir sur sa planche, il donnait son gréement au bateau accompagnateur, qui lui passait en échange un anneau de boudins gonflables encerclant la planche. Il montait ensuite un court mât portant flashlight et réflecteur radar, pour rester en contact avec l'*Assiduous*. Il avait prévu de hisser une petite voile d'étai qui l'aurait

Ci-dessus : Christian Marty avait prévu deux canots pneumatiques d'assistance, qui lui apportaient ce dont il avait besoin depuis l'*Assiduous*, ses trois repas quotidiens et l'équipement pour dormir la nuit.

fait avancer pendant la nuit, mais y renonça, car cela lui paraissait être de la tricherie.

Christian Marty était équipé d'une dizaine de voiles de surfaces différentes, de couleur vert pomme, censées être facilement repérables sur la mer sans éblouir ses yeux (en fait, il s'est avéré qu'*Assiduous* avait bien du mal à le retrouver). Par mesure de sécurité, il prit deux jeux de voiles identiques de dix voiles chacun, s'échelonnant entre 3 et 9 m² de surface.

Pendant la traversée, l'alizé prévisible le portait vent arrière, et il inventa un système de navigation avec un harnais, un siège gonflable, et un double wishbone qui lui permettait de naviguer en position assise plus confortable. Au départ, il utilisait un siège assez haut, mais à mesure que la traversée se déroulait il le diminuait de plus en plus, jusqu'à terminer complètement assis sur sa planche.

Le départ

Marty quitta Dakar le 28 novembre 1981, à l'époque de l'année où il pouvait compter sur des conditions météo assez stables sous les latitudes qu'il traversait. Les alizés devaient souffler du nord-est à une force de 15 à 25 nœuds, lui donnant bon vent et température agréable. Alain Bombard avait décidé son fameux voyage en canot de sauvetage pneumatique selon des principes très similaires.

Mais Marty rencontre des difficultés presque immédiatement : dès la première nuit, il chavire et est projeté à l'eau pendant son sommeil. (Cela se reproduisit plusieurs fois au cours de la traversée.) Mais dès le début il trouve une façon de surmonter le problème en abaissant le flashlight du mât pour qu'il déséquilibre moins la planche, et en attachant des ailerons horizontaux « stabilo » pour le rendre plus stable. Avec ce montage, il peut dormir au milieu de vagues de 5 mètres, par un vent de 32 nœuds, dès la troisième nuit.

Cinq jours plus tard, et à 150 milles au large de Dakar, c'est *Assiduous*, et non Marty, qui a des problèmes : son gouvernail endommagé oblige tout le monde au retour, pour réparer avant de repartir à nouveau au bout de dix jours.

Ce délai oblige Marty à changer ses plans, car pour la plupart des membres de l'équipage d'*Assiduous*, qui avaient pris volontairement des congés supplémentaires, le temps est compté. Il décide alors de rallier le point le plus proche de l'autre côté de l'Atlantique, Cayenne, en Guyane française : cela représente quasiment 1 000 milles de moins que la Martinique, mais encore un trajet de 2 400 milles, et plus d'un mois de traversée.

A droite : Marty, naviguant huit heures par jour, utilisait un wishbone surbaissé pour pouvoir s'asseoir. A mesure que la traversée progressait, il s'asseyait de plus en plus bas, jusqu'à gouverner assis sur le flotteur.

La traversée

Une fois reparti, tout se passa bien pour Marty. Après dix-sept jours de navigation, il franchit la barrière des 1 000 milles, en naviguant huit heures par jour, en dormant six à huit heures, et en absorbant trois repas quotidiens.

Ses repas se composent de fruits secs et de thé pour le petit déjeuner, de viande blanche ou rouge, de légumes, de gruyère et de pâtes au déjeuner comme au dîner. La veille du jour de l'An, ce régime est radicalement amélioré : l'*Assiduous* lui apporte un punch fait avec ce qu'il reste de rhum, des saucisses cocktail, des quenelles à la sauce américaine, du rôti de porc aux pruneaux et une tarte à l'abricot, suivi, à minuit, de champagne et d'un feu d'artifice (les fusées de détresse) tiré par l'équipage !

Comme au départ, c'est l'*Assiduous* qui connaît des difficultés plus que Marty : l'équipage a le mal de mer, et le générateur se casse. Comme les batteries sont à plat,

plus moyen de démarrer le moteur, de produire de la lumière, de faire marcher la radio ou le navigateur par satellite, ni même de faire fonctionner la cuisine. Pendant un mois, l'équipage va vivre dans une vraie pagaille, et préparer toute la cuisine pour treize hommes sur un simple réchaud à gaz dans la cabine avant, et ce jusqu'à ce que quelqu'un ait tout simplement l'idée de faire démarrer le moteur avec le compresseur de plongée.

Marty continue avec indifférence, additionnant 70 milles et plus par journée de huit heures de navigation, « comme un bon travailleur ». Il garde constamment le moral, sauf lorsqu'il échappe de peu à la noyade, et lorsqu'il constate l'apparition de courants défavorables aux abords des côtes d'Amérique du Sud.

La quasi-noyade, c'est le genre de petit incident à cause duquel la situation se détériore rapidement. Marty avait chaviré plusieurs fois, en dormant, perdant de cette façon deux sacs de couchage. Lorsqu'il

La nuit, Marty entoure sa planche de boudins gonflables et ajoute des défenses pour stabiliser le flotteur.

voit le troisième flotter à 2 m de lui, il essaie de le récupérer en s'écartant un peu de la planche, qui reste à dériver près de lui, quand brusquement elle change de direction, immédiatement éloignée par un courant beaucoup plus rapide que la vitesse à laquelle Marty peut nager. A chaque brasse, sa main arrive à 30 cm du flotteur, sans l'attraper. Et il s'en souvient encore un mois plus tard, au cours de sa conférence de presse : « Je me suis battu pendant huit minutes. J'ai compris ensuite que j'allais mourir. Cela peut paraître drôle, mais j'ai pensé à mes enfants, à ma femme qui m'attendait à Cayenne. J'ai arrêté de nager et me suis mis à hurler. Par un coup de chance incroyable, mon équipage croisait dans le coin à ce moment. Ils me ramenèrent à ma planche, 300 m

Houle et temps froid sur la côte est de l'Atlantique. Jusqu'aux derniers jours, le vent fit rarement défaut à Marty.

plus loin. Ça, je ne l'oublierai jamais. »

En effet, l'équipage n'a rien vu. Quand la planche change de cap, elle est cachée par la houle, et, quand elle redevient visible, elle a repris sa bonne direction. Il n'a aucune raison de supposer que quelque chose ne va pas. Et si on ne l'avait pas entendu ? Marty aurait sans doute été perdu. Tout ce qui devait lui permettre de survivre en cas de séparation avec l'*Assiduous*, V.H.F. A.D.F., radio, feux de détresse, nourriture, distillateur d'eau de mer, compas... était sur sa planche. On ne l'aurait plus jamais revu.

A la suite de cet incident, Marty s'attache sur son flotteur. En approchant des conditions de vent et de mer très variables et imprévisibles à la hauteur de l'équateur, la progression devient de plus en plus

lente. Et, alors qu'il arrive à la côte, le puissant courant amazonien l'écarte de sa route — il ne possède pas de carte des courants locaux. Enfin, après s'être battu une semaine contre les courants amazoniens, Marty termine son périple. Le 18 janvier 1982, il franchit la barre de Kourou, près de Cayenne, à la vitesse de 13 nœuds, et continue jusqu'à la plage. Il a traversé l'Atlantique, couvrant 2 400 milles en plein océan. Il n'a pas quitté sa planche pendant trente-sept jours, six heures, cinquante-trois minutes.

Le baron Arnaud de Rosnay

Le baron Arnaud de Rosnay est un personnage très différent du discret et modeste Christian Marty.

Né dans l'opulence d'une plantation de sucre mauricienne, de parents français et russe (son père est peintre), de Rosnay est un véliplanchiste entreprenant et explorateur, toujours prêt à défrayer la chronique et à faire parler de lui par les médias, ce qu'il réussit très bien.

Premiers exploits

Le baron a toujours su faire de la publicité autour de ses exploits, qui commencèrent par la traversée du Sahara en speed sail, en 1979.

Il avait inventé ce qu'il appela le « speed sail » — une espèce de planche à voile à roulettes, ressemblant à un skateboard de 3 m de long — et voulait réaliser des prouesses. Pour ce faire, il parcourut en speed sail les 220 milles qui séparaient les frontières mauritaniennes de Dakar, avec une jeep d'assistance transportant un conducteur, trois guides, un photographe et un journaliste. Il avait pour sponsors, la chaîne de télévision A2, le magazine *VSD* et les vêtements Lacoste.

Suivit un second exploit, peu de temps après le premier : le 31 août de la même année, il traversa la plus courte distance maritime séparant l'Amérique de la Russie : le détroit de Béring.

En fait, il dut aller un peu plus loin : en ligne droite, la distance est

de 60 milles, mais on aboutit à une paroi rocheuse abrupte, et il lui fallut donc parcourir 20 milles de plus pour découvrir une terre d'arrivée un peu plus hospitalière.

Les conditions n'étaient guère favorables : le détroit n'est navigable que trois mois l'été (le reste du temps il est gelé) et même, alors, la température ne dépasse pas 4° et les vents sont toujours forts.

La planche choisie par le baron, une Windsurfer Rocket, ressemblait à une TC 39 que son sponsor, Ten Cate, lançait alors sur le marché. Il prit avec lui son passeport, 500 dollars en espèces, des feux de détresse, et du chocolat, mais aucune autorisation des gouvernements des États-Unis ni d'U.R.S.S.

A mi-chemin, un destroyer russe prit position pour l'escorter jusqu'à la côte. La traversée dura huit heures, il perdit ses gants, et, à son arrivée, il était si fatigué et avait si froid qu'il tomba plusieurs fois en essayant de rejoindre le bateau sauveur. Il dut être repêché par une vedette. On négligea le fait qu'il était entré illégalement en U.R.S.S., et il fut reçu avec caviar et vodka par le capitaine du bateau, et ensuite envoyé en avion à Moscou, puis à Paris, où il put projeter son troisième exploit.

Le Pacifique

En 1980, le baron fit sa traversée la plus controversée.

Il voulait traverser en planche à voile le Pacifique, des îles Marquises à l'archipel d'Hawaï, retraçant la route de la découverte de la Polynésie. Accompagné d'un bateau-assis-

Christian Marty, équipé pour tous les temps, portant sur son visage la marque d'une détermination indéfectible, tel Lawrence d'Arabie.

tance, comme Marty, il ne devait pas quitter sa planche.

Il fallut six mois pour préparer la traversée. Il avait conçu une planche spéciale, avec un boudin de néoprène gonflable tout autour. Le jour, il faisait de la planche debout et, la nuit, il allongeait son gréement en travers, et fixait des flotteurs à chaque extrémité du mât couché, qui transformaient sa planche en un trimaran. Ensuite, il gonflait son boudin et se blottissait à l'intérieur pendant qu'une espèce de cerf-volant continuait de le tirer à la vitesse de 3 à 5 nœuds, poussé par les alizés. L'ensemble de l'appareillage pesait tout juste 45 kilos, mesurait 4 m de long, 5 m avec le mât en travers et 25 cm de franc-bord.

Arnaud de Rosnay avait soigneusement choisi la période. Pas de tempête, et les alizés de 17 à 22 nœuds jour et nuit. Le jour, il ferait de la planche debout, alors que la nuit le cerf-volant continuerait à le conduire dans la bonne direction.

Tous ces préparatifs échouèrent lorsque de Rosnay embarqua le 29 août. Son bateau d'assistance avançait à la vitesse de 4 nœuds à peine, alors que lui naviguait à 12 nœuds, et il devait s'arrêter toutes les demi-heures pour l'attendre...

La tentative fut abandonnée, et il fallut rentrer. Mais de Rosnay n'abandonna pas ses plans : comme les autorités refusaient de le laisser partir sans une assistance, il décida de faire faux bond, et de repartir cette fois seul, et de nuit.

Son projet avait changé : il voulait tirer au sud plutôt qu'au nord — son intention semble avoir été de couvrir le plus grand nombre de milles possible au large dans le Pacifique, vers le groupe des îles Tuamotu.

Une fois parti, planche et cerf-volant fonctionnèrent bien, mais les problèmes se multiplièrent. Il avait compté sur la voile pour se protéger du soleil, mais l'eau salée provoqua bientôt des furoncles à toutes les articulations.

Pour y remédier, il navigua nu en plein soleil pendant deux jours, pour « brûler l'infection ». Puis il enfila une combinaison Helly Hansen très ample et sauta à l'eau toutes les heures pour se rafraîchir.

Il fut attaqué par deux requins, et vivait dans la peur constante d'en rencontrer un long de 3 m. Sa navigation ne fut pas très réussie non plus. Les vagues de 2 m de haut l'empêchait d'user de son sextant autrement qu'en démontant son gréement pour transformer la plan-

che en trimaran stable, pour ensuite le remonter.

L'opération prenait au total quarante minutes, c'est pourquoi, plutôt que d'attendre l'heure du point, à la mi-journée, il remit le sextant dans sa boîte et le jeta dans l'Océan. A partir de ce moment, il naviga à l'estime et au compas, c'est-à-dire en combinant l'approximation de sa route et sa vitesse.

Après les brûlures dues au soleil, les requins, et la navigation, son quatrième grand problème fut la nourriture et l'eau. Il comptait partir pour une semaine, et avait prévu 7 litres d'eau, des dattes et des noisettes et des tablettes de survie de la N.A.S.A. — dont il devait

dire plus tard : « Elles sont horribles à manger, on dirait du foie gras enrobé de chocolat ».

Il buvait un mélange d'eau douce et d'eau salée dans les proportions de deux pour un, selon les recommandations des nutritionnistes de la N.A.S.A., mais, au bout de six jours, il ne lui resta que très peu d'eau. Il possédait deux distillateurs d'eau de mer solaires, mais il ne pouvait pas les utiliser en cours de navigation. Heureusement, il se rapprochait de la terre, et quelques averses l'aidèrent. Mais après douze jours, toute son eau ayant disparu, il ne restait plus à de Rosnay qu'à s'allonger sur son flotteur en se laissant traîner par le cerf-volant,

Le grand pionnier de la planche à voile, le baron Arnaud de Rosnay, plutôt content de lui, avec un délicieux air de jeune homme excentrique du XIXe siècle.

pendant que les distillateurs lui dessalaient lentement de l'eau.

Par chance, le jour suivant, il découvrit une terre et des gens. Il avait atteint Ahe, l'une des îles Tuamotu, après avoir survécu de justesse à une traversée de 750 milles.

Mais, pendant ses quinze jours passés en mer, la marine française avait dépensé de grosses sommes d'argent à le rechercher avant de le déclarer perdu et mort présumé. Lorsqu'il rentra à Paris, la presse française l'accusa de supercherie, et il dut passer beaucoup de temps à tenter de démontrer le contraire. Les Russes signèrent un document comme quoi il avait effectivement traversé le détroit de Béring, et il put finalement se réconcilier avec sa nation d'origine : la France.

La suite des événements

Naturellement, un homme de spectacle n'abandonne jamais et, un an plus tard, le baron revenait à nouveau au premier plan de l'actualité. D'un côté du globe, il s'occupait d'organiser une course de vitesse et d'endurance, un speed crossing de professionnels, entre les îles hawaïennes de Maüi (sa terre d'adoption) et de Molokai. De l'autre côté du globe, il dut être secouru au milieu de la Manche, ainsi que Ken Winner, auquel il avait lancé le défi de traverser la Manche entre l'Angleterre et la France, et retour. Aucun d'eux ne gagna le prix de 5 000 dollars.

Au cours de l'été 1982, il fit un nouvel essai de traversée de la Manche, et battit le record de la traversée aller-retour de la France à la Grande-Bretagne.

En 1983, sa dernière traversée de longue distance, la Barbade-Miami, a échoué à la suite de la défection du bateau-assistance, en janvier. En novembre, il a traversé le détroit de Gibraltar, aller et retour, en

Le baron Arnaud de Rosnay défia Ken Winner dans une course à travers la Manche, pour 5 000 dollars. Tous les deux furent récupérés par hélicoptère. et perdirent leur planche.

cinquante huit minutes. Nous entendrons sans aucun doute parler de beaucoup d'autres de ses exploits dans les années à venir.

Chronologie

1979
Février :
Ken Winner parcourt 100 milles en planche à voile le long de la côte de Floride, en six heures quarante-neuf minutes.
Août :
Le baron Arnaud de Rosnay traverse le détroit de Béring, de l'Alaska à la Sibérie.

Novembre :
L'Italien Sergio Ferrero couvre 150 milles, d'Ibiza à Barcelone.
Décembre :
Frédéric Beauchêne fait le tour du cap Horn, par étapes, avec une équipe d'assistance et deux canots.
  Christian Marty parcourt 100 milles en planche, de la Guadeloupe à la Martinique.

1980
Juin :
Christian Marty rallie Nice à Calvi en Corse, en 105 milles.
Septembre :
Le baron Arnaud de Rosnay couvre 750 milles dans le Pacifique.
Octobre :
Anne Gardner et Jack Wood traversent en planche les 70 milles du plus grand plan d'eau intérieur du monde : le lac Titicaca, en Amérique du Sud.

1981
Septembre :
Une équipe anglaise Sea Panther fait le tour du Royaume-Uni en planche à voile.
Décembre :
Le Français Frédéric Giraldi effectue la traversée des Canaries à la Guadeloupe en dormant sur le bateau d'assistance.

1982
Janvier :
Christian Marty traverse l'Atlantique en planche à voile, de l'Afrique vers l'Amérique.
Avril :
Michel Maury part de la côte mexicaine pour effectuer le tour de l'Amérique en planche à voile. Le 6 août, il s'arrête à Charleston, en Caroline du Sud, après avoir couvert la distance de 6 000 km sur sa planche Magnum 370.

1983
Janvier :
Le 18, Arnaud de Rosnay quitte la Barbade (Caraïbes) pour rallier Miami (Floride). Mais il s'arrête à San Juan de Porto Rico, le 15 février.
Novembre :
Le 12 novembre, Arnaud de Rosnay traverse le détroit de Gibraltar en cinquante-huit minutes (40 km).

La silhouette de Fred Beauchêne se découpant sur fond de cap Horn (ci-dessus et dessous). Avec un petit sponsoring de Dufour, il avait une équipe d'assistance dans deux pneumatiques, mais faire le tour du cap Horn en planche reste un exploit personnel unique. A quand le passage du Nord-Ouest ?.

Nouvelles idées

La conception de la planche à voile ne se limite pas à la seule utilisation sur l'eau, et, même quand c'est le cas, elle peut trouver quelques emplois nouveaux et étranges, comme le montre la photo de la page ci-contre.

La planche à voile est devenue populaire à peu près au moment où l'on pensait que le skateboard allait durer plus longtemps qu'une folie passagère... Mais les deux sports ont des principes similaires : vitesse, sensation, et équilibre — et l'on a vu au cours des dix dernières années diverses sortes de planche de sable (landsurfer), combinant le gréement de la planche à voile et la planche du skateboard.

La combinaison de base la plus simple, un pied de mât sur un skate-board, s'est révélée impraticable : trop difficile à contrôler, provoquant trop de tension sur les roues minuscules ; et les fabricants qui se lancèrent là-dedans durent rechercher des solutions plus sophistiquées.

Dans la plupart des cas, le principe du skate-board reste. La planche est dirigée par son inclinaison, grâce à un système d'amortisseurs. La taille, la forme et les roues varient. Naturellement, une planche légère avec de petites roues offrant une résistance minimum roulera très vite, mais seulement sur une surface parfaite, comme le bitume, et sera très difficile à manœuvrer, en raison de sa petite taille.

Une planche plus grande aura besoin d'un vent plus important pour avancer, et prendra plus lentement de la vitesse, mais sera forcément plus facile à contrôler, et beaucoup plus à l'aise sur un sol d'une dureté variable, comme la plage. Plus le sable est mou, plus les roues devront être larges. Des ballons montés sur des essieux se sont révélés très efficaces.

Prenons un cas extrême : le speed sail avec lequel Arnaud de Rosnay traversa le Sahara (cf. p. 153) était un skate-board de 3 m de long doté de 4 + 4 roues ; il ajouta le second jeu de roues pour en avoir huit dans le sable très mou.

Diriger une planche de sable
La principale différence entre la planche de sable et la planche à voile, ce sont les chutes. C'est dur, si vous roulez sur du bitume, et encore plus si vous allez très vite. Vous devrez évidemment enfiler l'équipement complet de skate-board : casque, genouillères et coudières, et faire attention à ne pas vous rompre le cou.

La technique aussi est différente. Comparée à celle de l'eau, la surface est lisse et il y a beaucoup moins de frottements sur la carène. Vous vous déplacerez donc beaucoup plus rapidement avec une même force de vent, et le vent apparent va se diriger différemment. Dès que vous aurez pris de la vitesse, vous devrez toujours tenir votre voile bordée comme au près, et le gréement sera beaucoup plus plat que sur une planche à voile normale : il sera conçu spécialement pour cela, et généralement composé d'un mât très rigide en alliage, d'une voile à la bordure courte, et d'une bôme plutôt que d'un wishbone, qui permettra de ramener la voile plus au centre de la planche.

Sur la plupart des planches de sable (landsurfer), le fait d'incliner le gréement en avant ou en arrière ne joue qu'un rôle mineur dans la conduite de la planche, qui se dirige plutôt par son inclinaison, celle-ci ayant pour effet de tourner les roues avant. L'empannage se révèle assez facile, mais lorsqu'il s'agit de virer de bord faites attention ! Sur une planche à voile, vous passez par un point d'arrêt virtuel lorsque la planche se trouve face au vent. Sur une planche de sable, vous continuez à avancer en perdant un peu de vitesse. Vous virez sur un arc de cercle, et c'est plutôt énervant de se retrouver, lorsqu'on tourne autour du mât pour changer de côté, en marche arrière à 20 milles à l'heure !

La glace et la neige
Si l'on peut se servir du gréement d'une planche à voile sur la terre ferme, on peut le faire aussi sur la glace, et les Russes sont des précurseurs en la matière. Ils préfèrent les petites planches d'une longueur de 80 cm au maximum, munies de patins à glace, et ils utilisent de solides gréements en aile pour supporter les très grandes vitesses qu'ils réussissent à atteindre — 50 milles (90 km) à l'heure et plus. Ce n'est pas un sport pour les cœurs fragiles !

Monter un gréement de planche à voile sur un ski pour la neige est un peu différent, car il y a beaucoup plus de frottement, et les vitesses sont évidemment plus réduites. Cependant, on compte en Amérique, en Scandinavie et en France des amateurs qui associent presque de la même façon des gréements sur des skis et des luges, comme sur des planches à voile.

Les hydrofoils
L'idée de base de l'hydrofoil, c'est qu'une embarcation, après avoir atteint une vitesse critique, se soulève et ne porte plus que sur ses foils, lesquels représentent une surface mouillée plus petite que celle de la coque, donc moins de frottements.

Le principe a été appliqué avec un succès limité sur les planches à voile, qui ont des problèmes pour atteindre la vitesse nécessaire pour décoller, en raison de la résistance imposée par les foils submergés. Et, quand la planche réussit à décoller, elle devient très difficile à contrôler.

Un intéressant tandem hydrofoil-prao fut conçu pour résoudre ces problèmes : tandem pour la puissance, prao à balancier pour la stabilité. Mais il rencontra un succès limité. Son concepteur, l'Anglais Mike Todd, l'appela *Sweeny*.

Des gréements différents
Le gréement de la planche à voile est resté assez semblable à celui développé et breveté par Hoyle Schweitzer. Les formes et les matériaux utilisés se sont peut-être améliorés, mais l'on retrouve encore les modèles originaux d'il y a vingt ans.

La plupart des gréements, qui sont plutôt différents, ont été imaginés ou ressuscités par les « anti-brevet ». Ainsi le type de voile

Jim Drake introduisit le *Wingsurfer*, à la Pan Am Cup, en 1982. Il faut de bons bras pour s'en servir !

carrée de Newman Darby fut-il fièrement cité devant les tribunaux allemands comme « art antérieur », permettant d'affirmer que quelqu'un d'autre aurait inventé la planche à voile avant Schweitzer. Cette tentative ne réussit pas, mais d'autres personnes se mirent au travail pour concevoir des gréements qui permettraient de contourner le brevet, et la loi, en remplissant le même office que le gréement d'origine.

Aussi avons-nous vu quelques bizarres variations à partir du wishbone traditionnel. Celui à bords droits eut du succès quelques années au Royaume-Uni ; un autre, en épingle à cheveux avec des bords ondulés, fut proposé. Une simple bôme droite, coupant la voile en deux (Peter Chilvers, l'homme qui fut appelé devant les tribunaux britanniques pour avoir navigué sur une planche avec une voile avant Schweitzer, proposa un gréement fondé sur ce principe, en clamant sa supériorité sur le gréement traditionnel, mais cela ne semble pas avoir été un succès commercial).

Autre réponse à la question du brevet : la voile à quatre côtés (encore une invention britannique), qui permettait au wishbone d'être attaché directement sur la voile sans toucher le mât. Comme la plupart des autres modèles « anti-brevet », celui-ci marchait relativement bien.

Retour à Drake

Jim Drake est réellement considéré comme l'homme qui inventa tout (pp. 12-13). En 1982, à Hawaï, il semblait prêt à tout recommencer avec un gréement proche de celui du deltaplane ; il aurait certainement pu battre le brevet.

En France, la même année, une aile similaire, baptisée « Birdsail » par son inventeur, Roland Lebail, de Carnac, fit son apparition. Elle peut s'adapter sur une planche, des skis, ou des patins.

A gauche : le Wingsurfer sous un autre angle. Le planchiste-aviateur trouverait probablement la navigation plus facile s'il était accroché par un harnais.

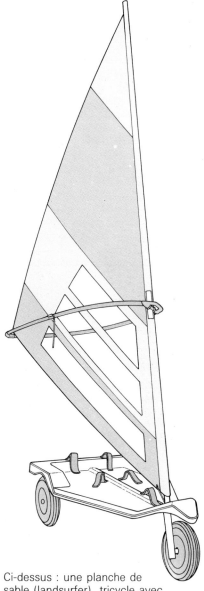

Ci-dessus : une planche de sable (landsurfer), tricycle avec footstraps et gros pneus ; ces derniers sont d'une importance vitale pour rouler sur le sable comme sur n'importe quelle surface molle. La conduite se fait normalement par amortisseur. Vous inclinez la planche dans le vent pour aller vers lui, vous l'inclinez sous le vent pour vous en écarter. Mais l'inclinaison du gréement joue un faible rôle dans la conduite de la direction que vous suivez. Le virement de bord est risqué. Avec un si petit avant, peut-être le virement sous la voile est-il la meilleure solution.

Les lieux privilégiés

Par temps chaud, mer chaude et bonne brise, c'est là que vous pourrez le mieux apprendre la planche à voile. Pour tous ceux qui ne l'ont jamais essayé, faire de la planche sans combinaison isothermique est mille fois plus agréable que lorsqu'on porte une combinaison de caoutchouc froid, collant, et trop serrée.

Il existe des voyages organisés pour véliplanchistes, à destination des régions les plus attrayantes du monde, allant du type le plus simple et le moins cher à la formule très sophistiquée et onéreuse. Dans tous les cas, il faut distinguer les vacances au cours desquelles on peut faire de la planche occasionnellement des séjours orientés vers ce sport principalement, sans quoi vous risquez d'être déçu.

Il se peut que vous deviez fournir votre propre planche et votre équipement, mais en général la planche au moins est mise à votre disposi-tion. Il faut alors vérifier si le type de planche sur lequel vous souhaitez naviguer est disponible pour vous, et aussi quelle fréquence d'utilisa-tion est prévue dans le prix du séjour. Naviguer sur une planche d'un modèle ancien peut s'avérer aussi désagréable que de se tourner les pouces sur la plage quand on monopolise la planche que vous voulez essayer.

Les vacances sont un excellent moment pour apprendre la planche à voile. En deux semaines ininter-rompues, dans de bonnes condi-tions, n'importe qui saura dépasser les bases de la pratique. Mais vous devrez vous assurer que le niveau des cours correspond bien à ce que vous souhaitez. Un vrai cours International Windsurfing School (*cf.* p. 33) est l'idéal, et vous dé-livrera un certificat reconnu. Et, dans certains pays, il vous faudra montrer un certificat avant qu'on ne vous laisse partir en planche.

Certains organismes de vacances proposent aussi des cours de perfec-tionnement ; ils vous emmènent par force 4 dans les vagues, et ajoutent

A droite : la Floride et le golfe du Mexique. Gardez toujours présente à l'esprit cette règle empirique : c'est bon pour la planche partout où il y a de grands et beaux palmiers, sauf s'il y a des requins !

Ci-dessous : l'île grecque d'Hydra, dans la mer Égée, est bien belle et bien agréable pendant les mois d'été où le meltem, un vent d'après-midi régulier, souffle chaque jour à force 4 ou 5. Hydra a offert son hospitalité aux participants du Championnat mondial Windsurfer de 1979, mais, à cette époque de l'année, il y faisait beaucoup moins doux !

quelque enseignement. Cela vous
permettra d'essayer de naviguer
dans des conditions difficiles sans
avoir acheté tout l'équipement nécessaire, qui est très onéreux.

Les régates

Faire des régates est un superbe
moyen de voyager. La plupart des
grandes associations organisent leurs
épreuves européennes et mondiales
dans des coins exotiques, et proposent pour l'occasion des voyages
organisés à tarif intéressant, qui
permettent aux concurrents de partir pour deux semaines de vacances
en famille.

Les planches et gréements sont
fournis gratuitement ou pour une
somme très modique par ces associations. Et, lorsque les épreuves sont
terminées, les équipements sont vendus à très bas prix à tous ceux qui
veulent en profiter.

Le séjour organisé comprendra
aussi le voyage, l'hôtel, de nombreuses soirées, barbecues, danses... pour
un prix quasiment « tout compris » !

Protégez-vous du soleil

Nombreux sont les véliplanchistes
qui, vivant dans les régions nordiques, n'ont pas l'habitude de la
navigation par beau temps, et
devront prendre des précautions.

Plancher est un très bon moyen
de bronzer : la voile réfléchit la
lumière vive (pour bronzer encore
mieux, une voile blanche est de
rigueur), tout comme l'eau, pendant
que le vent vous rafraîchit. C'est
aussi un bon moyen de brûler, et
ce n'est peut-être pas la peine de
gâcher vos vacances par une semaine
de convalescence après une journée
de navigation.

S'il fait vraiment chaud, protégez
votre corps et même portez un
chapeau. Gare aux pieds brûlés : en
naviguant debout sur un flotteur
blanc bien brillant, les pieds dans
l'eau, on peut attraper des brûlures

Regardez ces vagues ! C'est la
plage d'Hookipa, sur l'île de
Maüi, dans l'archipel de Hawaï.
Certains la préfèrent à Oahu,
l'île où se tient la Pan Am Cup.

solaires graves. Pour l'éviter, portez des chaussures et enduisez-vous d'une crème solaire à coefficient de protection très élevé, qui résiste à l'eau. Certaines sont très efficaces, mais faites attention à ne pas enlever la crème par le frottement de vos footstraps.

Transporter sa planche

Lorsque vous partez pour votre coin préféré, vous préférerez sans doute garder votre planche plutôt que d'en louer une.

La plupart des services de transport aériens emmèneront votre planche, mais pas toujours facilement, selon des destinations et les compagnies. L'époque où l'on pouvait se présenter à l'aéroport sa planche sous le bras, pour la mettre en bagages accompagnés, est bien révolue ! Maintenant que la planche à voile est devenue un sport populaire, vous vous ferez refouler à l'enregistrement.

Mais vérifiez toujours auprès de la compagnie, avant de partir, quelles facilités sont offertes aux planches. Certaines compagnies les prendront comme bagages, d'autres comme un fret lourdement taxé, et embarqué un mois à l'avance. Heureusement, beaucoup de compagnies offrent des conditions particulières pour le transport des planches.

Assurez-vous des bons soins du personnel à terre de l'aéroport auquel vous confiez votre planche. Pour eux, le flotteur, c'est une grosse chose solide, et, si vous voulez le retrouver entier, enroulez-le soigneusement d'une toile de polyéthylène expansé, avec tous ses accessoires bien accrochés. Et lisez bien la responsabilité couverte par l'assurance de la compagnie avant de voyager.

L'Europe

La plupart des Européens se dirigent vers la Méditerranée, où le soleil est garanti l'été, à défaut du vent — ce qui n'est pas l'idéal...

Généralement, plus vous allez vers l'est, plus le vent sera régulier. Dans les mois les plus chauds, le meltem grec souffle à une force de 4 Beaufort ou plus, chaque après-midi, et jusqu'au soir. Il est très prévisible, et l'on ne peut pas en dire autant du vent qui souffle plus à l'ouest. Tout marin ayant navigué sur les côtes des environs de Marseille sait avec quelle rapidité et quelle violence le mistral peut transformer la calme Méditerranée. On s'y laisse prendre facilement.

Plus au nord, le grand centre européen de planche à voile, c'est le lac de Garde, en Italie, près de

Un duo de Thaïlandais sur deux planches thaïlandaises en Israël ! C'est à Nahariya, tout près de la frontière, sur la côte méditerranéenne d'Israël, pendant le Mondial open de 1980. Les concurrents étaient protégés par des vedettes armées !

Milan. Chaque week-end d'été, il est envahi par 6 000 planchistes, en majorité Allemands, Australiens et Italiens, naturellement. Tous sont attirés par les vents thermiques, favorisés par les montagnes entourant le lac. Chaque matin, le vent dépasse rarement force 3 : c'est l'idéal pour les débutants ; et, l'après-midi, l'ora se lève, soufflant à force 5-6, pour les meilleurs véliplanchistes.

Au nord à nouveau, la région ouest de l'Angleterre a la réputation de posséder les meilleures vagues d'Europe, mais elles ne sont pas régulières. Toutes les côtes françaises de la Bretagne et de la Manche connaissent sensiblement le même climat venté et froid que l'Angleterre, et la pointe du Finistère, au lieu dit « la Torche », attire de nombreux amateurs de funboard. Tandis que la côte atlantique, du côté de Biarritz, voit de nombreux surfers européens envahir ses vagues et « spots » recherchés des connaisseurs.

L'Atlantique

Les îles Canaries, dont Lanzarote, sont considérées comme des endroits particulièrement bien exposés aux vents forts ; elles jouissent d'un bon ensoleillement et du régime des alizés toute l'année.

De l'autre côté de l'Atlantique, les Antilles, situées un peu plus au sud, sont encore plus ensoleillées, sous le même vent. La Guadeloupe et la Martinique sont très réputées.

Les États-Unis

La chaleur des États de Californie et de Floride sont bien connus, et la baie de San Francisco est très appréciée, particulièrement pendant l'été bien que l'eau reste froide.

Pour le soleil d'hiver, nous vous recommandons de passer la frontière mexicaine : Baja et Cancun.

Hawaï (cf. pp. 26-29) reste, bien sûr, le haut lieu de la planche en Amérique, en hiver comme en été. C'est cher (pour y aller comme pour y vivre) et surpeuplé — du moins sur l'île principale d'Oahu. Enfin, c'est venté d'une façon imprévisible, mais continue d'attirer toutes les stars du monde véliplanchiste.

L'Australie

L'Australie connaît quelques-uns des vents les plus forts, et les meilleurs pour naviguer, du monde. Un petit tour par la Siam Cup de Thaïlande est le meilleur moyen de passer un Noël au chaud.

En fait, la liste est interminable. Partout où il y a du soleil, la mer et un bon vent, on trouvera des véliplanchistes heureux.

La Guadeloupe a accueilli en 1979 le Championnat mondial open. C'est un lieu paradisiaque à bien des égards. La nourriture est meilleure que sur les îles anglaises ou américaines, et les filles sont beaucoup plus jolies... Mais cela tend à devenir plus cher. La Martinique, son voisin « chic », l'est encore bien davantage.

La photographie avec Alastair Black

Il est certain que l'un des sujets sportifs les plus spectaculaires au monde, la planche à voile, est aussi celui qui nous défie le plus. Et, moi, en tant que photographe professionnel, je dois être armé de tout un arsenal pour relever ce défi, sans quoi je ne peux espérer couvrir toutes les situations qui me sont offertes. Mais vous, lecteur, serez un amateur, limité par un budget d'équipement photographique.

Par conséquent, pour être à la fois utile et pratique, et tenir compte de vos limites, la suggestion la plus utile que je pourrai faire sera : réfléchissez soigneusement pour chacune de vos photos. Ne vous contentez pas uniquement de cadrer et de prendre la photo. C'est si simple de regarder avec vos yeux, de prendre ensuite votre appareil, de regarder dans le viseur et de voir ce que vous voulez y trouver, et non pas ce qu'il y a réellement ! Même après avoir regardé des années par un viseur, je dois encore me forcer à voir l'image de façon critique, à réaliser combien cette planche à voile au centre est petite en comparaison de la dimension totale de la photo, à repérer les éléments superflus qui l'entourent, à penser à la façon dont la lumière va affecter le résultat. Et, par-dessus tout, ne prenez pas de photo si le résultat risque d'être sans intérêt et tout à fait terne !

Bien sûr, ce qui paraît terne à certains peut sembler fascinant à d'autres, c'est pourquoi je ne devrais décourager aucune sorte de création photographique.

Le matériel

Il est vraiment impossible de réaliser une relativement bonne photo avec un banal appareil Instamatic, destiné avant tout à immortaliser les scènes familiales. Bébé et la tante Jeanne. Ce sont des articles ingénieux et intelligents, mais il leur manque simplement des lentilles couvrant une longueur focale suffisante, même pour remplir un espace photographique avec une planche. Il y aura peut-être de rares occasions où la distance sera suffisamment courte, mais en général vous ne pouvez compter dessus.

Ci-dessus : Alastair Black a abandonné sa vie de dentiste pour devenir photographe international de yachting. Il n'a jamais regretté.

Pour commencer à prendre de bonnes photos de planches à voile, un appareil Reflex avec des objectifs interchangeables est indispensable, et il ne devra pas seulement offrir une exposition automatique, qui peut être appréciable à un moment qui sera le bon, mais aussi être débrayable pour permettre une commande manuelle. Il existe un grand nombre de marques appropriées, fiables et faciles à utiliser. Sur ce point, pas de recommandation particulière, toutes les marques réputées produisent de bons modèles.

Un zoom, couvrant une distance focale de 70 mm à 200 mm environ, sera d'un apport inestimable, en offrant une plus grande facilité pour « remplir le cadre » à partir de distances variables. Si vous y ajoutez un objectif d'une distance focale plus courte, disons 35 à 20 mm, alors vous n'aurez plus d'excuses !

La plus grande différence entre l'amateur et le photographe professionnel ne se trouve pas forcément dans l'habileté de ce dernier à produire de bonnes photos. En fait, le « pro » *doit* produire du bon travail chaque fois, pour satisfaire les nombreux marchés qui l'attendent.

Mais pour vous, les amateurs, c'est du gâteau ! Vous n'avez rien à perdre, vous pouvez prendre des risques, essayer n'importe quelle idée. Et tout ce que vous perdrez, ce sera un petit bout de pellicule.

Voici maintenant quelques lignes directrices portant sur les bases essentielles. Je vais supposer que mon lecteur a une certaine connaissance des mécanismes de la photographie, car ce n'est pas ici l'endroit pour commencer les explications sur les distances focales, le diaphragme, la sensibilité du film, et tous autres détails qui permettent de comprendre comment on réalise de bonnes photos, dont d'innombrables livres techniques sont remplis.

A droite : fin du jour. Utilisation d'un filtre U.V. pour renforcer la lumière orangée à cette heure de la journée.

Les pellicules

Je vous suggère de n'utiliser que des diapositives. Comme la plupart des professionnels, je suis un fanatique du Kodachrome — généralement du 64 ASA —, si net, qui a de si bonnes couleurs, et qui peut être développé partout. Le noir et blanc perd tout le potentiel de la couleur. Les pellicules couleur sur papier ne peuvent produire que des tirages. Les diapositives offrent toutes les possibilités : maintenant, on peut facilement en obtenir de bons tirages, et ce sont elles que l'on utilise dans toutes les reproductions que vous voyez dans les magazines et les livres. De plus, on peut les projeter sur un écran, et apprécier son travail sans attendre le premier tirage.

L'utilisation de la couleur requiert des prises de vues par temps ensoleillé, parce que rien n'est plus ennuyeux qu'un véliplanchiste et sa voile blanche par un jour gris et sans vent.

Alors, tâchez de préserver votre pellicule et vos efforts pour un jour ensoleillé, de préférence avec un bon vent. Même si les vents sont modérés, vous pouvez faire beaucoup de choses. Mieux vaut commencer tard dans la journée, vous obtiendrez des couleurs beaucoup plus chaudes de la fin de l'après-midi jusqu'au coucher du soleil, en été. Si le soleil est bas, vous aurez un merveilleux arrière-plan pour viser et beaucoup de reflets sur l'eau, avec ce globe doré formant lui-même la toile de fond parfaite.

Quand vous utilisez une pellicule couleur, au bord de la mer, il faut mettre un filtre à ultra-violet, ou un filtre Sky Light pour diminuer la dominante bleue perçue dans ces conditions. Le Sky light teinte un peu en rouge, aussi, en dehors des deux heures de la mi-journée, les nuages peuvent devenir légèrement rosés, et l'effet chaleureux des couleurs un peu trop excessif à mesure que le soleil se couche.

C'est pour cette raison que j'utilise constamment des filtres U.V., qui peuvent même donner à une soirée une lumière rouge-orangé beaucoup plus éclatante que celle perçue par l'œil.

Si vous utilisez une pellicule noir et blanc, un filtre jaune ou orange améliorera nettement le contraste entre les voiles blanches, les nuages et le ciel.

Pour provoquer des effets de couleurs vraiment importants, un filtre polarisant utilisé au maximum de son potentiel fera ressortir les couleurs avec un éclat irréel. Certains aiment ces effets, mais, en ce qui me concerne, j'utilise rarement les polarisants, dont les résultats peuvent être trop peu naturels. Vous perdez deux diaphragmes d'ouverture, parce que le filtre absorbe la lumière.

Il existe maintenant des centaines de filtres « artistiques » dans une grande variété de marques. Plusieurs s'avéreront utiles pour photographier des planches à voile, mais aucun filtre ne saurait faire d'une buse un épervier, et si vous avez effectué une prise de vue de seconde classe elle le restera, même avec l'effet du filtre.

Et souvenez-vous toujours : réfléchir avant de prendre la photo !

Après avoir étudié ce qu'on peut mettre dans et sur son boîtier photographique, il est temps de considérer comment on prend des photos. Hormis la photographie aérienne, réservée aux professionnels, voici trois autres façons de photographier : sur terre, sur mer et bien évidemment dans l'eau.

Ci-dessus : si cette photo avait été prise de l'autre côté par rapport aux véliplanchistes, l'effet aurait été sans intérêt. Pensez toujours que vous pouvez modifier votre position, pour changer une image.

A droite : gardez l'œil ouvert pour saisir l'inattendu. Aucune compétence photographique n'est nécessaire, hormis le sens de l'observation et l'habileté à faire le point rapidement.

Sur terre

L'angle de la prise de vue sera bien entendu limité. Toute l'action se déroule sans que vous puissiez la contrôler, et les images seront prises en tenant compte de ces contraintes.

Si votre emplacement est au sud par rapport à l'eau, vos photos auront un éclairage naturel et direct, sans reflets étincelants de la mer.

Si vous vous placez à l'est ou à l'ouest de l'eau, la lumière variera avec l'heure de la journée. Si les planches évoluent toute la journée, choisissez l'heure où les conditions seront les meilleures.

Si vous vous placez face au sud, au-dessus de l'eau, vous ne pourrez faire en général que des contre-jours. Sur le plan pictural, c'est ce qu'il y a de plus attirant, mais cela signifie que le visage du sujet et les détails seront dans l'ombre. Vous pouvez varier le temps d'exposition pour éclairer les zones d'ombre, mais alors l'eau deviendra une surface surexposée. Et il n'y a pas de compromis possible. Vous devrez choisir une priorité. Dans un système d'exposition automatique, c'est la surface dominante qui détermi-nera l'exposition de la photo : si elle est lumineuse, les ombres devien-dront carrément obscures.

Lorsque l'on travaille de la terre, le problème le plus important, c'est la distance par rapport au sujet, si vous ne disposez pas d'un puissant téléobjectif. Avec un zoom, qui n'aura pas une puissance supérieure à 200 mm, les planches devront être encore assez proches.

Vous trouverez des objectifs plus puissants, de 300, 400 mm, pour des prix relativement abordables, et des doubleurs qui multiplient par deux la distance focale réelle de l'objectif. Mais, en échange, le dou-bleur vous coûtera deux diaphrag-mes en moins, provenant de l'assom-brissement de l'image parvenant à travers le viseur, ce qui rend la mise

Assis dans un bateau de sécurité, sous le vent des planches, et muni d'un téléobjectif de 80-200 mm, vous aurez de grandes chances de réussir des photos d'action.

au point plus difficile. Pour utiliser un grand téléobjectif, un pied est indispensable.

Les objectifs de 500 mm à miroir ne sont pas trop chers, et sont maintenant très légers. Bien qu'ils aient un diaphragme fixe, ils offrent probablement le meilleur compromis malgré cet inconvénient.

Sur l'eau

A moins d'être doué de talents extraordinaires, vous aurez besoin d'un bateau à moteur pour vous déplacer. Mais pas d'intervention dans une course, et ne vous aventurez pas constamment partout pour observer ce qui se passe. Vous pouvez circuler autour du parcours de compétition, et choisir votre angle de prise de vue. Appliquez les mêmes principes que sur terre, en fonction de la distance du sujet. Pensez toujours que l'image dans le viseur est exacte, et ne voyez pas ce que vous *voulez* voir.

Le mieux, si vous voulez faire des super-photos, c'est de travailler avec un ami qui pose en planche spécialement pour vous (ils adorent ça !). Il pourra naviguer devant, autour, ou derrière votre bateau.

Ayez toujours présents à l'esprit les risques encourus par votre matériel en contact avec l'eau salée. Portez un anorak qui pourra couvrir votre appareil, et tournez tout le temps le dos aux embruns. A la fin de la journée, si les embruns ont atteint mon appareil, je l'essuie toujours minutieusement, avec un linge mouillé d'eau douce, et je le sèche.

Dans l'eau

Vous avez sûrement regardé un bon nombre de photographies de planches à voile en vous demandant comment elles avaient pu être prises. La plupart du temps, les prises de vues les plus étonnantes sont effectuées dans l'eau. Cela nécessite naturellement un matériel totalement étanche, ou au moins une housse imperméable

Viser de la terre peut vous offrir une position avantageuse si vous utilisez un téléobjectif puissant monté sur un pied.

pour transporter un appareil classique. Moi, j'utilise le célèbre Nikonos, soit le modèle manuel III ou bien l'automatique IVA, et je préfère le procédé de contrôle sur l'ancien modèle. Mais, si ce n'était son encombrement, je préférerais travailler avec une bonne housse imperméable, qui permet de choisir son objectif sur un appareil classique et de mettre un moteur pour ne pas rater une bonne occasion. Il faut aussi prévoir un endroit étanche pour entreposer les pellicules, sans être obligé de retourner à terre pour en changer.

Oubliez cette façon de prendre des photos de planche si vous n'êtes pas bon nageur et si vous ne vous sentez pas parfaitement à votre aise dans l'eau. Car une part importante de temps est consacrée à la natation plutôt qu'à la photographie.

A Hawaï, les photographes du coin sont familiarisés avec ce type de photographie, et en ont une expérience vieille de plusieurs années, comparés à nous autres, Européens qui ne sommes que très occasionnellement dans l'eau. Mais, quand les vagues sont hautes et le corail à fleur d'eau, on peut se sentir très mal à l'aise... Au Royaume-Uni, en France et dans toute l'Europe, le port d'une combinaison isothermique intégrale est généralement nécessaire. Et, s'il n'y a pas de vagues, un gilet de sauvetage vous aidera de façon appréciable à vous maintenir à la surface de l'eau. Grâce à des palmes de plongée, vous pourrez vous mouvoir plus facilement.

Les réglages manuels d'exposition sont meilleurs pour adapter votre prise de vue à la lumière que vous avez choisie. Un bon astiquage du verre protecteur de l'objectif permet d'éliminer le sel déposé par les embruns.

Vous apprécierez aussi les services d'un sujet qui soit compétent en planche à voile, et fiable. Un planchiste qui tombe derrière vous — quand ce n'est pas sur vous — peut devenir très dangereux.

Souvenez-vous enfin que ce ne seront ni le sujet ni votre matériel qui feront la qualité de la photo, mais seulement la façon dont vous l'aurez prise.

Les techniques de fabrication

La plupart des planches sont composées d'une peau extérieure de plastique remplie de mousse, polyuréthane en général, provenant du mélange de deux composants qui se dilatent rapidement en présence l'un de l'autre. Solution moins courante, le polystyrène expansé est plus léger, mais aussi plus fragile, et généralement réservé aux planches de compétition.

La mousse est injectée après la fabrication de la coque en revêtement extérieur ; elle lui donne sa forme, sa rigidité et son volume de flottabilité. La répartition de la mousse et son adhérence à la peau sont délicates. A la suite de mauvais traitements, la mousse des planches les mieux faites se décollera et finira par se casser.

Pour la peau, les trois matériaux le plus fréquemment utilisés sont le polyéthylène, l'A.B.S. et la fibre de verre.

Le polyéthylène

Considéré en général comme le matériau le plus résistant, il connaît aussi certaines difficultés : le coût de l'outillage de fabrication est élevé, plus que pour n'importe quel autre procédé, sauf le polypropylène, et il a fallu à certains fabricants plusieurs années pour arriver à une finition acceptable. Pendant longtemps, les planches dont le revêtement était trop mince montraient des creux et des bosses.

Mais s'il est facile de voir que la planche possède une belle finition bien lisse, en revanche il est plus difficile d'estimer si le polyéthylène est suffisamment épais aux bons endroits, ou s'il est de bonne facture.

Comme la plupart des matériaux, le polyéthylène existe en qualités différentes, qualités généralement liées à la densité de la structure moléculaire, et une planche de structure à faible densité et bon marché peut se gondoler sous des variations de température importantes.

On compte deux méthodes principales dans la fabrication du polyéthylène : le roto-moulage et le thermo-formage.

Les planches roto-moulées

Le nombre d'usines de roto-moulage est limité, en raison de leur coût élevé. Une machine produisant les planches par deux coûtera environ 250 000 dollars !

Le fabricant hollandais de planches à voiles Ten Cate, le leader dans ce domaine, fabrique les planches Windsurfer par procédé de roto-moulage. Le processus commence par deux moules métalliques formant la coque de la planche, qui sont montés dos à dos. Chaque moule représente une demi-coque inférieure et une demi-coque supérieure, et le polyéthylène est versé dans la partie inférieure, avant que l'on referme la partie supérieure sur elle.

Les moules sont ensuite placés dans un four à gaz, qui chauffe pendant vingt minutes environ à 200° C. Ils vont ensuite recevoir pendant quinze minutes environ un souffle d'air froid. Puis on ouvre les moules, et l'on arrache à la main les peaux de plastique : le résultat ressemble à des boudins blancs et mous. Les moules sont alors préparés et recouverts d'une couche d'agent démoulant pour le cycle suivant. Les peaux de plastique sont placées dans un caisson de moussage : un moule métallique qui a la forme de la planche finale. La mousse pré-dosée est injectée dans un trou formé sur l'avant du flotteur, pendant environ trente secondes, et laissée en place pour qu'elle se dilate et durcisse pendant quinze minutes. Tout excès de mousse peut normalement s'échapper, par un trou qui recevra généralement l'anneau de remorquage.

La planche est alors retirée du caisson de moussage et l'excédent de polyéthylène est enlevé à la main. Le démoulage et les détails de finition sont ajoutés avant l'emballage final.

Les planches thermo-formées

Selon ce procédé, le polyéthylène est soufflé dans le moule comme on souffle dans un ballon. En théorie, cela permet une meilleure répartition de l'épaisseur de plastique.

L'A.B.S.

L'A.B.S. est le plastique probablement le plus répandu chez les fabricants de planches. Comme le polyéthylène, il est produit en différentes qualités, et, encore une fois, il est difficile pour l'acheteur de s'assurer de la qualité de son achat.

Vous trouverez l'A.B.S. dans les marques de grande diffusion très connues comme Bic, Jet, Sainval...

Ce matériau n'est pas aussi résistant que le polyéthylène, mais permet d'obtenir une très bonne finition beaucoup plus facilement.

Le processus de fabrication

Il existe plusieurs façons de produire une planche en A.B.S., et les fabricants français et allemands ont toujours été en première ligne en matière de nouveauté dans ce domaine.

Les premières planches en A.B.S. étaient fabriquées en chauffant une feuille plate de ce matériau, appliquée ensuite en enveloppe d'un moule de métal. Comme pour le polyéthylène, se pose le problème du contrôle de l'épaisseur du plastique. Actuellement, une meilleure technique, plus sophistiquée, est admise, grâce à laquelle la feuille d'A.B.S. est soufflée à chaud sur le moule. Les peaux de plastique qui forment le dessus et le dessous de la coque sont ensuite retirées du moule, et les bords rugueux sont poncés à la main.

Les accessoires principaux : emplantures de pied de mât, puits de dérive et boîtiers d'ailerons, sont ensuite fixés à leur place, avant que les deux moitiés de coques soient réunies. Le procédé le plus simple consiste à les coller l'une sur l'autre et à recouvrir le joint de liaison d'un ruban de plastique. Un procédé plus sophistiqué permet d'effectuer un joint de plastique en H, qui s'emboîte dans les deux moitiés.

La planche est ensuite placée dans un caisson à moussage pour une étape finale semblable à celle des planches de polyéthylène ou de fibre de verre ; c'est seulement le matériau de la peau qui diffère.

L'A.S.A.

L'A.S.A. est un dérivé de l'A.B.S., qui est surtout mis en œuvre par la firme allemande Sailboard.

Cette méthode assez différente et hautement sophistiquée a été introduite pour la première fois en 1982.

Tout d'abord, on souffle la mousse ; l'A.S.A. est ensuite moulé autour, le tout compressé dans un moule. Le gros avantage de ce procédé, c'est qu'il ne comporte pas de joint de liaison, puisque la peau est constituée d'un moulage continu, sans cassure.

Le Polycoren, utilisé par la marque Mistral, est aussi une matière dérivée de l'A.B.S.

La fibre de verre

Des trois matériaux jusqu'alors exposés, c'est la fibre de verre qui demande le plus de main-d'œuvre. C'est aussi, par conséquent, celui dont la fabrication est la plus facile à contrôler. Ses coûts initiaux d'outillage et de temps et d'argent ne sont rien à côté de ce qu'il faut pour investir pour monter une usine de polyuréthane ou d'A.B.S. Aussi les petits fabricants préfèrent-ils ce procédé, plus adapté à des séries de production de courte durée, qui doivent être produits rapidement, pour des planches de compétition open ou de saut de vagues, qui seront très vite mises en fabrication et peut-être périmées au bout de neuf mois. C'est le matériau idéal pour obtenir une finition impeccable, contrôler le poids, les forces et les faiblesses d'un modèle. Mais, pour ce qui est de la résistance aux coups, il se révèle bien plus fragile que les autres.

Le procédé de fabrication
Les planches en fibre de verre sont réalisées dans des moules, comme celles en polyéthylène et en A.B.S., mais le procédé est identique à celui des bateaux de plaisance.

Le gel-coat, qui deviendra ensuite une peau extérieure brillante, est tout d'abord vaporisé ou appliqué avec une brosse dans le moule, comme une peinture épaisse. Puis le tissu de verre est mis en place, en épaisseurs supplémentaires aux points de tension. La résine de polyester est appliquée à la brosse, transformant l'ensemble en fibre de verre solide. On peut aussi projeter la fibre de verre au pistolet, lequel hache des mèches de tissu de verre, et les pulvérise à grande vitesse sur le moule, en même temps qu'un flot de résine.

Recherchant à la fois la solidité associée à un poids minimal, le constructeur peut opter pour :

1. Une résine époxy
Plus longue à durcir et plus difficile à travailler que la résine polyester, elle possède, à résistance égale, un poids inférieur.

Mistral travaille ses planches Naish et Compétition Light avec de la résine époxy. Comme chez Sailboard, on commence par souffler un noyau de mousse, recouvert ensuite de tissu de verre, et de résine époxy, avant d'être mis à durcir dans un moule. Il est enfin retiré du moule, et fini au pistolet vaporisateur.

2. Les planches creuses
Une planche creuse, renforcée par des membrures de contre-plaqué et de tissu, offrira une grande rigidité. Les blocs de mousse seront insérés pour donner la flottabilité. La plupart des prototypes de compétition (Fountaine-Pajot, Mistral M1, Black Cobra, Parker Turbo...) sont ainsi réalisés. Ils sont très légers mais fragiles.

3. Le sandwich
Il est utilisé souvent de façon conjointe avec le procédé de fabrication des planches creuses.

Un sandwich de mousse est injecté entre les couches de fibre de verre, pour donner à la planche une rigidité supplémentaire (et une petite augmentation de poids). Mais l'utilisation intensive des planches peut provoquer le délaminage de la mousse et de la fibre.

Kevlar et fibre de carbone
Le kevlar est plus résistant que la fibre de verre, mais plus cher et surtout plus difficile à travailler. La fibre de carbone peut être utilisée comme renfort aux points de tension, mais elle présente les mêmes inconvénients.

Aucun de ces deux matériaux ne peut être utilisé dans la construction des planches de compétition open de division 1 ou 2.

Les autres matériaux

Le polypropylène
Le polypropylène est un plastique utilisé pour fabriquer les cuvettes dans lesquelles vous faites la lessive. Il a été utilisé pour la première fois dans le contexte de la navigation pour le dériveur Topper ; et la première planche en polypropylène,

la Dufour Sun, fut lancée en 1981.

Les coûts de l'outillage sont considérables, et les délais de fabrication, d'environ dix-huit mois, suffisent à décourager la plupart des fabricants. Qui peut prévoir la planche qui se vendra le mieux si longtemps à l'avance ? Cependant, une fois la production lancée, les coûts unitaires sont sensiblement inférieurs à ceux des autres procédés.

Le bois
Les planches en bois sont, par définition, construites à la main. Il existe une méthode simple, en « kit » et bon marché, consistant à fabriquer sa planche avec des lattes de contreplaqué fixées ensemble par des bandes de fibre de verre suturées avec du fil de cuivre. L'inconvénient, c'est que la rigidité des lamelles de contreplaqué ne permet pas une grande variété de formes, sans risquer des infiltrations d'eau.

Une autre solution, plus complexe, consiste à tailler et à coller de fines lamelles de contreplaqué sur un moule mâle. L'idée ne présente pas de grands avantages, si ce n'est celui de l'esthétique.

La fabrication de l'équipement

Les mâts de fibre de verre sont réalisés à partir de fibre de verre préformée mélangée à de la résine (généralement de polyester, quelquefois d'époxy), présentée en rouleaux qui sont coupés à la longueur du mât, et enroulés autour de mandrins d'acier inoxydable légèrement chauffés. Ils sont ensuite placés dans un four pendant vingt minutes environ et retirés du mandrin, qui est à nouveau prêt à servir.

Les mâts en alliage léger sont réalisés à partir d'aluminium extrudé en forme de fuseau. L'épaisseur et le diamètre de la paroi détermineront le poids et les qualités de flexibilité du mât.

Les accessoires du flotteur
Les accessoires du flotteur, pied de mât et emplantures, boîtiers d'ailerons, puits de dérive, ailerons, anneau de remorquage... sont maintenant couramment sous-traités. Ils sont généralement moulés dans des matières plastiques comme l'A.B.S. ou le polypropylène, moins cher mais plus lourd.

Glossaire

A

Abattre
S'écarter du vent normalement en inclinant le gréement vers l'avant du flotteur.

A.B.S.
Un revêtement de plastique utilisé pour la fabrication des planches en grande série.

Accompagner
Il arrive un moment, lorsque vous sautez les vagues, où vous sentez qu'il faut que vous suiviez la planche : ne la laissez pas vous retomber sur la tête !

Aileron
Le petit bout de plastique vertical permet à la planche de naviguer tout droit. Pour les planches de funboard, les ailerons remplacent la dérive.

Amure
Côté d'où vient le vent : tribord amure, bâbord amure.

Anneau de remorquage
Situé à l'avant de la planche, l'anneau permet d'amarrer un bout de remorquage, si vous désirez vous faire traîner.

Antidérapant
La plupart des planches possèdent un antidérapant moulé dans la surface du pont. Sa qualité d'accroche peut varier considérablement, elle peut être améliorée par l'addition de peinture antidérapante ou de wax.

A.S.A.
Un matériau de recouvrement semblable à l'A.B.S.

Au vent
Le côté au vent, c'est le côté de la planche d'où vient le vent. Opposé au côté sous le vent.

B

Bâbord
Sur la gauche, en regardant vers l'avant. Le côté bâbord est indiqué par la couleur rouge.

Beaufort
L'amiral Beaufort inventa l'échelle de Beaufort, pour mesurer la vitesse du vent. Son unité est le nœud. Elle s'échelonne de la force 0 à 12.

Body-surf
Petite planche sur laquelle on s'allonge pour descendre les vagues et s'initier au surf.

Border
Tirer sur le wishbone pour rapprocher la voile de l'axe du vent.

Bordure
Le bord situé en bas de la voile, entre le point d'amure et le point d'écoute.

Bout
Filin, en général de nylon tressé, qui sert à tout attacher.

Bout au vent
La direction précise de laquelle le vent souffle.

Brevet
Hoyle Schweitzer déposa le brevet de la planche à voile, et il a assigné ses adversaires devant les tribunaux depuis lors.

C

Cales de dérive
Petits bourrelets appuyant sur la dérive pour assurer son maintien étroitement serré dans le puits de dérive.

Carène
La surface plate dessous la planche.

Carre
Faire un gybe sur la carre, ou tourner sur la carre, c'est changer sa direction à grande vitesse, en finissant sur le rail : le bord anguleux de la planche.

Catégorie de poids
Cette division des coureurs selon leur poids se pratique pour les régates sur triangle. Elle comporte en général quatre catégories : légers, médiums, lourds et féminines.

Caviter
Lorsque les ailerons et l'arrière de la planche cessent de s'enfoncer dans l'eau, la planche se met à glisser dans tous les sens et son arrière sort de l'eau. Il existe des ailerons anti-cavitation.

Centre de dérive
Centre de résistance latérale. C'est le point principal sur lequel la planche s'appuie pour tourner, en principe situé sur la dérive.

Centre de voilure
C'est là que s'applique la résultante des forces du vent dans la voile.

Choquer
Lâcher le wishbone ou le laisser filer pour ouvrir la voile. En inclinant le mât sur l'avant, ce mouvement fait abattre la planche.

Chute
C'est le bord de la voile, entre le haut et le point d'écoute.

Combinaison sèche
Un vêtement de néoprène ou de matière totalement imperméable, avec des joints d'étanchéité au cou et aux manches, qui ne laisse pas passer l'eau, utile pour naviguer par temps froid.

Corde
Une ligne imaginaire reliant directement le point d'écoute au mât.

Custom
On appelle « custom made », ou « custom », les planches de fabrication artisanale, généralement de type funboard.

D

Dacron
Tissu synthétique dans lequel sont réalisées certaines voiles de bonne qualité.

Départ dans l'eau
Aussi appelé « waterstart », le départ dans l'eau se pratique allongé sur l'eau, avec le gréement au-dessus de vous au vent de la planche. Au départ figure de freestyle, il est devenu de rigueur pour tous les pratiquants de funboard sur planches courtes, dites aussi planches waterstart, et n'est pas aussi facile à réaliser qu'il le paraît.

Dépression
Période de vent et de temps instable aussi appelée « basse pression ».

Dérive
Un long aileron situé au milieu du flotteur, que l'on peut enlever de son puits, empêchant la planche de dériver lorsqu'il est enfoncé. Une dérive tempête est plus courte, et permet de contrôler plus facilement la planche lorsque le vent souffle fort. Les dérives sont réalisées en plastique

moulé, ou en contre-plaqué lamellé collé, plus rigide et plus cher...

Donkey's ear
Aileron de funboard, taillé, comme son nom l'indique, en oreille d'âne.

Drake
Jim Drake est probablement l'inventeur de la planche à voile.

Duck gybe
Empannage qui s'effectue en faisant passer la voile au-dessus de sa tête plutôt qu'en la laissant partir sur l'avant de la planche.

E

Empanner
Changer la direction de la route de la planche en passant l'arrière du flotteur dans l'axe du vent.

Époxy
Résine de qualité supérieure, utilisée avec de la fibre de verre, du kevlar... mais assez difficile à travailler.

Étarquer
Tendre les bouts qui permettent d'aplatir la voile, au point d'écoute et au point d'amure (hale-bas)

F

Fasseyer
Faire fasseyer la voile, c'est la lâcher pour qu'elle parte dans la direction du vent, comme un drapeau.

Fathead
Voile de funboard, dont le haut, large, est supporté par deux lattes. En théorie, elle vous permet de ne pas perdre de puissance au creux des vagues. Elle s'adapte sur un wishbone plus court de forme normale.

Fausse panne
Naviguer sur la fausse panne, c'est avancer avec le point d'écoute vers l'avant et vers le vent. On l'utilise en freestyle et en technique de funboard.

F.F.V.
Fédération Française de Voile.

Fibre de carbone
Matériau particulièrement résistant, utilisé dans la construction des planches de funboard.

Fibre de verre
Tissu de verre chargé de résine, que l'on utilise dans la fabrication des planches, des customs et des mâts... On l'appelle aussi « G.R.P. ».

Fins
Mot anglais pour dire « ailerons ». Surtout employé pour les planches de funboard.

Flotteur
Le support de base, excluant le gréement.

Foil
Comme un atterrisseur d'hydravion, en forme de « V ». Un hydrofoil se soulève et ne porte plus que sur un foil, ce qui requiert moins de puissance dépensée pour une plus grande vitesse obtenue, en raison de la diminution de la surface mouillée. Mais les applications en planche de ce principe n'ont pas été de grands succès.

Footstraps
Cale-pieds dans lesquels vous enfilez vos pieds pour rester sur le flotteur quand vous sautez.

Force anti-dérive
Résultante des forces de résistance à l'avancement provoquées par le frottement de la coque sur l'eau, et de la force de dérive provoquée par le courant appuyant sur la dérive et la coque.

Freestyle
Figures spectaculaires exécutées sur une planche en navigation qui, lors d'une compétition, doivent former un enchaînement de trois minutes environ.

Funboard
En général, c'est une planche destinée à la navigation par forte brise, avec laquelle on s'amuse beaucoup (fun). Les planches de funboard extrême sont appelées des « waterstart ».

G

Gilet de sauvetage
Un gilet de sauvetage vous permettra de flotter la tête tournée vers l'air libre, et vous empêchera de couler si vous êtes assommé. Une réserve de flottabilité vous aide à flotter, mais par forcément la tête hors de l'eau :

la plupart des harnais flottants appartiennent à cette catégorie et possèdent des réserves de flottabilité.

Gréement
Tout ce qui se trouve au-dessus du pied de mât articulé (mât, voile, wishbone...)

Guindant
Le côté de la voile s'étendant du haut du mât au point d'amure s'appelle la ralingue ou le guindant. Elle porte le fourreau dans lequel se glisse le mât.

Gybe
Empannage. Ce mot anglais s'emploie plutôt pour le funboard.

H

Hale-bas
Lien rattachant le point d'amure de la voile au pied de mât.

Harnais
Une ceinture permettant de se pendre au bout de harnais fixé sur les deux côtés du wishbone, pour soulager les bras.

High aspect
Une voile haute et étroite.

Hot-dogging
Technique précurseur du freestyle.

Hypothermie
Perte de chaleur du corps, due à un refroidissement dans l'eau ou dans l'air. Cela peut devenir très dangereux.

I

I.B.S.A.
International Boardsailing Association, soit l'Association internationale de planche à voile.

Ins-and-outs
Compétition de funboard, qui se déroule sur un parcours de largue.

I.W.S.
International Windsurfing Schools : ou cours internationaux de planche à voile, représentée surtout en Angleterre.

I.Y.R.U.
International Yacht Racing Union, ou

Union internationale des courses de bateaux, qui régit les compétitions de type olympique.

K

Kanger

Les ailerons kangourou, ou Kanger (vient de « Kanger's cock », dont la traduction littérale serait osée), sont des ailerons de funboard.

Kevlar

Matériau plus solide que la fibre de verre, souvent plus cher. Il est difficile à travailler et interdit pour la construction des planches de division 1 et 2.

L

Landsurfer

Planche à voile à roulettes pour aller sur le sable ; le speedsail en est un modèle très répandu.

Lattes

Lamelles de fibre de verre flexibles, servant à soutenir la chute de la voile.

Largue

Naviguer au largue, c'est naviguer avec le vent venant de l'arrière, de trois quarts arrière ou de travers, ce qui donne les allures suivantes : petit largue, largue, grand largue.

Leash

Vous devez toujours avoir un leash, qui permet de relier le gréement au flotteur, pour le cas où le pied de mât sortirait de son emplanture ou se casserait.

Lèvres du puits de dérive

Ce sont des lamelles de caoutchouc mou, collées de chaque côté du puits de dérive, empêchant l'eau de remonter par le puits de dérive lorsque la dérive est totalement relevée.

Lièvre

Pour un départ au lièvre, une planche passant devant les autres en naviguant bâbord amure correspond à l'envoi du départ. Pour pouvoir partir à leur tour, toutes les planches doivent passer au ras de l'arrière de la planche-lièvre. On a recours à ce type de départ pour les régates monotypes dotées d'une très nombreuse participation.

Lip

« On the lip », souvent employé pour décrire des figures de funboard, signifie : « sur la crête de la vague », juste avant qu'elle ne déferle.

Lofer

Remonter vers le vent, jusqu'à ce que le vent commence à prendre dans le côté sous le vent de la voile. Lâcher la voile pour qu'elle fasseye. « Lofer » un concurrent en régate, c'est le forcer, lorsqu'il se trouve à votre vent, à remonter plus près du vent qu'il ne le souhaiterait, et l'obliger à virer ou à ralentir.

Long john

C'est le plus répandu des vêtements isothermiques de base : un pantalon-débardeur, sans manches. Vous pouvez le compléter par une veste-boléro.

Longue distance

Un marathon d'environ 10 milles, quelquefois de plus de 25 milles, au cours duquel les organisateurs tâchent de faire parcourir de longs bords de largue aux concurrents.

Louvoyer

Tirer des bords de près serré, pour remonter au vent en suivant une route en zigzag.

M

(Le)Mans

Le Départ « style Le Mans » s'effectue du bord de la plage. Quand le départ est donné, les concurrents courent vers leur planche, la portent à l'eau, sautent dessus, et partent. On s'en sert surtout pour les courses de longue distance, mais pour d'autres aussi, car il est particulièrement spectaculaire.

Marée

Mouvement côtier de la mer, engendré par l'attraction de la lune et du soleil. Elle provoque des courants côtiers lorsque la mer entoure rapidement une pointe de terre ou s'engouffre dans un goulet ; courants auxquels tout bon véliplanchiste prendra soigneusement garde, car ils peuvent être extrêmement dangereux.

Mât

Réalisés en fibre de verre ou en alliage métallique, les mâts sont en général d'une longueur unique identique.

Monotypie

Une classe de planches identiques, courant ensemble les régates organisées pour elles, comme les Windsurfer Regatta.

Mylar

Tissu synthétique utilisé pour la fabrication des voiles, composé d'un film de plastique ; réservé à une utilisation par vent léger.

N

Néoprène

Matériau de fabrication des combinaisons isothermiques, bottillons, gants, etc. C'est chaud quand le vêtement colle bien à la peau — par l'action de la mince pellicule d'eau qui se glisse entre la peau et le néoprène, réchauffée à la température du corps. Mais c'est un peu fragile.

Nœuds

Un nœud égale un mille nautique (1, 852 km) par heure.

O

Open

Des planches différentes, conformes aux mêmes règles de construction et de conception sont réunies pour des compétitions open (« ouvertes », littéralement) : de division 1 pour les planches plates polyvalentes, et de division 2 pour les planches rondes de compétition.

P

Pain de mousse

Un pain de mousse a, grossièrement, la forme et la taille d'un flotteur de planche. Il est « shapé », c'est-à-dire façonné pour réaliser une planche « custom » — faite à la main. La mousse est en général une mousse de polyuréthane, ou parfois de polystyrène.

Pentathlon

C'est une régate comportant cinq épreuves différentes comptabilisées pour le classement général : triangle, course de longue distance, freestyle, slalom et ins-and-outs.

Pied de mât articulé

L'articulation, normalement toujours

attachée au pied de mât, peut permettre au gréement d'effectuer une rotation de 360°, et une inclinaison de 180° au moins. Le pied de mât et son articulation sont les adaptateurs du gréement sur le flotteur.

Pintail
Un pintail est une planche de funboard courte, dont l'arrière pointu *(pintail)* facilite le contrôle de la direction en navigation.

Planche de compétition
Une planche de compétition aura un profil immergé rond, montrera une surface mouillée moindre, mais un comportement instable. Normalement, elle court en classe open de division 2.

Planche polyvalente
Une planche polyvalente peut, par définition, naviguer dans des conditions très différentes. En général, on donne ce nom à des planches à carène plate et stable, adaptées à l'apprentissage de la planche à voile, mais qui peut convenir aussi à des navigateurs plus expérimentés. Il existe aussi des planches funboard polyvalentes, avec des footstraps.

Planer
Naviguer « sur » l'eau, et non plus dedans, avec très peu de surface mouillée immergée.

Point d'amure
L'angle de la voile situé près du pied de mât est le point d'amure.

Point de drisse
Le haut de la voile, près de la tête de mât.

Point d'écoute
C'est l'angle extérieur de la voile, celui qui est rattaché à l'extrémité du wishbone par un bout d'étarquage.

Polyéthylène
Matériau composant la peau de plastique de la plupart des planches fabriquées en série. Le polypropylène est un peu similaire.

Polystyrène / Polyuréthane
Ce sont deux sortes de mousse, que l'on utilise pour rigidifier et solidifier l'intérieur des flotteurs.

Poussée vélique
La force du vent sur la voile s'appli-que sur toute la surface de la voile. La résultante de ces forces du vent, la poussée vélique, s'applique au centre de voilure.

Près
Naviguer tout près de l'axe du vent — à 35° environ de celui-ci. Le près serré est à la limite du fasseyement.

Pumping
En pompant avec la voile, que l'on ramène et écarte de soi brusquement, on crée un vent artificiel qui permet d'accroître la vitesse de la planche. Mais le règlement de l'I.Y.R.U. n'autorise à « pomper que trois fois pour partir au planing », et la détermination de celui qui est ou n'est pas dans la règle suscite de nombreuses réclamations, et souvent une mauvaise ambiance.

R
Rail
Le bord de la planche s'appelle son « rail », sa « carre », ou sa « tranche » pour le freestyle.

Régate
Rassemblement pour une série de courses. Une voile de régate est une voile correspondant aux normes déterminées par la classe open, d'environ 6,30 m² de surface.

Remonter au vent
Lofer pour aller vers le vent. Pour faire une route dans l'axe du vent, on tire des bords et on louvoye.

Résine
C'est ce qui permet de transformer le tissu de verre en fibre de verre.

Risée
Lorsque le vent force en changeant de direction, c'est une risée. En régate, lorsqu'il remonte au vent, le planchiste vire toujours dans la risée pour profiter de la nouvelle direction du vent.

Rocker
Courbure générale de la planche, de l'avant à l'arrière. Une planche plate n'a pas de « rocker » (ou « scoop »), mais le rocker est souvent marqué sur les planches de saut et de funboard.

Roto-moulé
Les planches de polyéthylène roto-moulé sont obtenues à partir d'un moule qui tourne sur lui-même.

Run
Passage chronométré sur 500 m lors des épreuves de vitesse.

S
Sancir
Enfoncer l'avant de la planche dans la vague, si bien que l'on fait invariablement la roue, cul par-dessus tête.

Sandwich
Une planche construite en sandwich de mousse a une peau faite de deux fines épaisseurs de fibre de verre ou de kevlar enserrant une épaisseur de 1 cm environ de mousse. Les planches construites avec ce procédé sont en général creuses, très solides et légères.

Saut de l'âne
Figure de freestyle obtenue en sautant sur l'arrière de la planche en même temps qu'on décolle sur la vague, si bien que la planche s'élève véritablement à la verticale.

Scoop
Spatule, ou courbure (rocker), de l'avant de la planche.

Schweitzer
Hoyle Schweitzer inventa la planche à voile avec Jim Drake. Ensuite il en déposa le brevet.

Shaper
Faire un flotteur d'un bloc de mousse, avec scie, rabot et papier de verre. Le shapeur *(shaper)* est un artisan qui réalise ses planches à la main.

Simulateur
Un flotteur fixé à terre, monté sur pivot, permet d'apprendre plus facilement les rudiments de la planche à voile.

Slalom
Une compétition avec éliminatoires, se déroulant par deux avec bon nombre de virements et empannages rapides, sur un tout petit parcours disposé en général près du rivage. Une épreuve très spectaculaire.

Sous le vent
Le côté de la planche qui ne reçoit pas le vent en premier, opposé au côté au vent.

Spatule
Forme relevée de l'avant de la planche, encore appelée « scoop ».

Speed trial
Parcours de vitesse au largue-travers du vent, de longueur variable.

Surface mouillée
C'est la surface du flotteur en contact avec l'eau. Moins on a de surface mouillée, moins la planche s'enfonce dans l'eau, et plus elle va vite.

T

Tandem
Une planche à voile conçue pour naviguer à deux.

Taquets
Filoir utilisé pour assurer la fixation d'un bout d'étarquage. Les *clam-cleat,* taquets coinceurs, sont les modèles les plus répandus, que l'on trouve sur le wishbone pour fixer l'étarquage du point d'écoute de la voile.

Tire-veille
Le bout que l'on empoigne pour sortir le gréement de l'eau relie la poignée du wishbone au pied de mât, auquel il est fixé par un élastique. Il existe des tire-veille hawaïens élastiques.

Tranche
Côté de la planche. Les figures sur la tranche s'exécutent en freestyle, lorsqu'on navigue sur la planche posée en équilibre sur son rail. Cette technique s'utilise aussi en compétition, sur les planches, qui montent sur la tranche pour réduire la surface mouillée du flotteur au près.

Triangle olympique
C'est le parcours le plus fréquent en régate, parcours triangulaire sur trois côtés égaux autour de trois bouées. La longueur normale de chaque côté est de 1 mille lors des régates internationales. La flotte effectue un triangle complet avant de laisser tomber la bouée de largue pour tourner autour des bouées de près et de vent arrière.

Tribord
A droite, en regardant vers l'avant de la planche. Indiqué par la couleur verte sur les parcours olympiques.

Tube
Lorsqu'une vague déferle rapidement sur un fond en pente, elle crée un espace vide entre sa crête retombée et le bord de la vague. Les surfers passent dedans.

V

Vent apparent
C'est le vent que ressent le planchiste, d'une direction différente de celle perçue par un observateur immobile. Sa force est la résultante de deux composantes : le vent réel et le vent vitesse.

Vent arrière
Naviguer vent arrière, c'est naviguer poussé par le vent venant directement de l'arrière.

Vent de terre
Lorsque le vent souffle de la terre vers la mer.

Vent réel
C'est le vent perçu par un observateur immobile, dont la force est une composante du vent apparent.

Vent vitesse
C'est le vent créé par le déplacement de la planche qui navigue. Sa force est une composante de la force du vent apparent.

Virer de bord
Changer la route de la planche en faisant passer l'avant de la planche dans l'axe du vent. Vous effectuez cette manœuvre pour aller contre le vent, dans la direction de laquelle il souffle.

Voile tempête
Voile que l'on utilise lorsque le vent souffle trop fort pour qu'on puisse sortir avec sa voile normale de régate. En général, elle est étroite et sa chute est creuse (concave) sans latte.

W

Waterstart
Départ dans l'eau, que l'on pratique aussi bien en freestyle qu'en funboard, mais indispensable pour partir sur les planches du même nom, « waterstart », qui coulent lorsque l'on monte dessus à l'arrêt.

Wax
Paraffine antidérapante, qui vous permet de tenir debout sur la planche. La « Sex-Wax » est la marque la plus répandue.

Windsurfer
Avec une capitale initiale, c'est le nom de la marque des planches de Hoyle Schweitzer. Sans capitale, c'est le nom des véliplanchistes en langue anglaise, et « windsurfing » indique la pratique de la planche à voile.

Wishbone
La bôme qui tend la voile, formée de deux tubes elliptiques en alliage métallique, avec des embouts de plastique à chaque extrémité.

Appendices

Magazines spécialisés

France
Planche Magazine
Éditions de l'Angle aigu
15, rue du Commandant-Pilot
92522 Neuilly-sur-Seine.
Tél. : 738-44-15.

Planche à voile
Éditions de l'Angle aigu
15, rue du Commandant-Pilot
92522 Neuilly-sur-Seine.
Tél. : 738-44-15.

Planche n° 1
75, rue d'Amsterdam
75009 Paris.
Tél. : 285-31-02.

Wind Magazine
53, rue Nollet
75017 Paris.
Tél. : 226-74-70.

Canada
Windsport Canada
P.O. Box 308, Clarkson, Mississauga,
Ontario,
Canada. L5J3YE.

Royaume-Uni
On Board
Boardsailing International
28, Parkside
Wollaton
Nottingham
Tél. : 0602.226798.

Windsurf and Boardsailing
Océan Publications
22-24, Buckingham Palace Road
London SW1W OQP
Tél. : 01-828 1990/4551.

Surf News
PO box 1
Hayling Island
Hampshire.

Allemagne
Surf
Sachsenkamstrasse 19
Postfach 801008
8000 München 70.

Surfen
Surfen Jahr Verlag
Postfach 103346
2000 Hambourg 1.

Surf Journal
Ortlerster 8
8000 München 70.

Windsurfing Magazine
Ferdinand Maria Strasse 30
8000 München 19.

Hollande
Surfsport
Av. B.N.L. förlag A.B.
Box 8184
104 20 Stockholm.
Tél. : 08-542220.

Surf Magazine
Z HD Herrn Van Wagensveld
Postbus 264
Netherlands 4200 Gorinchen.

Windsurfer
Herrn W Koesen
Herengracht 566
Amsterdam.

De Windsurfer
Z HD Herrn G. Cooreman
Oosterdstraat 13
Netherlands 9000 Gent.

Japon
Hi Wind
Marine Planing Co. ed.
7 F NS Building
2-2-3 Sarugaku-cho
Chiyoda-ku
Tokyo.

Autriche
Ossterr Windsurfing Revue
Schidbauer
Schwarzenberg Platz 10
A 1040 Wien.

Suède
Windsurfing
La Dore 65
Box 25033
10023 Stockholm.

États-Unis
Wind Surf
P.O. Box 561
Dana Point
CA 92629.

Sailboarder
P.O. Box 1028
Dana Point
CA 92629.

Board and Sail
PO Box 8108
Sacramento
CA 95818.

Boardsailor
20 E Palm Avenue
Nokomis
Florida 33555.

Adresses d'organismes

1. Organisations internationales

I.Y.R.U.
60 Knightsbridge, Londres SW1.
Tél. : 01-235-6221.
L'International Yacht Racing Union est l'épine dorsale soutenant toutes les régates du monde. La plupart des courses de planche à voile sont organisées suivant ses règlements, hormis les courses professionnelles.

I.B.S.A.
55, avenue Kléber,
75784 Paris cedex 16.
Tél. : (1) 553-68-00.
L'Association internationale de la planche à voile fonda la classe open, et tout son travail permit de développer l'actuelle division 2. Elle a organisé le championnat du monde et d'Europe de planche à voile open, avant de connaître des difficultés en 1982.

2. Associations des classes internationales

I.W.C.A.
Secrétariat
1955 Ouest 190th St Torrance CA 90509 U.S.A.
Tél. : 213-515-4900.
La classe internationale Windsurfer possède l'association comptant le plus grand nombre de membres. Ces championnats du monde, d'Europe et nationaux sont toujours très populaires.

I.W.G.C.A.
Secrétariat
17/18 Shermann Avenue
Evanston Illinois 60201 U.S.A.
Tél. : 312-475-3381.
L'association de la classe internationale Windglider est la seule comptant des membres derrière le rideau de fer, et la planche Windglider fut élue planche olympique pour les Jeux de 1984.

I.M.C.O.
Kerzer Sgracht 506
1017 E7 Amsterdam Hollande
Tél. : 2024-8961.
L'association de la classe internationale Mistral (Mistral Light) est la plus jeune de ces trois associations internationales monotypiques.

3. Organisations de régates internationales

Kaïlua Bay windsurfing Association
P.O. Box 1224 Kaïlua, Hawaï 9 68 34.
Elle organise la fameuse Pan Am Cup, qui se tient chaque année, en fin mars, mais vous pouvez réserver vos places pour vous inscrire à participer dès l'automne précédent.

Euro Funboard Cup
Beethovenstrasse 10, 8000 Munich 2, Allemagne de l'Ouest.
L'Euro Funboard Cup est l'événement européen de funboard le plus important. Elle compte des catégories différentes pour amateurs et professionnels. Elle est placée sous l'égide de Peter Brockhaus, le père de la Pan Am Cup.

4. Associations de classes

Association des planches à voiles Dufour Wing
Mlle Corbière
C.N. Saint-Laurent-du-Var
Avenue Donadel
06700 Saint-Laurent-du-Var.

Association Jet
M. Bernard
9, rue du Verger
77240 Cesson.

Association Mistral : International Mistral Class Organisation
M. Hervé
41, Grande Rue
Chagnolet 17220 La Jarrie.

Association Windsurfer
M. Vidal
Villa Saint-Ange-les-Heures claires
83270 Saint-Cyr-sur-Mer.
Tél. : (94) 26-02-56.

Toutes les marques de planches n'ont pas fondé leur association, même si leurs modèles sont très répandus. Et cela ne les empêche pas d'organiser des régates promotionnelles, le long des côtes et souvent en été, telles Ellesse, Sailboard...

5. Associations et fédérations nationales organisant des régates

Fédération française de voile (F.F.V.)
55, avenue Kléber, 75784 Paris Cedex 16.
Tél. : 553-68-00.
Elle organise toutes les régates régionales de ligues, et nationales, qui sont inscrites à son calendrier.

Association française des véliplanchistes de vitesse (A.F.V.V.)
c/o Tiga
6, rue Jules-Simon
92100 Boulogne-Billancourt.
Tél. : 604-17-48.

Top Racer Association (T.R.A.)
Hervé Borde
11 *bis*, rue Vauquelin, 75005 Paris.
Tél. : 331-51-37.

« Les véliplanchistes de haut niveau sont des individualistes forcenés », affirme à juste titre Hervé Borde. Mais l'intérêt de cette organisation est de permettre l'établissement d'un éventuel classement mondial des coureurs, de leur assurer une certaine défense, et de renseigner les nouveaux arrivants.

6. Écoles

F.F.V.
55, avenue Kléber, 75784 Paris cedex 16.
Tél. : 553-68-00.
En écrivant, vous obtiendrez un petit guide comprenant toute la liste des écoles homologuées et des clubs affiliés, dans toute la France et dans les territoires d'outre-mer.

U.C.P.A.
62, rue de la Glacière, 75640 Paris.
Tél. : 336-05-20.
Là aussi, un grand nombre de possibilités pour effectuer des stages dans toutes la France, et à tous les niveaux de pratique.

Bibliographie spécialisée

L'Année Planche à voile
Éditions Acla.

Toute l'actualité d'une année de planche à voile résumée en un très beau livre largement illustré de photographies en couleur.

L'Atlantique à mains nues
Christian Marty. Éditions Hachette-Gamma, 1982, 192 p. (69 F).
Pour tous ceux qui rêvent de suivre un jour les traces de Christian Marty, un livre précieux qui met bien l'accent sur la préparation préalable nécessaire.

Faites vous-mêmes votre planche à voile
Dominique Delville et Jean-Bernard Cunin. Bréa Éditions, 1983, 171 p. (76 F).

Pratique et illustré de nombreux schémas, il vous aidera à éviter des erreurs lourdes de conséquences si vous voulez fabriquer votre planche.

Faire de la planche à voile en France : le Nord.
Alain Rondeau. Éditions maritimes et d'outre-mer, 1983, 224 p. (85 F).

Où naviguer en planche à voile : côtes et plans d'eau intérieurs.
Michel Droulhiole et Dominique Gautron.

Éditions du Pen Duick, 1983, 347 p. (80 F).

Deux guides pratiques pour trouver le lieu le plus proche, le mieux venté, ou celui de vos futures vacances, pour plancher. Ils sont très différents. Le premier s'adresse aux amateurs de randonnée sur les côtes de France. Il ressemble aux fiches de navigation pour croiseurs et manque parfois un peu de détails. Le second est un répertoire comportant aussi les plans d'eau intérieurs, souvent difficiles à connaître lorsque l'on n'est pas « du coin ».

La Planche à voile avec Robby Naish :
Les secrets d'un champion.
Peter Brockhaus, Robby Naish, Ulli Seer. Voiles/Gallimard. 1981, 192 p. (199 F).

Le roi encore incontesté des vagues d'Hawaï a son livre, qui lui ressemble : splendide pour les photos, et simple dans ses explications ou conseils personnels.

Pratique de la planche à voile.
Jean-Émile Mazer, Serge Valentin et Christian Target.

Éditions Voiles/Gallimard. t. I, 1982, 237 p. (115 F) ; t. II, 1983, 319 p. (185 F).

La « bible » des techniciens de ce sport. Un peu rebutant par l'absence de photos en couleurs. Le livre, écrit par des responsables de la section planche de la Fédération de voile, est à consulter comme une encyclopédie.

La Randonnée en planche à voile
Jean-Louis Guéry et Dominique Le Brun. Éditions Solar, 1983, 152 p. (60 F).

Une autre pratique de la planche à voile, pour les amateurs de longues balades, de bivouac sur la plage... Pas très attirant faute de belles photos couleurs, il reste précieux par ses conseils à la fois clairs et très complets.

Les Règles de course
B. Lamarque. Gallimard.

Pour tout savoir sur l'I.Y.R.U. et ses règlements.

Ouvrages en anglais.

The Rules Book
Eric Twiname (Granada).

Paul Elvstrom Explains the Yacht Racing Rules
Paul Elvström (Creagh Osborne ans Partners).

Deux petits livres pour expliquer les règlements de l'I.Y.R.U, clairement et de façon concise. Très utiles pour tous ceux qui veulent pratiquer la compétition en planche.

Sailboard Racing.
Rainer Gutjahr (Macmillan).
Un livre spécialement conçu pour ceux qui pratiquent la régate sur parcours triangulaire olympique. Utile pour approfondir ses informations.

Instant Weather Forecasting
Alan Watts (Granada).

Un petit livre excellent, expliquant les bases nécessaires à la compréhension du temps, et qui vous apprendra à prévoir le temps et le vent en regardant le ciel.

Météorology at Sea.
Ray Sandersp (Stanford Maritime).

Un livre bien plus complexe, et s'adressant aux yachtmen, mais qui peut intéresser les véliplanchistes avides de connaissances dans ce domaine.

Résultats des grandes courses

LA CLASSE OPEN

Divisions 1 et 2

Les divisions 1 et 2 (planches plates polyvalentes et planches rondes de compétition) suivent exactement les mêmes règles pour ce qui est de leur taille, sauf pour leur épaisseur. Le flotteur d'une planche de division 1 ne doit pas dépasser 16,5 cm ; celui d'une planche de division 2, 22 cm d'épaisseur.

Le règlement entier régissant les divisions 1 et 2 peut être obtenu par l'I.Y.R.U. On pourrait les résumer ainsi :

Longueur hors tout : 3 920 mm maxi.

Largeur au point le plus large : 630 mm minimum.

Autres restrictions de largeur : pas moins de 590 mm sur une longueur de 1 300 mm.

Épaisseur du flotteur : pas plus de 165 mm.

Division 1 : pas plus de 220 mm.

Division 2 : poids de 18 kg minimum.

Dérive : 700 mm maximum de profondeur dépassant sous la carène.

Aileron : 300 mm maximum.

Mât : 4 700 mm maximum.

Volume de flottabilité : les planches de division 2 doivent posséder trois compartiments étanches divisant le volume total en parties égales, soit au minimum, 0,1 m³ de mousse plastique rigide à cellules fermées.

Les planches de division 1 doivent être entièrement remplies de mousse plastique rigide à cellules fermées de densité approuvée.

Sécurité : un anneau de remorquage et un lien retenant le gréement au flotteur sont obligatoires. La coque ne doit pas présenter un quelconque angle aigu d'un rayon inférieur à 15 mm.

Matériaux : tous sont autorisés, sauf les fibres à haut module telles que fibres de carbone, et le kevlar.

Footstraps : interdits.

Limitation de l'équipement : pendant une course, qui peut comporter plusieurs régates, un seul flotteur est autorisé, ainsi que deux voiles et deux dérives. On ne peut modifier en aucune façon le flotteur.

Harnais : autorisé.

Compas : interdit.

Catégories de poids : on en recommande deux, les légers et les lourds, en dessous et au-dessus de 70 ou 75 kg.

Les voiles de division 1 ou 2.

Les deux divisions suivent les mêmes règles pour les dimensions des voiles, qui seront au maximum de :

Ralingue : 4 400 mm
Chute : 4 300 mm
Tête de la voile au milieu de la bordure : 4 300 mm
Largeur aux trois quarts : 940 mm
Largeur à la moitié : 1 680 mm
Largeur au quart : 2 270 mm
Bordure : 2 258 mm

Division 1 Homologation

La division 2 est ouverte à tous les prototypes artisanaux, ou aux planches de série, qui satisfont aux règles de construction ou de jauge.

La division 1 est limitée aux :

A — classes internationales I.Y.-R.U., par exemple les classes Windsurfer, Windglider, Mistral...

B — Classes approuvées par l'I.Y.R.U., qui ne comptent pas moins de 2 000 planches semblables satisfaisant aux règles de l'I.Y.R.U. N.-B : lorsque la division 1 fut introduite au Royaume-Uni, en 1982, aucune classe — en dehors des trois classes internationales précitées — ne satisfaisait à ces conditions. Puis le R.Y.A. organisa les « courses de planches polyvalentes », et homologua les séries suivantes : Alpha Waïkiki, Beacher, Comet, Dufour Wing, Hunter, Hi-Fly 555, Icarus, Jet Surf, Klepper S3, Magnum 370, Mirage Aloha, Mistral Kaïlua, Mistral Naish, Reix 390, Rocker Regatta, Sailboard Carib, Sailboard Delta, Sailboard Grand Prix, Sailboard Sport, Sailboard, Vario, Sea Panther, Yess.

Division 3

La classe open de division 3 est ouverte aux tandems. Les règles de jauge et de catégorie sont similaires à celles de la division 2, à cette différence près qu'elle permet deux gréements et deux planchistes. Voici les autres différences principales :

Longueur hors tout : 6 800 mm maximum.

Largeur au point le plus large : pas moins de 650 mm, pas moins de 750 mm.

Épaisseur du flotteur : pas plus de 250 mm.

Poids du flotteur : 50 kg minimum.

Dérive : 910 mm maximum, dépassant sous la carène.

LES RÉGATES EN PLANCHE À VOILE

I.Y.R.U. (International Yacht Racing Union)

Les règles de l'I.Y.R.U. sont complexes et suffisamment longues à expliquer pour justifier d'un livre consacré à elles seules. Nous vous en suggérons un dans notre bibliographie, et la lecture de ces règles sera utile à tous ceux qui désirent se lancer dans la compétition.

Les règlements de navigation sont les mêmes que ceux des bateaux, dériveurs ou croiseurs, avec quelques exceptions. Ce n'est pas idéal, dans la mesure où la planche à voile reste très différente des autres bateaux, et dans certains cas les organisateurs ont simplifié ces règlements, pour les faire appliquer lors de leurs épreuves.

CHAMPIONNAT DU MONDE OPEN DIVISION 2

1979 : Guadeloupe

Légers : Karl Messmer (Suisse), Mistral.

Féminines : Marie-Annick Maus (France), Tornado.

1980 : Israël

Légers : Karl Messmer (Suisse), Mistral.

Lourds : Thomas Staltmaïer (Allemagne de l'Ouest), Mistral.

Féminines : Manuelle Graveline (France), Dufour.

1981 : Saint-Petersburg (États-Unis)
Légers : Stephan Van Den Berg (Hollande), Tornado.
Lourds : Jan Wangaard (Norvège), Sailboard.
Féminines : Maren Berner (Norvège), Sailboard.

1982 : Laredo (Espagne)
Légers : Robert Nagy (France), Crit.
Lourds : Gildas Guillerot (France), Crit.
Féminines : Marie-Annick Maus (France), Mistral.

1983 : Guadeloupe
Légers : Robert Nagy (France), Crit D2.
Lourds : Gildas Guillerot (France), Crit D2.
Féminines : Manuelle Graveline (France) Océanite-Dobbelman.

CHAMPIONNAT DU MONDE WINDSURFER

1975 : France
Plume : Matt Schweitzer (États-Unis).
Légers : Brian Tulley (États-Unis).
Médium lourds : Derk Thijs (Pays-Bas).
Lourds : Helgo Zarges (Allemagne de l'Ouest).
Féminines : Susie Swatek (États-Unis).

1976 : Bahamas
Plume : Robby Naish (États-Unis).
Légers : Michel Garaudée (France).
Médium lourds : Derk Thijs (Pays-Bas).
Lourds : K.H. Stickl (Allemagne de l'Ouest).
Féminines : Susie Swatek (États-Unis).

1977 : Sardaigne
Plume : Robby Naish (États-Unis).
Légers : Nico Stickl (Allemagne de l'Ouest).
Médium lourds : Guy Ducrot (France).

Lourds : Anders Foyen (Norvège).
Féminines : Claudine Forest-Fourcade (France).

1978 : Mexico
Plume : Robby Naish (États-Unis).
Légers : Matt Schweitzer (États-Unis).
Mi-lourds : Anders Foyen (Norvège).
Lourds : Johnny Myrin (Suède).
Féminines : Bev Thijs (Pays-Bas).

1979 : Grèce
Plume : Marc Nieuwbourg (France).
Légers : Thierry Eude (France).
Mi-lourds : Joan Salen (Suède).
Lourds : Cort Larned (États-Unis).
Féminins : Manuelle Graveline (France).

1980 : Bahamas
Plume : Karl Messmer (Suisse).
Légers : Frédéric Gauthier (France).
Mi-lourds : Thomas Staltmaïer (Allemagne de l'Ouest).
Lourds : G. Long (États-Unis).
Féminines : Manuela Mascia (Italie).

1981 : Japon
Plume : Mike Waltze (États-Unis).
Légers : Robert Nagy (France).
Mi-lourds : Frédéric Gauthier (France) :
Lourds : Johnny Myrin (Suède).
Féminines : Manuela Mascia (Italie).

1982 : Sardaigne
Plume : Gilles Calvet (France).
Légers : Guy Hendricks (Belgique).
Mi-lourds : Frédéric Gauthier (France).
Lourds : Tomas Person (Suède).
Féminines : Jolanda de Jong (Hollande).

1983 : lac Ontario (Canada)
Plume : Scott Steele (États-Unis).
Légers : Greg Hyde (Australie).
Mi-lourds : Bobby Wilmot (Australie).

Lourds : Tom Luedecke (Australie).
Féminines : Karen Morch (Canada).
Scratch : Matt Schweitzer (États-Unis).

PAN AM CUP

1980
Robby Naish (États-Unis), Mistral Naish.

1981
Ken Winner (États-Unis), Dufour.

1982
Robby Naish (États-Unis), Mistral Naish.

RECORDS MONDIAUX DE VITESSE

1977
17,1 nœuds : Derk Thijs (Pays-Bas), Windglider allégée.

1979
19,2 nœuds : Clive Colenso (Royaume-Uni), Olympic Gold.

1980
24,45 nœuds : Jaap Van der Rest (Pays-Bas), T.C. Spécial.

1982
27,82 nœuds : Pascal Maka (France), Sailboard Maüi-Ellesse.

1983
30,82 nœuds : Fred Haywood (États-Unis), Sailboard Maüi.

Index

Remerciements

Jeremy Evans tient à remercier tous ceux qui l'on aidé, d'une façon ou d'une autre, à la réalisation de ce livre : Will Sutherland de la revue Windsurfing Professional, Peter Williams de Hayling Windsurfing et de Chelsea Warf Windsurfing, Dee Caldwell du centre Sailboard de Dee Caldwell, Mike Lingwood de Surf Sales ; James et Jane Ellis du Poole Windsurfing Centre ; et la Pan Am pour son aide concernant la planche à voile à Hawaï.

Merci à Philippe Clark et Julian Holland, qui ont permis la réalisation de ce livre, et enfin, merci à Lesley qui m'a tant aidé. J'aimerais remercier Holland et Clark Edition pour leur soutien pendant la préparation de cet ouvrage : Brian Dailey et Miranda Smith pour la correction des épreuves, à Christine Dakers Japteijn pour la traduction du chapitre de Jaap van der Rest, à Diana Rosenberg de Mistral pour sa traduction du chapitre de Karl Messmer, et merci enfin à toute l'équipe des éditions Evans Brother, pour leur patience et leurs encouragements.

Crédit photographique

Là où elles ne sont pas créditées, les photos sont signées par Alastair Black. Les photographies provenant d'autres sources se trouvent aux pages suivantes :
Chelsea Wharf Windsurfing : 38-39
Jeremy Evans : 43, 84, 86-87, 91, 104, 107
Hayling Windsurfing : 37
Mistral : 15, 16, 20 (en bas), 22, 76, 107 (en bas)
Sodim : 150, 151, 152, 153, 154, 155
Tabur : 157
Cliff Webb : 24, 25, 31, 35, 44, 73, 126, 128 (en bas), 129, 130, 131, 132, 133, 137, 139, 140, 142, 145, 147, 148.